장애인 평생교육의 이해

김두영

창지사

머리말

대한민국 골목 구석구석까지 평생교육의 바람이 거세게 몰아칠 때에도 장애인은 평생교육 현장에서 여전히 낯선 학습자에 불과하다. 우리나라 국민의 평생교육 참여율이 40%를 넘는 데 반해, 장애인의 평생교육 참여율은 3~4% 수준에 머물러 있다. 다행인 것은 2016년 장애인 평생교육 관련 내용을 대폭 삽입한 「평생교육법」이 개정된 이후 우리 사회가 장애인 평생교육에 조금씩 관심과 지원을 늘려 가고 있다는 것이다. 정부 차원에서도 장애인 평생교육 진흥을 위한 시행 계획을 발표하고, 지자체에서는 장애인 평생교육 지원 조례를 제정해 실천에 나서고 있다.

사실 장애인 평생교육은 이러한 정책적 지원이 마련되기 훨씬 이전부터 민간 차원이나 장애인복지 차원에서 활발하게 실천되고 있었다. 즉, 우리나라의 장애인 평생교육은 이론이 실천을 안내했다기보다 실천이 저만치 앞서고 이론이 그 뒤를 한참 뒤에서 좇고 있는 모양새다. 아직 장애인 평생교육에 관한 이론서가 한 권도 없다는 것은 이를 증명해 준다.

필자는 1997년 단국대학교 특수교육과를 졸업한 후 오랜 기간 동안 특수교사로 재직하다가 2010년 가을에 장애인 평생교육 전공 박사과정에 입문했다. 2013년 8월 박사과정을 졸업한 후 단국대학교 연구교수로 재직하면서 현재까지 30개 이상의 연구과제를 수행했고, 70편 이상의 논문을 발표해 왔다. 2017년 2월부터는 한국장애인평생교육연구소를 개소하고, 연구소를 기반으로 장애인 평생교육강사 양성과정, 장애인 평생교육 관계자 연수 등 다양한 사업을 추진하고 있다. 이제 부족하나마 그간 연구해 온 결과물들을 모아 실천가들과 연구자들이 장애인 평생교육을 쉽게 이해할 수 있는 안내서를 편찬하고자 한다. 막상 책을 쓰고 나니 부족한 것들이 눈에 밟혀 출판을 망설였으나, 누군가는 처음이라는 무게를 짊어져야 이후 계속해서 이론서들이 나오리라는 기대감에 용기를 내어 본다.

이 책은 공공기관에서 장애인 평생교육 업무를 담당하는 주무관, 장애인복지관, 장애인 주간보호시설, 장애인 직업재활시설 등 장애인 복지시설이나 발달장애인평생교육센터, 그리고 장애인야학 등 장애인 평생교육시설에서 평생교육 업무를 수행하는 실무자들에게는 장애인 평생교육 사업을 추진하기 위한 이론적 토대를 제공할 것이며, 대학원에서 장애인 평생교육 관련 공부를 하고 있거나 장애인 평생교육 관련 논문을 준비하고 있는 연구자들에게는 연구를 위한 아이디어를 제공해 줄 것이다. 이 책에는 평생교육 이론에 관한 내용은 최소화하였고, 장애인 평생교육과 관련된 이슈, 정책, 실천과 과제에 관한 내용을 주로 다루었다. 평생교육 이론에 관한 내용은 평생교육 개론서들을 참고하면 될 일이다.

부디 이 책을 시작으로 장애인 평생교육을 안내할 많은 이론서들이 뒤를 잇기를 기대한다. 마지막으로 이 책을 집필하는 과정에서 많은 도움을 준 한국장애인평생교육연구소 이사님들과 연구원들에게 깊은 감사의 인사를 올리며, 특히 필자의 연구 동지이며, 장애인 평생교육의 동반자인 장철승, 조창빈 선생님에게 감사의 마음을 전한다.

2022년 10월

저자 김두영

차례

제 1 부 장애인 평생교육 기초

제1부

장애인 평생교육 기초

CHAPTER

01

장애인 평생교육의 개념 및 필요성

학습목표

- 평생교육의 광의적 개념과 협의적 개념을 이해한다.
- 장애인 평생교육의 범위를 논의한다.
- 장애인 평생교육을 재개념화하여 정의한다.
- 장애의 개념 변화와 장애인 평생교육의 필요성을 이해한다.
- 장애인 평생교육의 필요성을 교육적 차원에서 고찰한다.

Ⅰ 장애인 평생교육의 개념

평생교육(lifelong education)이라는 용어는 1965년 12월 파리에서 개최된 유네스코(UNESCO) 국제회의에서 Lengrand이 「평생교육이론」이라는 논문에서 최초로 사용하였다(박경실 외, 2013). 이어서 UNESCO는 1970년 '국제교육의 해'와 '개발연대'를 맞이하여 Lengrand의 이념을 구체화시킨 『평생교육입문(*An Introduction to Lifelong Education*)』(1970)이라는 책을 발간하여 전 세계에 보급하였다(이희수, 조순옥, 2007). 우리나라의 평생교육은 1973년 유네스코 한국위원회가 처음으로 평생교육의 개념과 원리를 소개한 후, 1982년 『헌법』에 국가가 평생교육을 진흥하여야 한다는 조항 설립을 계기로 본격적으로 시작되었다(교육과학기술부, 평생교육진흥원, 2008).

이렇듯 평생교육의 개념과 원리가 조직적으로 강조되기 시작한 지 이미 반 세기가 지났지만, 여전히 평생교육의 개념을 둘러싼 논의는 진행 중이다. 이번 장에서는 평생교육의 개념에 기초해 장애인 평생교육을 정의하고, 여러 가지 논의들을 수용해 장애인 평생교육을 재개념화하고자 한다.

1) 평생교육의 개념

평생교육의 정의는 평생교육 본연의 이념과 원리에 따라서 논의되는 넓은 의미와 우리나라 「평생교육법」에서 규정하고 있는 좁은 의미로 구분하여 살펴볼 수 있다(김한별, 2014). 전자를 평생교육의 광의적 개념이라 하고, 후자를 평생교육의 협의적 개념이라고 한다.

넓은 의미에서 평생교육 정의는 학교교육을 포함하여 개인의 전 생애, 전 삶의 공간에서 형식의 구애 없이 참여하는 교육 및 학습을 총칭하는 용어이다. 즉, 평생교육은 시간적 · 공간적 · 형식적 측면에서 기존의 '교육' 개념을 넘어서는 것으로 파악할 수 있다.

평생교육을 처음으로 주창한 Lengrand(1970)은 평생교육을 개인의 출생에서부터 죽을 때까지의 생애에 걸친 교육(수직적 차원)과 개인 및 사회 전체의 교육(수평적 차원)의 통합이라고 말함으로써 교육의 통합성과 종합적 교육체제를 강조했으며, 유네스코 평생교육연구소장이었던 Dave(1976)는 평생교육을 개인과 집단 모두의 생활의 질을 향상시키기 위하여 개인의 평생을 통한 개인적·사회적·직업적 발달을 성취시키는 과정이라고 주장했다. 또한 우리나라에 평생교육의 개념을 처음으로 소개한 유네스코한국위원회(1973) 역시 평생교육을 평생을 통한 계속적인 교육으로 개념화하였다.

> 평생교육은 개인의 출생부터 죽을 때까지의 전 생애에 걸친 교육(수직적 차원)과 개인 및 사회 전체의 교육(수평적 차원)의 통합을 의미한다(Lengrand, 1970).
>
> 평생교육은 개인과 집단 모두의 생활의 질을 지속적으로 향상시키기 위하여 개인의 평생을 통해 이루어지는 모든 형태의 형식적·비형식적 학습활동을 말한다(Dave, 1976).
>
> 평생교육이란 문자 그대로 평생을 통한 계속적인 교육을 의미하며 급변하는 현대사회에 있어서 한편으로는 일정 연령층을 대상으로 하는 한정된 기간의 교육으로서의 학교교육과 다른 한편으로는 조직화되지 못한 비효율적 상태로 방치되어 있는 사회교육의 기능을 다 같이 개편·강화하고 한 사회가 가지고 있는 교육자원을 효율화함으로써 교육역량의 극대화를 지향하려는 노력을 의미한다(유네스코한국위원회, 1973).

우리나라의 경우에도 평생교육을 요람에서 무덤까지 평생을 두고 이루어지는 교육으로서 '교육'과 동의어로 보는 견해가 있다. 정지웅, 김지자(1986)는 평생교육은 태어나서 죽을 때까지 평생 행하여지는 모든 교육으로서 '교육'이라는 용어와 다를 것이 없다고 주장하고 있고, 황종건(1992)은 평생교육을 요람에서 무덤까지 평생에 걸친 배움으로 정의하고 있으며, 김종서 외(2013) 역시 평생교육을 태아에서 무덤에 이르기까지의 교육의 수직적 통합과 가정교육, 사회교육, 학교교육의 수평적 통합으로 정의하고 있다.

> 평생교육이란 한 마디로 모태로부터 또는 태어나면서(출생)부터 죽을 때까지 평생을 두고 행하여지는 교육으로서 사실은 '교육'이란 용어와 다를 것이 없다(정지웅, 김지자, 1986).

> 평생교육이란 요람에서 무덤까지 평생에 걸친 배움을 강조하는 이념으로, 가정교육, 학교교육, 사회교육의 삼위일체적 교육통합론을 의미한다(황종건, 1992).

> 평생교육은 삶의 질 향상의 이념 실현을 위하여 태아에서 무덤에 이르기까지의 교육의 수직적 통합과 가정교육, 사회교육, 학교교육의 수평적 통합을 통한 학습사회를 건설함으로써 최대한의 자아 실현과 사회 발전 능력의 함양을 목적으로 한다(김종서 외, 2013).

하지만 이처럼 평생교육을 광의의 개념으로 해석하는 것은 평생교육의 개념을 정의함에 있어 '평생'이라는 단어에 지나치게 초점을 맞춘 나머지 '교육'이라는 용어와도 구분되지 않고, 실질적으로 평생교육이 주로 일어나는 분야와 동떨어진 부분까지 포함한 추상적인 개념이라는 비판이 제기되고 있다(박경실 외, 2013). 그래서 학자에 따라서는 평생교육과 사회교육 혹은 성인교육을 동의어로 해석하기도 한다.

이러한 정의는 특히 평생교육 관련법에 잘 드러나 있다. 현행 「평생교육법」 제2조 제1항에서는 평생교육을 '학교교육을 제외한 모든 형태의 조직적인 교육활동'으로 정의하고 있다. 즉, 평생교육을 학교의 정규교육과정 하에 행해지고 있는 교육활동을 제외한 협의의 개념으로 설명하고 있다.

이렇듯 협의의 의미에서 보았을 때, 평생교육은 정규학교교육을 통해서 접하는 경험을 제외한, 학교교육을 마친 이후의 시기와 정규학교교육 외의 시간에 발생하는 모든 형태의 교육 경험에 주목하는 것이다. 이러한 협의의 개념은 비록 학교 밖의 공간이라고 하더라도 정규학교교육의 일환으로 교육적 행위가 이루어진다면, 그것은 여전히 학교교육의 연장선상의 활동임을 뜻한다(김한별, 2014).

이렇듯 학자에 따라서는 평생교육을 학교의 정규교육과정을 제외하고 성인이 된 이후부터 사망할 때까지 이루어지는 모든 형태의 조직적인 교육활동으로 정의하기도 한다.

2) 장애인 평생교육의 개념

장애인 평생교육을 처음으로 언급한 「장애인 등에 대한 특수교육법」 제33조 제1항(2016년 5월 29일 폐지)과 2016년 개정된 「평생교육법」제21조의2(장애인 평생교육과정)에서 장애인 평생교육의 개념으로서 '계속교육'을 언급하고 있는데, 계속교육(continuing education)이라는 용어는 미국, 호주, 뉴질랜드 등에서 성인교육과 병행해서 사용되고 있다. 계속교육은 급격하게 변화하는 사회 환경 속에서 자기의 역할 수행에 필요한 역량 개발이나 자아실현을 추구하는 성인들에게 학교 정규교육과정을 마친 후에도 계속적으로 학습할 수 있는 기회를 제공한다는 의미를 가지고 있다(박경실 외, 2013). 결국 「평생교육법」 제2조의 규정에 따라 학교의 정규교육과정을 제외한 모든 형태의 조직적인 교육활동을 평생교육으로 보고, 「장애인 등에 대한 특수교육법」 제33조와 「평생교육법」 제21조의 2에서 계속교육을 언급하고 있음을 감안해 볼 때, 장애인 평생교육은 전공과 및 대학교를 포함한 정규교육과정에 참여하고 있지 않은 장애성인을 대상으로 실시하는 조직적인 교육활동이라고 정의할 수 있을 것이다.

하지만 장애인 평생교육을 단순히 장애성인을 대상으로 실시하는 교육활동으로 정의하는 것은 장애인 평생교육 사업이나 정책은 물론 장애인 평생교육 프로그램의 대상 범위를 극히 한정시키는 결과를 초래할 수 있다. 따라서 장애인 평생교육 사업과 정책의 범위를 고려하여 장애인 평생교육을 재개념화할 필요가 있으며, 다음과 같이 장애인 평생교육의 대상 및 사업의 범위를 확대할 필요가 있다.

첫째, 장애인 부모나 장애인의 형제자매 등 장애인 가족을 대상으로 실시하는 평생교육 또한 장애인 평생교육의 개념 안에 포함할 필요가 있다. 본래 평생교육의 일차적인 관심은 소외된 계층이었다(김두영, 박미진, 정진숙, 2016). 최근 선진국에서 평생교육복지사업을 전개하고 있는 것은 바로 이러한 인식에서 비롯된 것이라 할 수 있다(김진화, 고영화, 2009). 하지만 국가의 평생교육 부흥 정책에 따라 평생학습 참여율이 꾸준히 증가 추세를 보이고 있는 가운데, 연령대가 높을수록, 학력이 낮을수록, 소득이 적을수록 평생학습 참여율이 낮아져서 평생교육이 또 다른 사회적 양극화의 원인으로 지적받고 있다(김미아, 김두영, 2017). 이에 우리나라 교육부는 2001년부터 평생교육 소외계층을 대상으로 평생교육에 참여할 수 있는 기회를 확대하기 위하여 '소외계층 평생교육 프로그램 지원 사업'을 꾸준히 추진해 오고 있다(교육과학기술부, 평생교육진흥원, 2008).

하지만 소외계층 평생교육 프로그램 지원 사업의 주요 대상은 저소득층, 저학력자, 장애인, 노인, 이주여성 및 다문화가정, 조손가정 및 한부모가정, 외국인 노동자, 노숙인, 새터민 등이었으며, 아직까지 장애자녀의 부모 혹은 비장애 형제자매를 대상으로 평생교육 프로그램을 지원한 경우는 없었다. 이렇듯 사회적 배려계층을 대상으로 한 평생교육 현장에서 보다 심각한 문제는 국가와 지방자치단체 및 공공기관이 제공하는 평생교육 프로그램의 수혜가 미치지 못하는 영역에 또 다른 학습 소외자가 존재한다는 것이다(김두영, 박원희, 2014).

장애자녀를 둔 부모는 자녀를 지속적으로 보호해야 하는 양육부담으로 인해 경제생활이나 사회생활은 물론 평생교육에 참여할 수 있는 기회가 상대적으로 적다(류재연, 2017). 장애아동 및 가족 실태조사(최복천 외, 2013) 결과에 의하면 장애아동의 주 양육자는 평일 하루 평균 12.34시간, 주말이나 공휴일에는 평균 18.43시간을 자녀를 돌보는 데 사용한다. 이는 지난 2009년 통계청 자료에서 일반 비장애 부모의 자녀 돌봄시간이 하루 평균 56분이라는 것과는 큰 차이를 나타낸다. 명소연, 김두영(2017)의 연구에 의하면 발달장애 부모 가운데 한 번이라도 평생교육 프로그램에 참여한 경험이 있다고 응답한 경우는 전체의

36.1%, 현재 참여하고 있는 평생교육 프로그램이 있다고 응답한 경우는 전체의 10.3%에 불과했다. 우리나라 성인의 평생교육 참여율이 40%를 넘는 상황을 고려해 보면, 발달장애인 부모의 평생교육 참여율이 상당히 낮다는 것을 알 수 있다.

물론 「장애인 등에 대한 특수교육법」에서 특수교육 관련서비스로서 가족지원을 명문화하고 있고, 「발달장애인 권리보장 및 지원에 관한 법률」에서 국가와 지방자치단체가 장애아동 부모교육을 실시하도록 규정하고 있으나, 이는 모두 학령기 장애자녀의 부모를 대상으로 하고 있어 성인기 장애자녀의 부모를 위한 평생교육 지원은 법적 · 행정적 근거를 찾아보기 어려운 실정이다. 따라서 장애인 평생교육의 범주 안에 장애자녀를 둔 부모 및 비장애 형제자매를 위한 교육활동을 포함해야 할 것이다.

둘째, 장애성인을 주요 대상으로 하는 장애인 평생교육기관은 물론 비장애성인을 주요 대상으로 하는 일반 평생교육기관 실무자의 전문성 함양을 위한 교육활동을 장애인 평생교육의 범주에 포함시켜야 한다.

아직까지 장애인 평생교육 제공인력의 전문성에 대해 사회적으로 합의된 바는 없으나 이들에게 장애인교육적 소양과 평생교육적 소양이 모두 필요하다는 것에는 대부분 동의할 것이다. 장애인 평생교육은 특수교육과 장애인복지, 그리고 평생교육이 교차되는 영역이기 때문이다. 장애인 평생교육 제공인력은 장애성인에 대한 이해와 관련 전문지식을 가지고 평생교육을 지원하는 인력으로, 장애인과 평생교육에 대한 이해를 두루 갖추고 있어야 한다. 개정된 「평생교육법」은 장애인 평생교육시설에 평생교육사를 의무적으로 배치하도록 규정하고 있으나 현재 양성되고 있는 평생교육사는 평생교육적 소양은 있을지 모르나 장애성인 교육과 관련된 소양은 부족한 것이 사실이다. 반대로 장애인 평생교육기관 실무자의 경우 장애인교육과 관련된 소양은 어느 정도 갖추고 있을지 모르나 평생교육적 소양이 부족한 것이 사실이다. 장애인 평생교육 담당자는 장애유형별 특성과 수준에 알맞은 교육방법 등 다양한 특수교육적 소양도 필요하지만, 성인교육을 담당하는 평생교육 담당자로서 그에 걸맞은 철학과 신념, 그리고 소양을 가지고 교육에 임해야 한다(김두영, 정은경, 2016).

「평생교육법」 제19조의 2에서 국가장애인평생교육진흥센터의 주요 업무로 장애인 평생교육기관 종사자의 연수를 규정하고 있는 만큼 장애인 평생교육기관 종사자의 직무역량 강화를 위한 교육을 장애인 평생교육의 개념에 포함시킬 필요가 있으며, 또한 많은 장애성인들이 비장애인들과 함께 교육받기를 희망하는 것을 감안해 볼 때(김두영, 2015), 일반 평생교육기관에서 근무하는 평생교육사나 실제 교수 업무를 담당하는 강사들을 대상으로 진행하는 장애성인의 특성에 대한 이해 교육 역시 장애인 평생교육의 개념에 포함시킬 필요가 있다.

셋째, 장애인 평생교육 기회를 확대하기 위해서는 장애인들이 일반 평생교육 프로그램에 접근할 수 있는 기회를 보장해야 하며, 이를 위해서는 평생교육 관계자뿐 아니라 동료 학습자인 일반 시민의 장애인식 수준이 매우 중요한 관건이 된다. 따라서 비장애인 대상의 장애이해교육 또한 장애인 평생교육의 범주에 포함해야 한다.

소위 교육 선진국이라 일컫는 미국, 호주, 독일, 영국, 일본 등에서는 장애인 평생교육의 궁극적인 가치를 사회적 통합으로 보고 있으며, 이를 위해 통합된 평생교육 환경 제공을 가장 중요한 목표로 설정하고 있다(김두영 외, 2019). 미국의 장애인 평생교육 철학 역시 '동등한 교육의 기회에 의거하여 장애인도 비장애인이 받을 수 있는 질 높은 성인교육을 받을 수 있다.'는 논리에 기초하여 통합된 환경을 강조하고 있으며, 독일의 경우 '장애인 학습자의 동등한 사회참여와 자기결정적 삶 영위 및 특수한 욕구를 고려해야 한다.'는 논리를 바탕으로 통합된 평생교육 환경을 강조하고 있다. 이는 비단 미국과 독일에 한정된 내용이 아니며, 호주와 일본, 영국 등에서도 공통적으로 강조하고 있는 것이다. 이처럼 교육 선진국에서 지역사회 통합의 가치 아래 통합 평생교육을 보편화할 수 있는 것은 비장애인의 장애인에 대한 바른 인식이 자리 잡고 있기 때문이라 할 수 있다.

하지만 우리 사회는 아직까지 장애인과 비장애인의 통합교육에 대한 사회적 인식이 낮고 장애인 학습에 대한 지역사회 인식도 부족한 편이다. 이는 그간 우리나라의 장애인교육이 장애인들로 하여금 일반사회에 적응하고 생활할 수 있도록 기능을 숙달시키고 기술을 익히도록 강요해 왔을 뿐, 막상 우리사회의 다수를 차지하고 있는 비장애인들에 대한 장애이해교육에 소홀히 해 왔기 때문이다. 장애인들이 사회에 적응하고 함께 더불어 살아가기 위해서는 일반 사회 구성원들의 이해와 협조가 절실히 요구됨에도 불구하고, 사회 구성원의 90%를 제외한 10%의 장애인교육에 집중하고 있는 것이다.

이러한 현상은 장애인 등 소외계층에게만 변화 및 적응에 대한 책무를 부과한다는 측면에서 뿐만 아니라, 결과적으로 향후 발생하는 사회문제의 소재를 그들에게서 찾게 할 위험이 있다. 또한 장애인을 사회적으로 혜택 받는 소수로 인식하게 하여 기존 사회 구성원에게 역차별의 감정을 일으킬 수 있으며, 결국 기존 사회 구성원의 인식과 행동이 변화되지 않음으로 인해 장애인들이 사회생활에서 겪게 될 문제들이 근본적으로 해소되기 어렵다.

특히 가정이나 학교에서의 생활이 대부분을 차지하는 학령기 장애인에 비해 사회생활로 나아가야 할 장애성인의 경우 장애인에 대한 사회적 인식은 매우 큰 걸림돌이 될 수 있다. 장애인 평생교육 담당자들을 대상으로 소속 기관에서 장애인 평생교육 관련 업무를 수행할 때 발생하는 문제들의 심각성 정도를 5점 척도로 조사한 결과(김두영, 이경준, 2018)에서 비장애인의 장애인에 대한 인식 부족(M=4.03)으로 인한 어려움이 가장 큰 비중을 차지하고 있는 것을 보면, 장애인 평생교육 업무 추진에 있어 장애인에 대한 인식 부족이 얼마나 큰 걸림돌이 되고 있는지 짐작할 만하다.

무엇보다도 장애인 평생교육 기회 확대를 위해서는 비교적 장애정도가 심하지 않은 발달장애인이나 대부분의 신체적 장애인들을 일반 평생교육기관으로 유도하는 정책이 필수적이다. 이를 위해서는 평생교육 담당자나 강사의 장애이해교육도 필요하지만 함께 평생학습에 참여하는 비장애인들의 장애인식 개선을 위한 노력도 필수적이라 할 수 있다. 결국 이는 장애인 평생교육 범주에 비장애인에 대한 장애이해교육이 필수적으로 포함되어야 함을 의미한다.

이와 같은 장애인 평생교육의 개념과 관련한 몇 가지 논쟁들을 수용하여 이 책에서는 다음과 같이 장애인 평생교육을 정의하고자 한다.

장애인 평생교육이란 학교의 정규교육과정을 제외한 장애성인 및 그 가족을 대상으로 실시하는 학력보완교육, 기초문해교육, 직업능력 향상교육, 인문교양교육, 문화예술교육, 시민참여교육 등을 포함하는 모든 형태의 조직적인 교육활동을 말한다. 또한 장애인 평생교육기관 관계자를 대상으로 실시하는 직무능력 향상교육이나 일반 평생교육시설 관계자나 비장애인을 대상으로 실시하는 장애이해교육을 포함한다.

2 장애인 평생교육의 필요성

"장애인 평생교육이 왜 그리 절실히 필요합니까?"라는 질문에 많은 사람들은 공통적으로 "장애인들이 고등학교 졸업 후 갈 곳이 없어요.", "장애자녀의 성장과 더불어 부모의 돌봄 부담이 너무 가중되어 삶이 힘들어요."라고 답하곤 한다. 실제로 그렇다. 교육부에서 2021년에 발표한 통계(교육부, 2021)에 따르면, 2021년 2월 특수학교 고등부를 졸업한 2,108명의 특수교육대상 학생들 중에서 진학도 못하고, 취업도 못한 졸업생이 812명에 달하고, 특수학교 전공과를 졸업한 2,378명 중 진학도 취업도 못한 졸업생이 1,338명에 이른다. 또한 특수학급 고등부를 졸업한 특수교육대상 학생 3,614명 중에서 진학도 못하고 취업도 못한 졸업생이 1,208명이나 된다. 즉, 매년 3,000명이 넘는 졸업생이 진학이나 취업 등 진로를 정하지 못한 채 가정이나 시설로 되돌아가고 있는 상황인 것이다. 이에 장애인 평생교육이 절신히 필요하다는 입장이 있다.

한편 우리 사회의 장애인복지 패러다임은 재활 패러다임에서 자립생활 패러다임으로 전환되었다. 즉, 생활시설중심 서비스에서 지역사회중심 서비스, 자립생활중심 서비스로 전환되었다. 이는 장애인의 지역사회 참여와 독립생활 및 자기결정 강화라는 긍정적인 효과를 낳았으나, 반면에 지역사회에서 장애인을 보호해야 하는 가족, 특히 일차적 보호책임을 지고 있는 부모의 양육부담을 가중시키는 부작용을 초래한 측면도 있다. 성인기 자녀를 돌봐야 하는 부모의 경우 자신의 노화와 함께 자녀의 성장에 따른 여러 가지 사회적 · 심리적 · 신체적 부담을 온전히 떠안아야 하는 상황에 놓이게 되었다. 이에 이러한 양육부담을 경감하기 위해 장애인 평생교육이 절실히 필요하다는 주장도 있다.

많은 장애인들이 학령기 졸업 후 갈 곳이 없고, 이에 따라 부모의 양육부담이 증가하여 장애인 평생교육이 필요하다는 주장은 어느 정도 설득력이 있다. 하지만 이러한 주장은 장애인 평생교육의 필요성을 복지적 차원에서 접근한 것으로서 장애인 평생교육이 교육인지, 복지인지 헷갈린다는 현장의 혼란을 가중시키는 결과를 초래하고 있다. 따라서 장애인 평생교육의 필요성을 교육적 차원에서 접근할 필요가 있다.

우리는 지금까지 장애는 사람 자체의 문제라고 생각해 왔다. 즉, 장애인이 불편을 겪는 이유는 장애가 있기 때문이라고 생각해 왔다. 하지만 2000년대에 접어들면서 이러한 장애의 개념은 장애인들을 불편하게 만드는 환경에 주목하고 있다. 장애인이 불편함을 겪는 이유는 장애가 있기 때문이 아니라, 우리가 살고 있는 이 사회의 모든 시설과 환경과 제도가 비장애인을 기준으로 설계되어 있기 때문이라는 것이다. 따라서 대다수의 비장애인이 자신들을 기준으로 설계해 놓은 시설과 환경과 제도 때문에 장애인이 불편을 겪게 되었으니, 비장애인이 장애인을 배려하는 것은 배려의 차원을 넘어 의무라고 할 수 있을 것이다.

우리 사회에서 비장애인을 기준으로 설계해 놓은 대표적인 제도 중 하나가 바로 '교육제도'이다. 우리나라의 교육제도는 초등학교 6년, 중학교 3년, 고등학교 3년, 대학교 4년 등 선형 교육제도를 취하고 있는데, 이 중에서 초등학교

6년, 중학교 3년, 고등학교 3년의 12년을 '공교육'이라는 이름으로 국가나 지자체가 나서 지원해 주고 있다. 이는 우리나라 국민 누구나 이 12년의 공교육을 마치면 사회에 나아가 독립적인 일상생활이 가능하다고 전제하기 때문이다.

하지만 장애인에게도 이 12년의 공교육이 충분할지는 생각해 볼 일이다. 장애인은 대부분 '느린 학습자'이다. 보고 듣는 것이 느리고, 움직이는 것이 느리며, 이해하는 것이 느린 학습자들이다. 이에 장애인에게는 12년의 공교육 이후에도 계속적인 교육이 절실히 필요하며, 그것도 공교육 차원에서 지원해야만 한다. 특히 발달장애인의 경우 12년의 공교육 이후에 계속적인 교육이 지원되지 않으면 그간 배우고 익혔던 많은 기능과 기술들을 소실할 위험이 매우 크다. 따라서 장애인은 12년의 공교육 이후 계속교육의 차원에서 평생교육이 절실히 필요하며, 국가와 지자체가 이를 지원해야만 한다.

연구과제

1. 평생교육의 광의적 개념과 협의적 개념의 차이에 대하여 알아봅시다.
2. 장애인 가족을 대상으로 실시하는 평생교육을 장애인 평생교육에서 다루어야 하는 이유에 대해 토론해 봅시다.
3. 장애인 평생교육 제공인력의 전문성 함양을 위해 필요한 교육내용을 논의해 봅시다.
4. 비장애인 대상의 장애이해교육 프로그램 우수사례를 조사하여 발표해 봅시다.
5. 장애인 평생교육 관련법에서 '계속교육'이라는 용어를 사용하고 있는 이유에 대하여 논의해 봅시다.
6. 장애의 개념 변화와 장애인 평생교육의 필요성을 교육적 측면에서 설명해 봅시다.

CHAPTER

02

장애성인의 이해

학습목표

- 장애의 개념이 어떻게 변화되어 왔는지 이해한다.
- 세계보건기구(WHO)의 ICIDH 모델과 ICF 모델을 비교하여 설명한다.
- 장애성인의 생애주기별 인구학적 특성을 이해한다.
- 장애성인의 생애주기별 사회학적 특성을 이해한다.
- 장애인의 생애주기별 교육적 지원의 개념을 이해하고 장애성인을 위한 계속교육의 필요성을 설명한다.

I 장애의 개념

장애인이란 어떤 사람일까? 장애인이란 말 그대로 장애를 가진 사람을 말한다. 그렇다면 그 장애란 과연 무엇일까? 우리는 지금까지 장애란 신체적 · 정신적 기능에 결함이 있거나 제 기능을 하지 못하는 상태로서 사람 자체의 문제라고 믿어 왔다. 하지만 최근에는 장애를 결함이 있는 신체나 정신이 제 기능을 하지 못하도록 하는 환경이나 사회제도의 문제라는 관점에서 정의하고 있다.

이처럼 장애라고 하는 것은 한 사회가 어떠한 사람을 장애인이라고 정의하느냐에 따라 달라질 수 있는 상대적인 개념이다. 즉, 장애의 개념은 사회의 문화적 기대에 따라 다르며, 환경에 의해서도 변화될 수 있다. 예를 들어, 시력이 매우 좋지 않은 사람들이 렌즈나 안경이 없던 시절에 살았더라면 장애를 느낄 수 있었을 것이다. 신체적 장애를 가진 사람도 적합한 휠체어만 있다면 바닷가를 산책할 수도 있고, 특별 제작된 자동차만 있다면 어디로든 여행을 떠날 수 있다. 즉, 장애의 개념은 개별 사회의 문화적 기대에 따라 다르며, 환경에 의해서도 변화될 수 있다. 이는 신체적 · 정신적 손상이 있다고 할지라도 주어진 환경에 잘 적응하여 사회생활에 아무 지장이 없다면 장애인과 비장애인은 아무 차이가 없기 때문이다.

장애의 담론 차원에서 보면, 장애를 설명하는 언어들은 개별 및 의료 모델에서 사회적 및 환경중심 모델로 전환되어 가고 있다고 할 수 있다. 이러한 장애 개념의 변화는 세계보건기구(WHO)가 1980년 이후 발표한 장애분류체계의 변천과정에 잘 내포되어 있다.

1) 세계보건기구(WHO)의 장애 개념

1980년 세계보건기구(WHO)는 장애의 계층적 개념을 주장하면서 국제장애분류(International Classification of Impairment, Disabilities and Handicaps: ICIDH)를 제시하였다. 여기에서는 장애에 대한 일반적인 개념을 신체 손상(impairment), 기능 장애(disability), 사회적 장애(social handicap)라는 용어를 중심으로 설명하였다(오혜경, 1998).

첫째, 신체 손상은 심리적, 신체적 또는 해부학적 구조나 기능의 손실을 가져온 일시적 · 영구적 병리 상태를 의미하며, 뇌 기능 상실, 시 · 청각 기능 상실, 심장 · 정신질환 · 지적장애 등 모두를 아우른다.

둘째, 기능 장애는 생산적인 일상생활을 위한 기능적 능력의 감소를 의미한다. 여기에는 각종 기능 상실에 의한 일상생활 및 직업생활 등에서의 제한이 뒤따른다. 이러한 기능 상실이 반드시 기능 장애를 수반하지는 않는다. 기능 상실은 영구적 성질을 가지나 기능 장애는 적절한 치유에 따라 경감 · 완화될 수 있다.

셋째, 사회적 장애는 선천적이거나 노령, 질병, 사고 등에 의해 심신의 상태가 일시적 또는 영구적으로 손상된 결과로 인해 독립생활, 취학, 취업, 결혼 등이 저해되는 것을 말한다. 기능 상실이나 장애가 반드시 사회적 장애를 수반하지는 않는다. 예를 들어, 무엇인가를 할 수 없다는 것은 장애(기능 장애)인 것은 분명하지만 이러한 기능 장애가 반드시 사회적 장애로서 장애를 초래하지는 않는다. 즉, 사회 구성원의 인식이나 환경적인 지원을 통하여 특정 손상이나 사회적 장애의 상태도 개인의 삶에 불이익을 가져다주지 않을 수도 있다는 것이다.

최근 WHO는 이 같은 국제장애분류를 폐기하고, 1997년 ICIDH-2에 이어 국제기능 · 장애 · 건강분류(International Classification of Functioning, Disability and Health: ICF)를 발표하면서 장애에 관한 개념적 틀을 정립하고, 이 분류법

에 의해 장애를 분류할 것을 권장하였다(변용찬 외, 2006).

ICF에 의한 장애의 설명은 1980년 ICIDH 모델과는 근본적으로 차이가 나며, 장애 개념의 획기적인 패러다임의 전환을 의미한다. ICIDH에서는 신체 손상, 기능 장애, 사회적 장애의 일방향적인 관계를 전제로 손상의 전제 위에 기능 장애가 논의되고, 기능 장애의 전제 위에 사회적 장애의 여부를 판단하는 체계였다고 할 수 있다. 그러나 ICF에서는 '활동과 참여'를 '신체 손상, 기능 장애, 사회적 장애' 대신에 제시하였다. 즉, 활동 또는 참여의 장애가 이제는 개인 내부가 아닌 주변 환경의 요인 때문이라는 것을 선언한 것이다(김일명 외, 2013).

ICF에서는 장애를 신체적 · 정신적 기능의 손상과 환경적 요인에 의해 활동과 사회참여에 장기간 제약을 받는 상태로 정의한다. 이러한 상태는 개인적 상황과 환경적 요소의 양 측면에서 영향을 받는데, 개인적 상황은 신체적 · 정신적 손상과 활동 및 참여의 제약을 말하고, 환경적 요소는 물리적 · 사회적 · 정책적 환경 및 사회인식 등을 말한다. 즉, 장애는 개인의 기능 손상이라는 정태적 상황만을 의미하는 것이 아니라 기능 회복과 활동 및 사회참여를 보장하기 위한 물리적 · 사회적 환경의 준비 정도에 의해 결정되는 동태적 상황임을 강조한 것이다.

2) 우리나라의 장애 개념

유럽이나 미국 등 서구 선진국의 경우에는 일반적으로 장애인의 범주가 매우 포괄적인 것이 특징이다. 예를 들어 한국이나 일본의 경우 장애인의 범주를 주로 의학적 모델(medical model)에 입각하여 신체구조 및 기능상의 장애로 판정하는 것에 비하여 유럽 등 서구 선진국에서는 신체, 정신의 기능적인 장애에 추가하여 특정한 일을 어느 정도 수행할 수 있는지의 여부에 의한 과업수행(노동)능력, 개인적 요인뿐만 아니라 환경적 요인에 의해 불이익을 받는 조건까지 포함하는 사회적인 의미의 장애 등 포괄적인 장애범위를 채택하고 있다. 즉, 개인이 가진 신체적 · 정신적 기능 손상이 사회적인 불이익을 초래한다고 판단될 경우에 장애로 인정하는 것이다.

오스트리아, 벨기에, 덴마크, 프랑스, 독일, 이탈리아, 네덜란드, 포르투갈, 스페인, 스웨덴, 영국 등이 사용하고 있는 장애인의 정의는 건강문제가 지속되고, 일상생활에 지장을 주는 정도이면 장애인으로 인정하고 있으며, 호주와 캐나다의 경우에는 자기 관리, 이동성, 의사소통 등에 있어서 근본적이고 심각한 주요 행동제약이 있을 경우 중증장애인으로, 그리고 주요 행동에 있어서 경증의 또는 경미한 주요 행동제약이 있을 경우 경증장애인으로 구분하고 있다(변용찬 외, 2006).

이에 비해 우리나라의 장애 개념은 아직까지 신체적 · 정신적 기능 손상에 기초하고 있다. 우리나라 「장애인복지법」제2조에서는 장애인을 신체적 · 정신적 장애로 인하여 장기간에 걸쳐 일상생활 또는 사회생활에 상당한 제약을 받는 자라고 규정하고, 의학적 패러다임에 의거한 장애범주를 정하고 이에 해당하는 경우에만 장애로 인정하고 있다. 경제협력개발기구(OECD) 국가 중 한국과 일본만이 이러한 요건주의를 채택하고 있다.

우리나라의 장애범주는 그 동안 대단히 협소하였으나 최근 내부기관장애 및 사회적 장애의 일부(예: 안면장애 등)를 추가하는 등 범주를 확대하는 추세이다. 1981년 제정되고 1989년 개정된 「장애인복지법」에서는 장애인의 범주를 지체장애, 시각장애, 청각장애, 언어장애, 정신지체(지적장애)의 5가지 영역으로 한정하고 있었으나, 1997년 '장애인복지발전 5개년 계획'의 장애범주 확대 계획에 따라, 2000년 1차적으로 신장 및 심장장애의 내부기관장애와 만성 중증 정신질환에 의한 정신장애, 자폐증의 발달장애가 새롭게 장애범주에 포함되었으며, 뇌병변장애가 기존의 지체장애에서 분리되어 장애범주가 총 10종으로 확대되었다. 또한 2003년 7월에는 안면장애, 장루 · 요루장애, 간장애, 간질장애(뇌전증), 호흡기장애 등 5종이 새로 추가되는 2단계 장애범주 확대가 이루어져 현재는 15가지 유형의 장애가 있다.

그러나 이러한 범주 확대에도 불구하고 아직 기능 손상 개념에서 완전히 벗어난 것이 아니며 의학적 패러다임에 의한 요건주의를 유지하고 있다. 이렇듯 장애 개념에 대한 정의의 차이에 따라 각국의 장애 인구도 차이를 보이고 있다. 우리나라의 경우 장애 인구를 6% 미만으로 보고 있으나, WHO에서는 인구의 10%를 장애인으로 가정하고 있으며, OECD에서는 장애 인구가 전체 인구의 14%에 달하고 있는 것으로 파악하고 있다.

3) 우리나라의 장애범주

우리나라에서 장애인의 범위는 각 법마다 달리 정의되고 있다. 여기에서는 여러 법률 중에서 장애인 평생교육 현장에서 가장 많이 활용하고 있는 「장애인복지법」을 중심으로 살펴보고자 한다.

「장애인복지법」에서는 장애의 범주를 모두 15가지로 분류하고 이를 크게 신체적 장애와 정신적 장애로 구분하고 있다. 다음은 「장애인복지법 시행령」[별표 1](시행 2021. 6. 30.)(대통령령 제31840호, 2021. 6. 29., 일부개정)에서 제시하고 있는 장애의 종류 및 기준이다.

(1) 지체장애인(肢體障碍人)

① 한 팔, 한 다리 또는 몸통의 기능에 영속적인 장애가 있는 사람

② 한 손의 엄지손가락을 지골(指骨, 손가락 뼈) 관절 이상의 부위에서 잃은 사람 또는 한 손의 둘째 손가락을 포함한 두 개 이상의 손가락을 모두 제1지골 관절 이상의 부위에서 잃은 사람

③ 한 다리를 가로발목뼈관절(lisfranc joint) 이상의 부위에서 잃은 사람

④ 두 발의 발가락을 모두 잃은 사람

⑤ 한 손의 엄지손가락 기능을 잃은 사람 또는 한 손의 둘째 손가락을 포함한 손가락 두 개 이상의 기능을 잃은 사람

⑥ 한 손의 엄지손가락 기능을 잃은 사람 또는 한 손의 둘째 손가락을 포함한 손가락 두 개 이상의 기능을 잃은 사람

⑦ 지체(肢體)에 위 각 목의 어느 하나에 해당하는 장애정도 이상의 장애가 있다고 인정되는 사람

(2) 뇌병변장애인(腦病變障碍人)

뇌성마비, 외상성 뇌손상, 뇌졸중(腦卒中) 등 뇌의 기질적 병변으로 인하여 발생한 신체적 장애로 보행이나 일상생활의 동작 등에 상당한 제약을 받는 사람

(3) 시각장애인(視覺障碍人)

① 나쁜 눈의 시력(공인된 시력표에 따라 측정된 교정시력을 말한다. 이하 같다)이 0.02 이하인 사람
② 좋은 눈의 시력이 0.2 이하인 사람
③ 두 눈의 시야가 각각 주시점에서 10도 이하로 남은 사람
④ 두 눈의 시야 2분의 1 이상을 잃은 사람
⑤ 두 눈의 중심 시야에서 20도 이내에 겹보임[복시(複視)]이 있는 사람

(4) 청각장애인(聽覺障碍人)

① 두 귀의 청력 손실이 각각 60데시벨(dB) 이상인 사람
② 한 귀의 청력 손실이 80dB 이상, 다른 귀의 청력 손실이 40dB 이상인 사람
③ 두 귀에 들리는 보통 말소리의 명료도가 50퍼센트 이하인 사람
④ 평형 기능에 상당한 장애가 있는 사람

(5) 언어장애인(言語障碍人)

음성 기능이나 언어 기능에 영속적으로 상당한 장애가 있는 사람

(6) 지적장애인(知的障碍人)

정신 발육이 항구적으로 지체되어 지적 능력의 발달이 불충분하거나 불완전하고 자신의 일을 처리하는 것과 사회생활에 적응하는 것이 상당히 곤란한 사람

(7) 자폐성장애인(自閉性障碍人)

소아기 자폐증, 비전형적 자폐증에 따른 언어 · 신체표현 · 자기조절 · 사회적

응 기능 및 능력의 장애로 인하여 일상생활이나 사회생활에 상당한 제약을 받아 다른 사람의 도움이 필요한 사람

(8) 정신장애인(精神障碍人)

다음 각 목의 장애 · 질환에 따른 감정조절 · 행동 · 사고 기능 및 능력의 장애로 일상생활이나 사회생활에 상당한 제약을 받아 다른 사람의 도움이 필요한 사람

① 지속적인 양극성 정동장애(精動障碍, 여러 현실 상황에서 부적절한 정서 반응을 보이는 장애), 조현병, 조현정동장애(調絃精動障碍) 및 재발성 우울장애

② 지속적인 치료에도 호전되지 않는 강박장애, 뇌의 신경학적 손상으로 인한 기질성 정신장애, 투렛장애(Tourette's disorde) 및 기면증

(9) 신장장애인(腎臟障碍人)

신장의 기능 장애로 인하여 혈액투석이나 복막투석을 지속적으로 받아야 하거나 신장기능의 영속적인 장애로 인하여 일상생활에 상당한 제약을 받는 사람

(10) 심장장애인(心臟障碍人)

폐나 기관지 등 호흡기관의 만성적 기능부전으로 인한 호흡기능의 장애로 일상생활에 상당한 제약을 받는 사람

(11) 호흡기장애인(呼吸器障碍人)

폐나 기관지 등 호흡기관의 만성적 기능부전으로 인한 호흡기능의 장애로 일상생활에 상당한 제약을 받는 사람

(12) 간장애인(肝障碍人)

간의 만성적 기능부전과 그에 따른 합병증 등으로 인한 간기능의 장애로 일상생활에 상당한 제약을 받는 사람

(13) 안면장애인(顔面障碍人)

안면 부위의 변형이나 기형으로 사회생활에 상당한 제약을 받는 사람

(14) 장루 · 요루장애인(腸瘻 · 尿瘻障碍人)

배변기능이나 배뇨기능의 장애로 인하여 장루(腸瘻) 또는 요루(尿瘻)를 시술하여 일상생활에 상당한 제약을 받는 사람

(15) 뇌전증장애인(腦電症障碍人)

뇌전증에 의한 뇌신경세포의 장애로 인하여 일상생활이나 사회생활에 상당한 제약을 받아 다른 사람의 도움이 필요한 사람

우리나라는 1997년 공포된 '장애인발전 5개년 계획' 이후 단계적으로 장애범주를 계속해서 확대해 오고 있다. 이러한 장애범주의 확대는 점차적으로 선진국 수준에 도달하도록 추진되고 있는데, 향후 확대 예상 장애범주로는 만성알코올 · 약물중독, 기질성 뇌증후군, 기타 정신발달장애, 소화기장애, 비뇨기장애, 치매, 외부기형 및 피부질환, 만성통증, 뇌전증(간질) 등 경련장애, 기타 암 등이 포함된다(김성희 외, 2017).

4) 장애의 분류와 명명

장애를 가지고 있는 사람에게 장애 명칭을 부여하는 것(labeling)에 대한 찬반 의견은 매우 분분하다. 특히 장애인 평생교육 현장에서 장애 명칭을 부여하는 것은 장애인뿐만 아니라 그 가족들에게 도움을 주기도 하지만, 반대로 부정적인 영향을 미치기도 한다.

장애 명칭을 부여하는 것의 긍정적인 측면을 강조하는 사람들은 다음과 같이 주장한다. 지체장애, 지적장애, 정신장애와 같은 명칭은 장애인으로 하여금 장애인 평생교육 현장에서 장애인 전문가와 접할 수 있는 기회를 마련하여 차별

화된 처치가 가능하게 하고, 특정한 장애를 가진 이들에게 필요한 서비스가 무엇인지에 대한 우선적인 정보를 제공해 줄 뿐만 아니라 강사나 가족들이 장애인을 이해하는 데 필요한 정보를 찾거나 지역사회에서 공급하고 있는 서비스를 제공받을 수 있는 근거를 제시해 준다. 또한 장애 명칭은 입법자들에게 장애인을 지원하고 이를 위한 입법을 하도록 하고, 장애의 원인 추적을 가능하게 하며, 의사소통을 능률적으로 할 수 있게 해 준다. 이렇듯 장애 명칭을 사용하는 것이 장애인을 위한 서비스를 제공받는 데 도움이 되고, 보다 많고 구체적인 정보를 얻는 데 도움이 된다는 점에서는 긍정적이지만, 장애인이 가지고 있는 장애 명칭에 지나치게 의존하여 제한적으로 장애인을 이해하게 되는 위험에 빠질 수도 있다.

장애 명칭을 사용하는 것의 부정적인 측면을 강조하는 사람들은 다음과 같이 주장한다. 일반적으로 장애 명칭을 대상 장애인이 지닌 한 가지 특성으로 이해하기보다는 전체를 가리키는 것으로 받아들이기 때문에 다른 특성을 돌아볼 수 없게 할 수 있다. 예를 들어, 지적장애의 명칭을 부여받은 장애인의 경우 지적 능력이 낮고 적응행동에 결함이 있어 과제에 집중하는 것이 어려울 것이라고 쉽게 짐작하기 마련이다. 하지만 지적장애의 명칭은 대상 장애인이 요리를 잘하고, 운동능력이 뛰어나며, 미술을 좋아한다는 사실을 말해 주지는 않는다. 뿐만 아니라 지적장애라는 명칭을 부여받은 모든 대상 장애인이 같은 특성을 보이는 것은 아니다. 지적장애인들 중 어떤 장애인은 말이 많고 활동적이며 음식에 대한 집착이 강한 특성을 보이지만, 어떤 장애인은 말수가 적고 조용하며 먹는 것을 좋아하지 않는 특성을 보이기도 한다. 모든 사람이 각각 다른 특성을 지니고 있는 것처럼, 장애를 가진 사람들도 각자가 가진 능력과 특성에 큰 차이를 보이기 마련이다. 따라서 장애인 평생교육기관 관계자나 강사들이 장애 명칭에 지나치게 의존하게 되면 대상 장애인을 이해하는 데 있어서 그릇된 판단을 하게 될 가능성이 높아져 대상 장애인에 대한 잘못된 가정을 하거나, 장애인에 대한 낮은 기대수준으로 그들의 능력을 제한하여 장애인이 가지고 있는 장점을 발휘할 수 있는 충분한 기회를 제공하지 않을 수도 있다. 뿐만 아니라 장애 명칭은 장애인 스스로 부정적인 자아개념을 형성하게 할 가능성이 높다. 이러한 이유로 서구의 장애인 마을공동체인 캠프힐에서는 대부분 장애 명칭을 사용하지 않고 있다.

따라서 장애인 평생교육기관 관계자나 강사들은 대상 장애인에게 적절한 프로그램을 개발하고 교수하는데 있어 장애 명칭에 지나치게 의존하기보다는 대상 장애인의 개별적이고 다양한 특성에 더 주목할 필요가 있다. 장애 명칭은 결코 대상 장애인을 이해하기 위한 모든 정보를 제공해 주지는 못한다. 장애인만의 고유한 장점, 그리고 도움이 필요한 도전적인 과제들을 이해하려는 의지를 가지고 교육활동에 임해야 할 것이다.

2 장애성인의 생애주기별 인구사회학적 특성

인간이 일정한 연령에 도달하면 그 전후 시기와는 구별되는 특성을 지니게 되는데, 이러한 특징에 따라 인간의 발달과정을 단계로 구분한 것이 생애주기이다. 장애인의 생애주기에 따른 특성과 욕구를 이해하는 것은 차별화된 정책과 장애인 평생교육 프로그램을 개발하는 데 유용한 지침이 될 수 있다(변용찬 외, 2006). 교육과 복지 영역에서 장애인의 연령은 매우 중요한 변수로 등장하고 있으나, 지금까지는 장애인 평생교육 지원을 논의함에 있어 생애주기를 중요하게 고려하지 못해 왔다. 이는 여전히 우리 사회가 장애인을 일방적으로 어떤 도움을 받아야 하는 동질적인 집단으로 인식하고 있고, 이러한 인식은 장애인이 장애라는 불편함에도 불구하고 자기 과업의 완성을 위해 끊임없이 도전하는 개별성을 가진 개인이라는 관점을 가지지 못했기 때문이다(양희택, 박종엽, 2012).

하지만 최근 장애인 평생교육의 필요성과 당위성이 제기되고 장애성인을 위한 정책과 프로그램 개발에 관한 크고 작은 연구가 지속적으로 이루어지면서 생애주기에 따른 발달과업을 강조하는 경향이 나타나고 있다. 최근 장애인 평생교육뿐 아니라 특수교육과 장애인복지 분야에서 생애주기의 개념을 강조하고 있는 것은 장애인도 사회적으로 구성되고 요구되는 정상적인 발달 단계에 따라 달성해야 하는 과업을 가진 하나의 사회 구성원으로 간주하는 동시에 손상과 장애가 갖는 발달적, 사회적 의미를 연령대별로 상이하게 본다는 것이다(Slota & Martin, 2003). 장애인 역시 비장애인과 마찬가지로 생애주기에 따라 다양한 욕구와 발달과업이 발생하므로 이러한 생애주기별 특징과 욕구를 고려한 서비스 제공이 필요함을 강조하는 것이다(이은미, 백은령, 오혜경, 2008).

이에 이번 장에서는 장애성인의 생애주기별 인구사회학적 특성과 교육·복지 욕구를 살펴보려고 한다. 먼저 장애성인의 인구학적 특성은 한국사회보장정보원(Social Security Information Service: SSIS)에서 2021년 7월을 기준으로 제공한 전국 사회보장통계 데이터를 활용하여 정리한 내용이고, 장애성인의 사회학적 특성은 보건복지가족부와 한국보건사회연구원이 2017년 실시한 장애인 실태조사 원 자료(raw data)를 2차 분석하여 정리한 내용이다. 사회보장통계 데이터와 장애인 실태조사 데이터에서 성인으로 분류되는 만 18세 이상의 장애인 자료를 추출하였으며, Levinson(1978)의 생애주기이론에 따라 18~39세를 성인진기로, 40~59세를 중년기로, 60세 이상을 노년기로 구분하였다.

1) 장애성인의 생애주기별 인구학적 특성

국내 장애성인의 인구학적 특성을 알아보기 위하여 전국 사회보장통계 데이터에서 만18세 이상의 장애인 2,566,458명의 데이터를 2차 분석하였다. 2,566,458명의 데이터를 생애주기별로 살펴보면, 성인전기 228,843명, 중년기 662,848명, 노년기 1,674,767명이다. 인구학적 특성으로는 성별, 연령, 장애정도, 장애유형 등 전반적 특성과 생애주기별 장애유형, 생애주기별 성 분포, 생애주기별 장애정도를 알아보았다.

(1) 장애성인의 일반적 특성

국내 장애성인의 일반적 특성을 살펴보면, 성별로는 남성이 1,476,129명(57.5%), 여성이 1,090,329명(42.5%)으로 남성이 여성에 비해 다소 많고, 생애주기별로는 성인전기 228,843명(8.9%), 중년기 662,848명(25.8%), 노년기 1,674,767명(65.3%)으로 중년기와 노년기로 갈수록 장애 발생률이 높아지는 것을 알 수 있다. 이는 인구고령화 및 각종 사고의 증가, 만성질환 등으로 연령이 증가함에 따라 장애인 출현율이 높아져 나타나는 현상이라 할 수 있다.

장애정도별로는 심하지 않은 장애인이 1,647,905(64.2), 심한 장애인이 918,553명(35.8%)으로 심한 장애인에 비해 심하지 않은 장애인이 2배 가까이 많은 것을 알 수 있다. 장애유형별로는 지체장애인이 1,190,388명(46.4%)으로 가장 많은 비중을 차지하고 있고, 이어 청각장애인 406,734명(15.8%), 시각장애인 249,669명(9.7%), 뇌병변장애인 238,728명(9.3%), 지적장애인 185,182명(7.2%), 정신장애인 104,135명(4.1%), 신장장애인 101,621명(4.0%) 등의 순이다. 하지만 장애유형별 분포는 생애주기에 따라 큰 차이를 보임에 주의해야 한다.

〈표 2-1〉 국내 장애성인의 일반적 특성

영역	내용	인원 (명,%)
성별	남성	1,476,129(57.5)
	여성	1,090,329(42.5)
생애주기	성인전기(18세~39세)	228,843(8.9)
	중년기(40세~59세)	662,848(25.8)
	노년기(60세 이상)	1,674,767(65.3)

영역	내용	인원 (명,%)
장애정도	심하지 않은 장애	1,647,905(64.2)
	심한 장애	918,553(35.8)
장애유형	지체장애	1,190,388(46.4)
	시각장애	249,669(9.7)
	청각장애	406,734(15.8)
	언어장애	18,029(0.7)
	지적장애	185,182(7.2)
	뇌병변장애	238,728(9.3)
	자폐성장애	16,182(0.6)
	정신장애	104,135(4.1)
	신장장애	101,621(4.0)
	심장장애	4,915(0.2)
	호흡기장애	11,505(0.4)
	간장애	14,029(0.5)
	안면장애	2,681(0.1)
	장루 · 요루장애	15,820(0.6)
	뇌전증	6,840(0.3)
합계		2,566,458(100.0)

(2) 장애성인의 생애주기별 장애유형

장애성인의 생애주기별 장애유형을 살펴보면 아래의 표와 같다.

〈표 2-2〉 국내 장애성인의 생애주기별 장애유형

구분	성인전기	중년기	노년기	전체
지체장애	45,333 (19.8)	326,922 (49.3)	818,133 (48.9)	1,190,388 (46.4)
시각장애	17,754 (7.8)	67,102 (10.1)	164,813 (9.8)	249,669 (9.7)
청각장애	11,484 (5.0)	40,047 (6.0)	355,203 (21.2)	406,734 (15.8)
언어장애	1,555 (0.7)	5,711 (0.9)	10,763 (0.6)	18,029 (0.7)

구분	성인전기	중년기	노년기	전체
지적장애	99,135 (43.3)	62,387 (9.4)	23,660 (1.4)	185,182 (7.2)
뇌병변장애	17,016 (7.4)	49,149 (7.4)	172,563 (10.3)	238,728 (9.3)
자폐성장애	15,762 (6.9)	411 (0.1)	9 (0.1)	16,182 (0.6)
정신장애	11,023 (4.8)	58,533 (8.8)	34,579 (2.1)	104,135 (4.1)
신장장애	5,810 (2.5)	37,259 (5.6)	58,552 (3.5)	101,621 (4.0)
심장장애	862 (0.4)	1,055 (0.2)	2,998 (0.2)	4,915 (0.2)
호흡기장애	243 (0.1)	1,879 (0.3)	9,383 (0.6)	11,505 (0.4)
간장애	717 (0.3)	5,219 (0.8)	8,093 (0.5)	14,029 (0.5)
안면장애	399 (0.2)	1,189 (0.2)	1,093 (0.1)	2,681 (0.1)
장루 · 요루장애	406 (0.2)	2,357 (0.4)	13,057 (0.8)	15,820 (0.6)
뇌전증	1,344 (0.6)	3,628 (0.5)	1,868 (0.1)	6,840 (0.3)
합계	228,843 (100.0)	662,848 (100.0)	1,674,767 (100.0)	2,566,458 (100.0)

성인전기의 경우 지적장애인이 99,135명(43.3%)으로 가장 많은 비중을 차지하고 있고, 이어 지체장애인 45,333명(19.8%), 시각장애인 17,754명(7.8%), 뇌병변장애인 17,016명(7.4%), 자폐성장애인 15,762명(6.9%) 등의 순으로 나타나 발달장애인이라 말하는 지적장애인과 자폐성장애인이 절반을 차지하는 것을 알 수 있다.

이에 비해 중년기와 노년기의 경우 지체장애인, 뇌병변장애인, 시각장애인, 청각장애인의 수가 급격히 증가하는 반면, 지적장애인과 자폐성장애인 등 발달장애인의 수는 급격히 감소하는 것을 알 수 있다. 이는 중년기 이후 사고와 질병에 의해 발생하는 신체적 장애인의 수가 급격히 증가하는 반면, 비교적 수명이 짧은 것으로 알려져 있는 발달장애인의 수가 줄어들었기 때문이라 할 수 있다.

(3) 장애성인의 생애주기별 성 분포

국내 장애성인의 생애주기별 성 분포를 살펴보면, 성인전기의 경우 남성이 150,129명(65.6%), 여성이 78,714명(34.4%)이고, 중년기의 경우 남성이 457,356명(69.0%), 여성이 205,492명(31.0%)으로 남성이 여성에 비해 2배 가까이 많았으나, 노년기의 경우에는 남성이 868,644명(51.9%), 여성이 806,123명(48.1%)으로 남성과 여성의 비중이 거의 비슷한 비중을 차지하고 있다. 즉, 노년기 이후 여성의 장애 발생률이 남성에 비해 상대적으로 높은 것을 알 수 있다.

〈표 2-3〉 국내 장애성인의 생애주기별 성 분포

구분	성인전기	중년기	노년기	전체
남성	150,129 (65.6)	457,356 (69.0)	868,644 (51.9)	1,476,129 (57.5)
여성	78,714 (34.4)	205,492 (31.0)	806,123 (48.1)	1,090,329 (42.5)
합계	228,843 (100.0)	662,848 (100.0)	1,674,767 (100.0)	2,566,458 (100.0)

(4) 장애성인의 생애주기별 장애정도

국내 장애성인의 생애주기별 장애정도를 살펴보면, 성인전기의 경우 심하지 않은 장애인이 63,628명(27.8%), 심한 장애인이 165,215명(72.2%)으로 심한 장애인의 비중이 월등히 높고, 중년기의 경우 심하지 않은 장애인이 382,414명(57.7%), 심한 장애인이 280,434명(42.3%)으로 심하지 않은 장애인과 심한 장애인의 비율이 거의 비슷한 양상을 보이며, 노년기 장애인의 경우 심하지 않은 장애인이 1,201,863명(71.8%), 심한 장애인이 472,904명(28.2%)으로 심하지 않은 장애인이 심한 장애인보다 2배 이상 많은 양상을 보인다. 즉, 중년기 이후 심하지 않은 신체적 장애인의 발생률이 높아진다는 것을 알 수 있다.

〈표 2-4〉 국내 장애성인의 생애주기별 장애정도

구분	성인전기	중년기	노년기	전체
심하지 않은 장애	63,628 (27.8)	382,414 (57.7)	1,201,863 (71.8)	1,647,905 (64.2)
심한 장애	165,215 (72.2)	280,434 (42.3)	472,904 (28.2)	918,553 (35.8)
합계	228,843 (100.0)	662,848 (100.0)	1,674,767 (100.0)	2,566,458 (100.0)

장애성인의 인구학적 특성을 종합해 보면, 연령이 높아지면서 사고나 질병으로 인한 신체적 장애인의 장애 발생률이 높고, 특히 노년기 이후 여성의 장애 발생률이 남성에 비해 상대적으로 높으며, 중년기 이후 발생하는 장애의 경우 장애정도가 심하지 않은 신체적 장애인이 다수를 차지하고 있다고 할 수 있다.

2) 장애성인의 생애주기별 사회학적 특성

국내 장애성인의 생애주기별 사회학적 특성을 알아보기 위하여 2017년 국가적인 차원에서 실시한 장애인 실태조사(김성희 외, 2017)의 원 데이터(raw data)에서 18세 이상의 장애인 6,383명이 응답한 자료를 추출하여 2차 분석하였다. 응답자 6,383을 생애주기별로 살펴보면, 성인전기 531명(전체 추정 수: 242,693명), 중년기 1,838명(전체 추정 수: 782,348명), 노년기 4,014명(전체 추정 수: 1,470,679명)이다. 사회학적 특성으로는 교육정도, 가구의 월 평균 소득, 집밖 활동 시 불편 정도, 집밖 활동 시 불편 이유를 알아보았다.

(1) 장애성인의 생애주기별 교육 정도

국내 장애성인의 생애주기별 교육 정도를 살펴보면 다음과 같다.

〈표 2-5〉 국내 장애성인의 생애주기별 교육 정도

구 분	성인전기	중년기	노년기	전체
무학	8 (1.5)	65 (3.5)	799 (19.9)	872 (13.7)
초등학교 졸업	25 (4.7)	290 (15.8)	1,621 (40.4)	1,936 (30.3)
중학교 졸업	23 (4.3)	307 (16.7)	684 (17.0)	1,014 (15.9)
고등학교 졸업	288 (54.2)	797 (43.4)	647 (16.1)	1,732 (27.1)
대학 졸업 이상1)	187 (35.2)	379 (20.6)	263 (6.6)	829 (13.0)
계	531 (100.0)	1,838 (100.0)	4,041 (100.0)	6,383 (100.0)

주: 대학이상은 3년제 이하 대학~대학원 모두 포함.

국내 장애성인의 생애주기별 교육 정도를 살펴보면, 성인전기의 경우 전체의 35.2%가 대학 졸업 이상의 학력을 가지고 있어 상대적으로 높은 학력을 나타내고 있는 반면, 중년기와 노년기의 경우 최소한의 사회경제생활을 유지하기 위한 기본 교육이며, 국가가 구체적으로 제시하고 있는 의무교육 기간인 중학교 과정을 이수하지 못한 장애인이 각각 19.3%, 60.3%를 차지해 중년기와 노년기 장애인의 교육 수준이 매우 심각함을 보여주고 있다.

(2) 장애성인의 생애주기별 가구 월 평균 소득

국내 장애성인의 생애주기별 가구 월 평균 소득을 살펴보면 다음과 같다.

〈표 2-6〉 국내 장애성인의 생애주기별 가구의 월 평균 소득

구 분	성인전기	중년기	노년기	전체
100만 원 미만	47 (8.9)	286 (15.6)	1,370 (34.1)	1,703 (26.7)
100만 원~199만 원	121 (22.8)	447 (24.3)	1,274 (31.7)	1,842 (28.9)
200만 원~299만 원	127 (23.9)	371 (20.2)	575 (14.3)	107. (16.8)
300만 원~399만 원	108 (20.3)	325 (17.7)	360 (9.0)	793 (12.4)
400만 원 이상	128 (24.1)	409 (22.3)	435 (10.8)	972 (15.2)
계	531 (100.0)	1,838 (100.0)	4,014 (100.0)	6,383 (100.0)

국내 장애성인 중 가구의 월 평균 소득이 200만원 미만인 경우가 성인전기는 31.7%, 중년기는 39.9%, 노년기는 65.8%로 노년기로 갈수록 경제적 빈곤이 심각한 것을 알 수 있다. 앞서 장애성인의 인구학적 특성에서 살펴본 바와 같이 장애인들 중 상당수는 중년기 이후 사고나 질병으로 인해 장애가 발생하는 경우이기 때문에 경제활동의 중단으로 가족 전체가 위기상황에 빠지게 되는 경우가 많다(김두영, 2016). 또한 노년기로 갈수록 신체적 기능이 약화되므로 병원 등의 의료기관 이용이 증가하여 의료비 부담이 가중된다(이준상, 2012). 장애인의 근로능력 상실과 치료비 증가 등의 경제적 어려움은 평생교육 참여를 가로막는 높은 장벽으로 작용하고 있다.

(3) 장애성인의 생애주기별 집밖 활동 시 불편 정도

국내 장애성인의 생애주기별 집밖 활동 시 불편 정도를 살펴보면, 전체적으로 집밖 활동 시 매우 또는 약간 불편하다는 응답이 46.1%로 거의 또는 전혀 불편하지 않다는 응답보다는 적었으나, 절반에 가까운 장애성인들이 집밖 활동 시 어려움을 호소하고 있는 것이다. 이를 생애주기별로 살펴보면, 매우 불편하다는 응답이 성인전기는 14.2%, 중년기는 8.9%, 노년기는 13.6%로 나타나 중년기에 비해 성인전기와 노년기 장애인들의 집밖 활동 시 어려움이 더 큰 것으로 나타났다.

〈표 2-7〉 국내 장애성인의 생애주기별 집밖 활동 시 불편 정도

구 분	성인전기	중년기	노년기	전체
매우 불편	73 (14.2)	159 (8.9)	520 (13.6)	752 (12.3)
약간 불편	152 (29.6)	497 (27.8)	1,421 (37.2)	2,070 (33.8)
거의 불편하지 않음	189 (36.8)	736 (41.2)	1,489 (39.0)	2,414 (39.4)
전혀 불편하지 않음	99 (19.3)	394 (22.1)	391 (10.2)	884 (14.4)
계	513 (100.0)	1,786 (100.0)	3,821 (100.0)	6,120 (100.0)

장애인의 평생교육 참여를 저해하는 여러 가지 요인들 중 이동 제약이나 편의시설 미흡이 거론되고 있다. 특히 수도권이 아닌 지방에 거주하는 장애인들은 대중교통망이 제대로 갖추어져 있지 않아 큰 불편을 겪고 있는 것으로 보고되고 있다. 이러한 문제를 해결하기 위한 이동지원이나 배달강좌 등 보다 적극적인 형태의 장애인 평생교육 지원 사업이 요구된다(김두영, 조창빈, 2021).

(4) 장애성인의 생애주기별 집밖 활동 시 불편 이유

국내 장애성인의 생애주기별 집밖 활동 시 불편 이유를 살펴보면, 전체적으로 집밖 활동 시 불편한 이유에 대해 장애인 편의시설이 부족해서라는 응답이 51.0%로 가장 많았고, 이어 동반자가 없어서라는 응답이 26.9%로 두 번째로 많았다. 생애주기별로는 성인전기 장애인은 동반자가 없어서라는 응답과 의사소통의 어려움때문이라는 응답이 많은 부분을 차지했고, 중년기와 노년기는 편의시설 부족을 가장 큰 이유로 꼽았다.

〈표 2-8〉 국내 장애성인의 생애주기별 집밖 활동 시 불편 이유

구 분	성인전기	중년기	노년기	전체
편의시설 부족	34 (15.1)	316 (48.2)	1,089 (56.1)	1,439 (51.0)
동반자가 없어서	79 (35.1)	150 (22.9)	529 (27.3)	758 (26.9)
주위 사람들 시선	46 (20.4)	121 (18.4)	99 (5.1)	266 (9.4)
의사소통의 어려움	58 (25.8)	60 (9.1)	194 (10.0)	312 (11.1)
기타	8 (3.6)	9 (1.4)	30 (1.5)	47 (1.7)
계	225 (100.0)	656 (100.0)	1,941 (100.0)	2,822 (100.0)

이러한 어려움은 생애주기별로 차이도 있겠지만, 사실 장애유형별 차이가 더 클 것으로 예상된다. 지체장애인의 경우 편의시설 부족으로 인한 불편이 크겠지만, 시각장애인이나 발달장애인의 경우 동반자가 없어서 생기는 불편이 더 클 것이다. 따라서 장애인 평생교육기관 접근성 문제를 해결하기 위해서는 장애유형별 특성을 고려해야 한다(김두영 외, 2019).

3 장애인의 생애주기별 교육적 지원의 필요성

1) 장애인의 생애주기별 교육적 지원의 개념

우리나라의 장애인교육 분야에서는 유아기부터 고등학교까지의 학교교육을 제공하는 것에 총력을 기울여온 실정이어서, 학교교육 이외의 평생교육을 거론할 수 있는 여건이 2000년대 초반까지 성숙되어 있지 못한 실정이었다(박승희, 2004). 하지만 최근 장애인 평생교육 관련 내용을 대폭 삽입한 「평생교육법」이 시행되면서 우리 사회에서 장애성인을 위한 평생교육적 지원의 필요성이 크게 대두되었다. 이와 함께 장애성인을 위한 정책과 프로그램 개발 관련 연구들이 지속적으로 이루어지면서 생애주기에 따른 발달과업을 강조하는 경향이 나타나고 있다(김두영, 2016).

인간이 일정한 연령에 도달하면 그 전후 시기와는 구별되는 특성을 지니게 되는데 이러한 특징에 따라 인간의 발달과정을 단계로 구분한 것이 생애주기이다. 그리고 자기가 속한 생애주기에서 각 개인이 학습하거나 충족시키지 않으면 안 되는 여러 가지 과제가 바로 발달과업이다(변용찬 외, 2006). 발달과업은 정상적인 성장과 발달을 위해 자기가 속한 생애주기에서 각 개인이 학습하거나 이루어 내야만 하는 과업이며 정해진 시기에 반드시 풀어야 하는 숙제이다. 정상적인 발달은 이전 단계 과업의 성공적인 수행에 뒤따르는 것이므로 개인의 일생에서 일정한 시기에 발달과업을 훌륭하게 성취하면 행복하게 되고 이후 과업도 성공하지만, 실패하게 되면 불행하게 되며 사회적 인정 또한 받을 수 없고 이후의 과업 성취에도 곤란을 겪게 된다(Havighurst, 1972).

최근 장애인 평생교육에서 생애주기의 개념을 강조하고 있는 것은 장애인 역시 비장애인과 마찬가지로 생애주기에 따라 다양한 욕구와 발달과업이 발생하므로 이러한 생애주기별 특징과 요구를 고려한 서비스 제공이 필요하기 때문이다(이은미, 백은령, 오혜경, 2008). 예를 들어, 학령기에 있는 장애학생의 경우 학습과제의 수행이 가장 중요한 과업이 될 것이며, 이 연령 단계에 있는 장애인을 위한 사회적 대처는 학습 과업을 잘 수행할 수 있도록 지원하는 것이다. 또한 장애 청소년의 경우는 동료 관계의 형성, 이성 관계의 탐색, 미래에 대한 준비 등이 중요한 과업이 될 것이며, 이 연령 단계에 있는 장애인을 위한 사회적 대처는 아동기에서 성인기로 넘어가는 전환과정의 이슈를 잘 처리할 수 있도록 지원하는 것이 될 것이다(김용득, 2000).

특히 성인기는 성인 초기에서 중년기에 이르기까지 그 시기가 길고, 비장애인과 마찬가지로 이전 단계인 아동 및 청소년기에서의 발달이 결실을 맺는 시기이자 전환의 시기이다. 즉 이전 시기까지의 발달을 기반으로 하여 정체성 확립과 미래 설계, 직업 선택과 유지, 결혼 및 관계 형성 등의 주요 과업을 수행해야 하는 동시에 노년기로의 가교 역할을 하는 중요한 생애 단계로 알려져 있다(Havighurst, 1972). 한편 노년기는 장애인으로서의 경험과 노화과정에서 야기되는 위험이 중첩되는 '이중위험'을 경험하는 시기로(Foreman, 1998), 사고의 경직성과 변화에의 저항감 등 성격 변화를 보이는 시기이다. 이 시기에는 체력과 건강의 쇠퇴, 퇴직과 수입의 감소, 배우자의 사망 등에 적응하며 만족할 만한 생활조건을 구비하고 사회적 책임을 이행해야 하는 생애 단계로 알려져 있다(박경실 외, 2013).

지금까지 살펴본 생애주기와 발달과업의 개념을 종합해 보면, 장애인의 생애주기별 교육적 지원이란 생애주기별 단계에 적절하며 장애인의 특성과 요구에 부합되는 교육과정, 교육적 서비스를 영아기부터 노년기에 이르기까지 지속적으로 제공하는 것을 의미한다. 장애인이 성장함에 따라 필요로 하는 서비스이 내용은 달라지므로 교육적 지원을 고려할 때는 생애주기의 단계를 함께 고려해야 한다(이미숙 외, 2016).

2) 장애인의 생애주기별 교육적 지원의 필요성

국정과제 51. 교육의 희망사다리 복원, 제5차 특수교육발전 5개년 계획, 제4차 평생교육 진흥 기본계획, 2018년도 장애인 평생교육 진흥을 위한 시행 계획 등에서 공통으로 언급하고 있는 것은 장애인에게 전 생애 단계별 지원을 제공하도록 국가의 책무성을 강화하고 있다는 것이다. 최근 장애인의 생애주기별 교육 지원 체계를 구축하고자 하는 국가적 의지는 다음과 같은 필요성에 근거한다.

(1) 대중 인식의 변화

장애인도 생애주기별로 적절한 교육을 받아야 한다는 필요성은 대중 인식의 변화 측면에서 살펴볼 수 있다. 이전에는 장애인의 문제를 장애를 가진 개인의 문제로 치부해 왔다. 하지만 최근에는 장애를 개인이 가지고 있는 어려움으로 치부하기보다는 국가 차원의 문제로 인식하게 되었다. 이로 인해 장애를 가진 개인이 자체적으로 문제를 해결하도록 두기보다는 국가 차원에서의 개입이 필요하다는 인식의 전환이 생겨났으며, 장애인을 교육 체계나 지역사회에서 소외시키는 대신에 비장애인과 동등하게 참여 기회를 보장해야 하는 의식이 팽배해지고 보편화되었다(이미숙 외, 2016).

(2) 법적 지원

장애인도 국민의 한 사람으로서 차별 없이 교육을 받아야 할 필요성은 「대한민국헌법」을 비롯해 「교육기본법」, 「초 · 중등교육법」, 「장애인 차별금지 및 권리구제 등에 관한 법률」, 「장애인 등에 대한 특수교육법」, 「평생교육법」, 「발달장애인 권리보장 및 지원에 관한 법률」 등에서 쉽게 찾아볼 수 있다.

헌법 제10조는 모든 국민이 인간의 존엄과 가치를 존중받고 차별받지 않을 권리를 지니고 있다고 명시하고 있고, 제11조 제1항은 모든 국민이 평등하고 누구든지 언제 어디서나 차별받아서는 안 된다고 선언하고 있다. 또한 헌법 제31조 제1항에서는 모든 국민에게 '능력에 따라 균등하게 교육을 받을 권리'를 보장하고 있다. 「교육기본법」 제3조에서는 학습권을 명문화하고 있는데, 여기에서 말하는 학습권은 평생학습권과 능력과 적성에 따라 교육을 받을 권리를 보장함을 뜻한다. 「교육기본법」 제4조는 성별, 종교, 신념, 사회적 신분, 경제적 지위 또는 신체적 조건 등을 이유로 교육에 있어서 비합리적인 차별을 금지하고 있다. 이 외에도 초·중등교육법」, 「장애인 차별금지 및 권리구제 등에 관한 법률」, 「장애인 등에 대한 특수교육법」, 「평생교육법」, 「발달장애인 권리보장 및 지원에 관한 법률」 등에서 장애인도 교육을 받아야 할 필요성에 대한 근거를 쉽게 찾아볼 수 있다. 이러한 다양한 법에 비추어 볼 때, 장애인은 모든 생애주기별로 장애유형과 정도에 맞추어서 차별을 받지 않으며 비장애인과 동등하게 교육을 받을 수 있고 받아야 하는 정당한 권리가 있음을 알 수 있다(이미숙 외, 2016).

(3) 인간 발달의 연속성

일반적으로 인간 발달에는 방향성이 있으며 보편성과 법칙성, 즉 발달 원리가 존재한다. 인간이 어떻게 성장하고 발달하는가를 설명하기 위한 보편적 발달 원리에는 다음과 같은 특징이 있다(박경실 외, 2013). 첫째, 발달은 유전 요인과 환경 요인(학습)이 상호작용하며 이루어진다. 둘째, 발달에는 단계적으로 일정한 방향과 순서가 있다. 그러므로 이전 단계의 발달은 다음 단계의 발달을 위한 기초가 되며, 다음 단계는 보다 높은 차원의 발달로 이어진다. 셋째, 발달의 각 요소, 즉 신체, 언어, 인지, 정서 등은 상호 영향을 주고받으며 발달한다. 넷째, 발달은 연속적이지만 그 속도는 일정하지 않다. 즉, 신체 각 부위와 영역에 따라 발달 속도는 각기 다르게 나타날 수 있다. 다섯째, 이후에 해당 특성을 발달시키려면 더 많은 시간과 노력이 필요하다. 마지막으로 발달에는 성, 연령, 성장 배경 등 개인 차이가 있다.

이처럼 정상적인 발달은 이전 단계의 과업에 대한 성공적인 수행에 뒤따르는 것이다. 따라서 어떤 영역에서 장애가 있게 되면 다음 단계로의 변화에 문제가 생길 수 있다. 이러한 영향의 결과로 장애인의 경우 건강한 자아상을 확보하는

데 어려움이 따르게 된다. 더구나 다음 단계로의 발전은 이전 단계의 성과에 의해 영향을 받기 때문에 장애인은 지속적인 어려움을 가지게 된다(변용찬 외, 2006).

개인의 발달 단계는 나름대로 독특한 가치와 특성이 있으며, 어느 단계가 다른 단계보다 더 중요하거나 덜 중요하지 않다. 하지만 이전의 발달 단계는 다음 발달 단계에 영향을 미친다. 따라서 기존의 학교 중심의 교육적 지원의 형태를 보다 확장하여 장애영아 교육부터 평생교육에 이르기까지 전 생애에 걸친 교육적 지원체제를 구축하는 것이 매우 중요하다.

이처럼 생애주기별 접근 전략은 장애인의 교육과 재활에 있어서 몇 가지 의의가 있다(변용찬 외, 2006). 첫째, 교육 및 재활서비스를 삶의 전 과정이라는 거시적 관점에서 계획하고 실시함으로써 연속적인 서비스 전달체계를 구축할 수 있고, 둘째, 아동기, 청년기, 노년기 등 생애주기별 특성에 따라 서비스를 제공함으로써 교육 및 재활서비스의 적절성을 제공할 수 있으며, 셋째, 생애주기별 욕구에 따른 서비스를 제공함으로써 수요자 중심의 맞춤형 복지서비스가 가능하게 할 수 있다.

(4) 계속교육의 필요성

장애인 평생교육을 처음으로 언급한 「장애인 등에 대한 특수교육법」 제33조 제1항(2016년 5월 29일 폐지)과 2016년 개정된 「평생교육법」 제21조의2(장애인 평생교육과정)에서는 장애인 평생교육의 개념으로서 '계속교육'을 언급하고 있다. 계속교육(continuing education)은 '계속'이라는 수식어에서 짐작할 수 있듯이 어떤 교육 경험 이후에 계속적으로 이어지는 교육을 뜻한다(김한별, 2014). 계속교육은 급격하게 변화하는 사회 환경 속에서 자신의 역할 수행에 필요한 역량 개발이나 자아실현을 추구하는 성인들에게 학교 교육과정을 마친 후에도 계속적으로 학습할 수 있는 기회를 제공한다는 의미를 가지고 있다(박경실 외, 2013).

장애인 평생교육을 개념화함에 있어 계속교육이라는 용어를 사용하는 것은 매우 중요한 의미를 갖는다. 대부분의 장애인은 고등학교 졸업 이후에도 학업기술, 문제행동 대처기술, 일상생활 및 사회생활 적응기술, 의사소통 기술 등의 향상을 위하여 계속적인 특수교육 지원을 요구하고 있기 때문이다. 특히 발달장애인의 경우 고등학교 졸업 이후 진학이나 취업 등 진로를 획득하지 못하고 가정이나 시설로 되돌아가는 상황을 고려해 볼 때, 학령기 뿐만 아니라 이들의 진로를 계발하고, 지역사회 전환에 필요한 실질적인 기술을 향상시키기 위한 성인기 삶에서의 교육적 지원이 제공될 필요가 있다.

일반적으로 우리나라에서 고등학교를 졸업하면 일상생활을 독립적으로 수행할 수 있을 것이라 기대하게 된다. 하지만 상당수의 장애인은 고등학교까지의 교육만으로 일상생활을 독립적으로 수행할 수 있는 기능과 태도를 모두 습득하기 어렵다. 따라서 고등학교 졸업 이후에도 계속적인 특수교육 지원이 매우 절실히 필요하다. 이러한 계속교육은 영아기부터 성인기까지 생애주기 차원에서 계획적으로 제공되어야 할 것이다.

(5) 교육적 지원의 효과성

장애의 유형과 특성을 고려한 생애주기별 교육적 지원의 효과성에 관한 연구는 과거부터 지속되어 온 핵심 연구 주제 중 하나이다. 선행연구들은 출생 후 가능한 한 조기에 장애를 발견하여 적절한 환경과 경험을 제공할 경우 발달 가능성이 높아질 뿐 아니라 장애의 악화나 2차 장애의 가능성이 완화될 수 있다고 보고하고 있다(이미숙 외, 2016).

최근에는 장애인 평생교육의 필요성과 당위성이 제기되면서 관련 연구들을 통해 장애성인을 위한 평생교육 프로그램이 장애당사자의 장애수용은 물론 행복감 및 삶의 질에 긍정적인 영향을 미치며, 직업 기술 습득이나 대인관계 증진에 효과적이라는 것이 밝혀지고 있다. 따라서 장애인의 생애주기별 교육적 지원은 장애인 개인에게는 물론 시회적으로나 경제적으로 긍정적인 영향을 미치고 있음을 알 수 있다.

연구과제

1. 장애의 개념이 시대에 따라 어떻게 달라지고 있는지 이야기해 봅시다.
2. 장애성인의 생애주기별 인구학적 특성에 따른 평생교육적 지원 방안을 논의해 봅시다.
3. 장애성인의 생애주기별 사회학적 특성을 고려한 평생교육적 지원 방안을 논의해 봅시다.
4. 장애인의 생애주기별 교육적 지원이 의미하는 바를 발표해 봅시다.
5. 장애인의 생애주기별 교육적 지원이 필요한 이유를 여러 가지 측면에서 논의해 봅시다.

CHAPTER

03

장애인 평생교육 관련 법령 및 조례

학습목표

- 장애인 평생학습권을 보장한 국내 주요 법적 근거를 이해한다.
- 장애인 평생교육의 전환점이 된 「장애인 등에 대한 특수교육법」 제34조의 의의와 한계점을 설명한다.
- 2016년 이후 개정된 「평생교육법」의 장애인 평생교육 관련 주요 내용을 설명한다.
- 지방자치단체에서 제정한 장애인 평생교육 지원조례의 현황과 주요 내용을 설명한다.

I 장애인 평생교육 관련 법령

장애인에게 있어 평생학습권은 인간의 생존을 위해 보장받아야 하는 자연권이자 기본권이라고 말할 수 있다(김경열, 2012). 우리나라의 헌법을 비롯해 여러 관련 법률은 이러한 장애인 평생학습권을 명문화하고 있다. 이번 장에서는 장애인 평생학습권을 규정하고 있는 관련 법령들과 2016년 이후 개정된 「평생교육법」에 포함된 장애인 평생교육 관련 조항들을 구체적으로 살펴보고자 한다.

1) 장애인 평생학습권 근거 법령

(1) 「대한민국헌법」

장애인이 비장애인과 구별됨이 없이 존엄성을 인정받고, 적절한 평생교육을 받으면서 사회에 참여하여 만족할 만한 삶의 길을 향유해야 할 기본적 권리를 가지며, 이를 보장하는 것은 이 시대의 책임이요 국가의 의무라는 것은 우리나라 헌법에 구체적으로 명시되어 있다.

「대한민국헌법」 제10조는 모든 국민이 인간의 존엄과 가치를 존중받고 차별받지 않을 권리를 지니고 있다고 명시하고 있고, 제11조는 모든 국민이 평등하고 누구든지 언제 어디서나 차별받아서는 안 된다고 선언하고 있는데, 이것은 개개인이 모두 똑같이 자연적 인권의 주체로서 평등하다는 자연법적 사실을 재확인한 것일 뿐 아니라, 모든 국민이 공동의 행복을 위하여 평화로운 동반자적 협력 관계를 창설 유지하기로 한 주권적 결단의 실현 조건을 마련한 것이기도 하다(조우영, 2009).

[대한민국헌법]

제10조 모든 국민은 인간으로서의 존엄과 가치를 가지며, 행복을 추구할 권리를 가진다. 국가는 개인이 가지는 불가침의 기본적 인권을 확인하고 이를 보장할 의무를 진다.

제11조

① 모든 국민은 법 앞에 평등하다. 누구든지 성별 · 종교 또는 사회적 신분에 의하여 정치적 · 경제적 · 사회적 · 문화적 생활의 모든 영역에 있어서 차별을 받지 아니한다.

제31조

① 모든 국민은 능력에 따라 균등하게 교육을 받을 권리를 가진다.

② 모든 국민은 그 보호하는 자녀에게 적어도 초등교육과 법률이 정하는 교육을 받게 할 의무를 진다.

⑤ 국가는 평생교육을 진흥하여야 한다.

⑥ 학교교육 및 평생교육을 포함한 교육제도와 그 운영, 교육재정 및 교원의 지위에 관한 기본적인 사항은 법률로 정한다.

출처: 법제처국가법령정보센터(www.law.go.kr)

한편 「대한민국헌법」 제31조 제1항에서는 모든 국민에게 '능력에 따라 균등하게 교육을 받을 권리'를 보장하고 있다. 이처럼 「대한민국헌법」에서 '능력에 따라 균등하게 교육을 받을 권리'를 보장하고 있는 이유는 각 개인이 자신의 능력에 걸맞은 교육을 받음으로써 자신의 자아실현을 도모하고 사회통합과 체제 유지를 촉진시킬 수 있기 때문이다(손희권, 1999). '능력에 따라 균등하게 교육을 받을 권리'란 정신적 · 육체적 능력은 물론 그 외의 성별 · 종교 · 경제력 · 사회적 신분 등에 의하여 교육을 받을 기회를 차별받지 않고, 즉 합리적 차별 사유 없이 교육을 받을 권리를 제한하지 아니함과 동시에 국민에게 균등한 교육을 받게 하고 특히 경제적 약자가 실질적인 평등교육을 받을 수 있도록 적극적 정책을 실현해야 한다는 것을 의미한다. 여기에서 교육이란 학교교육으로만 한정되는 것이 아니라 사회교육을 포함하여 평생교육을 지칭하는 것이다(양수산, 김완진, 1998).

(2)「교육기본법」

교육을 받을 권리를 보장하기 위하여「교육기본법」제3조에서는 학습권을 명문화하고 있다.「교육기본법」제3조의 학습권은 평생학습권과 능력과 적성에 따라 교육을 받을 권리를 보장함을 뜻한다.「교육기본법」제3조는 모든 국민은 평생에 걸쳐 학습하고, 능력과 적성에 따라 교육받을 권리를 가진다고 하여, 학습권의 개념을 실정법상의 개념으로 도입하고 있으며, 교육의 당사자로서 학습자, 학부모 등 보호자, 교원, 학교의 설립 · 경영자 그리고 국가와 지방자치단체를 설정하면서 이들의 교육에 대한 권리 · 의무를 규정하고, 이 중 학습자의 권리를 그 정점에 둠으로써 국가의 교육권을 중심으로 규정되었던 종전의 교육법과 매우 다른 모습을 보이고 있다(황홍규, 2000).

이러한 학습권은 다음 2가지 5 · 31 교육개혁의 이념과 비전을 구현하기 위한 것이다(허재욱, 1998). 첫째, '누구든지, 언제, 어디서나' 교육을 받을 수 있는 열린교육사회, 평생학습사회를 지향함으로써 자아실현을 구체화할 수 있는 교육복지국가(Edutopia)를 건설한다. 둘째, 교육공급자라고 할 수 있는 학교 및 교원과 교육행정기관의 편의중심교육으로부터 교육수요자라 할 수 있는 학습자 중심의 교육으로 전환한다. 즉, 교육 프로그램의 경쟁을 통하여 교육수요자인 학생과 학부모의 교육 선택권을 확대한다.

학습권은 자유권과 사회권의 양 측면을 포함하고 있는데, 자유권이란 국가권력에 의해 자유가 불법하게 침해당하지 않으며, 만약 침해되었다면 침해의 제거를 주장할 수 있는 권리를 말하며, 사회권이란 생존권이라고도 하며 인간다운 생활을 보장받기 위하여 국가의 적극적 개입을 요구할 수 있는 권리를 의미한다(양수산, 김완진, 1998). 학습권은 자유권적 측면에선 교육을 받는 것을 국가나 타인으로부터 방해받거나 침해당하지 않는 것을 말하며, 사회권적 측면에서 자신이 원하는 교육을 받을 수 있도록 국가가 적극적으로 배려하여 주도록 요구하는 권리를 의미한다(허재욱, 1998).

[교육기본법]

제3조(학습권) 모든 국민은 평생에 걸쳐 학습하고, 능력과 적성에 따라 교육받을 권리를 가진다.

제4조(교육의 기회균등)

① 모든 국민은 성별, 종교, 신념, 인종, 사회적 신분, 경제적 지위 또는 신체적 조건 등을 이유로 교육에서 차별을 받지 아니한다.

② 국가와 지방자치단체는 학습자가 평등하게 교육을 받을 수 있도록 지역 간의 교원 수급 등 교육 여건 격차를 최소화하는 시책을 마련하여 시행하여야 한다.

출처: 법제처국가법령정보센터(www.law.go.kr)

「교육기본법」 제3조에 대해 입법자인 교육부는 「대한민국헌법」 제31조 제1항의 '능력에 따라 균등하게 교육을 받을 권리', 제5항의 '국가의 평생교육진흥 의무'와 관련하여 평생학습에 관한 사항을 규정한 것으로서, 수요자 중심의 교육제도 및 교육관계 법령의 운용 원칙을 천명함과 동시에, 모든 국민은 의무교육과 능력에 따른 학교교육을 받을 권리가 있을 뿐만 아니라 평생을 통하여 학습을 할 권리가 있으며, 나아가 국가와 지방자치단체는 국민의 평생학습을 지원하고, 장려하여야 할 책무가 있음을 나타내는 것이라고 설명하고 있다.

「대한민국헌법」 제31조 제1항에서 규정하고 있는 '능력에 따라 균등하게'에서 '능력'이란 학습능력과 같은 일신전속적인 능력, 즉 정신적 · 육체적 능력을 말하는 것으로 경제적 능력을 가리키는 것은 아니다. 또한 '균등'이란 「대한민국헌법」 제11조 제1항에 보장된 법 앞의 평등권을 보다 구체적으로 실현하기 위한 것으로 기회의 균등을 의미하며 결과의 평등을 의미하지는 않는다. 다시 말해서 교육기회, 즉 취학 기회만 균등하게 보장하면 족한 것이지 교육을 통해서 얻게 되는 학업성취도나 학습능력과 같은 결과까지 동등할 필요는 없다는 것이다(손희권, 1999). 이러한 교육의 기회균등 이념은 「교육기본법」 제4조에 반영되어 있다. 즉, 성별, 종교, 신념, 사회적 신분, 경제적 지위 또는 신체적 조건 등을 이유로 교육에 있어서 비합리적인 차별은 금지된다.

(3) 「평생교육법」

평생교육의 진흥을 국가의 의무로 규정하고 있는 「대한민국헌법」 및 「교육기본법」의 규정에 따라 정부는 1982년 「사회교육법」을 제정하였으며, 1999년에는 「평생교육법」으로 법명을 개정하고 법 내용을 전부 개정하였다. 그러나 새로운 교육 문명으로 평생학습시대가 도래함에 따라 기존의 「평생교육법」 체제를 통해서는 총체적인 교육복지국가를 구축하는데 한계가 있다는 인식하에 2007년 12월에 「평생교육법」을 전면 개정하였다(교육부, 국가평생교육진흥원, 2013). 「평생교육법」 제4조는 모든 사람이 자신의 요구에 따라 언제, 어디서나 적절한 평생교육을 받을 권리를 지니고 있음을 규정하고 있다(김호연 외, 2014).

「평생교육법」 제4조는 평생교육을 실시함에 있어서 중심이 되는 기본적 이념 및 목적을 제시하고 평생교육 과정의 편성 · 운영에 있어서 지켜야 할 원칙을 명시하고 있다. 그 구체적인 내용을 살펴보면 다음과 같다. 첫째, 개방성 · 다양성 · 자율성을 그 특징으로 하는 평생교육에 있어서도 「대한민국헌법」 또는 「교육기본법」상의 교육 일반에 관한 기본적 원칙과 권리가 보장됨을 규정하고 있다(교육과학기술부, 2008). 둘째, 모든 국민은 성별, 종교, 신념, 사회적 신분, 경제적 지위 또는 신체적 조건 등을 이유로 평생교육에 있어서 차별을 받아서는 안 된다는 교육의 기회균등 원칙을 제시하고 있다. 셋째, 평생교육의 목적은 궁극적으로 개인의 자아실현과 삶의 질 향상에 있는 만큼 평생교육의 실시 형식이나 방법 또한 개인의 자유로운 참여와 자기 주도적 학습능력 배양에 기초를 두도록 명시하고 있다. 넷째, 평생교육은 교육 본래의 목적에 따라 운영되어야 하며, 어떠한 정치적 · 파당적 또는 개인적 편견의 전파나 선전을 위한 방편으로 이용되어서는 안 된다는 원칙을 명시하고 있다.

[평생교육법]

제4조(평생교육의 이념) ① 모든 국민은 평생교육의 기회를 균등하게 보장받는다.
② 평생교육은 학습자의 자유로운 참여와 자발적인 학습을 기초로 이루어져야 한다.
③ 평생교육은 정치적 · 개인적 편견의 선전을 위한 방편으로 이용되어서는 아니 된다.

출처: 법제처국가법령정보센터(www.law.go.kr)

(4)「장애인 등에 대한 특수교육법」

한편 지식기반사회의 도래로 평생학습의 욕구가 증대하고 있으나 장애인의 평생학습 기회가 제한되어 있어 지속적인 지원이 불가능하다는 인식에 근거하여「장애인 등에 대한 특수교육법」에서는 장애인 평생교육 지원을 위한 보다 구체적인 지원 근거를 제시하고 있다.

2008년 5월부터 시행된「장애인 등에 대한 특수교육법」(법률 제8483호)은 제5조(국가 및 지방자치단체의 임무)에 장애인에 대한 고등교육 및 평생교육 방안의 강구를 국가 및 지방자치단체의 임무로 규정하고 있다. 제33조(장애인 평생교육과정)에는 '각급학교의 장은 해당 학교의 교육환경을 고려하여「장애인복지법」 제2조에 따른 장애인의 계속교육을 위한 장애인 평생교육과정을 설치 · 운영할 수 있고,「평생교육법」 제19조에 따라 설립된 평생교육진흥원은 장애인의 평생교육 기회 확대 방안을 마련하고 장애인 평생교육 프로그램을 개발하여야 하며,「평생교육법」 제20조에 따라 설치 또는 지정된 시 · 도평생교육진흥원은「평생교육법」 제2조 제2호에 따른 평생교육기관이 장애인 평생교육과정을 설치 · 운영할 수 있도록 지원하여야 한다.'고 규정하고 있다.

또한「장애인 등에 대한 특수교육법」 제34조(장애인 평생교육시설의 설치)에서는 국가 및 지방자치단체가 초 · 중등교육을 받지 못하고 학령기를 지난 장애인을 위하여 학교형태의 장애인 평생교육시설을 설치 · 운영할 수 있도록 하고 그 운영에 필요한 경비를 국가 및 지방자치단체가 예산의 범위 안에서 지원하여야 한다고 강제하고 있다.

이처럼 각급학교와「평생교육법」에 의거한 평생교육시설 및 단체에 장애인 평생교육과정을 설치 · 운영하도록 한 것이나, 평생교육 진흥을 위한 전문기관으로 설치된 국가평생교육진흥원에서 장애인의 평생교육 기회 확대 방안 및 장애인 평생교육 프로그램을 개발하도록 규정하고 시 · 도 평생교육진흥원으로 하여금 평생교육기관에서 장애인 평생교육과정을 설치 · 운영할 수 있도록 지원하게 한 규정은 장애인 평생교육이 일반사회 또는 비장애인들과 동떨어져 운영되는 것이 아니라 지역사회에서 통합되어 언제, 어디서나 시간과 공간에 구애받지 않고 동등하게 교육받을 수 있음을 의미하는 것이다(김두영, 2013).

[장애인 등에 대한 특수교육법]

제33조(장애인 평생교육과정)

① 각급학교의 장은 해당 학교의 교육환경을 고려하여 「장애인복지법」 제2조에 따른 장애인의 계속교육을 위한 장애인 평생교육과정을 설치 · 운영할 수 있다.

② 「평생교육법」제2조제2호에 따른 평생교육기관은 장애인의 평생교육 기회의 확대를 위하여 별도의 장애인 평생교육과정을 설치 · 운영할 수 있다. 〈개정 2011. 7. 21.〉

③ 「평생교육법」 제19조에 따라 설립된 평생교육진흥원은 장애인의 평생교육 기회 확대 방안 및 장애인 평생교육 프로그램을 개발하여야 한다. 〈개정 2011. 7. 21.〉

④ 「평생교육법」 제20조에 따라 설치 또는 지정된 시 · 도평생교육진흥원은 「평생교육법」 제2조제2호에 따른 평생교육기관이 장애인 평생교육과정을 설치 · 운영할 수 있도록 지원하여야 한다. 〈개정 2011. 7. 21.〉

제34조(장애인 평생교육시설의 설치)

① 국가 및 지방자치단체는 초 · 중등교육을 받지 못하고, 학령기를 지난 장애인을 위하여 학교형태의 장애인 평생교육시설을 설치 · 운영할 수 있다.

② 국가 및 지방자치단체 외의 자가 제1항에 따른 장애인 평생교육시설을 설치하고자 하는 때에는 대통령령으로 정하는 시설과 설비를 갖추어 교육감에게 등록하여야 한다.

③ 국가 및 지방자치단체는 장애인 평생교육시설의 운영에 필요한 경비를 예산의 범위 안에서 지원하여야 한다.

출처: 법제처국가법령정보센터(www.law.go.kr)

「장애인 등에 대한 특수교육법」은 장애인 평생교육의 필요성과 당위성에 대한 인식을 확산시키고, 장애인야학에 대한 지원을 확대해 장애성인들의 학력개선과 다양한 장애인 평생교육 활성화 방안을 마련하는데 기여해 왔다. 하지만 법 제34조는 교육대상자를 초 · 중등교육을 받지 못하고 학령기를 지난 장애인으로 한정하고 있어 학교교육을 제공받은 적이 있는 장애성인은 학교형태의 장애인 평생교육시설을 이용할 수 없다는 것 때문에 논란의 소지가 있어 왔다. 또한 교육부 내 평생교육과와 특수교육과 사이에 장애인 평생교육을 놓고 묘한 신경전을 벌이기 일쑤였다.

대부분의 장애인은 학교를 졸업한 이후에도 일상생활에 필요한 적응기술 등의 향상을 위하여 계속적인 교육을 요구하고 있으며, 특히 발달장애인의 경우 학교 졸업 이후 진로를 계발하고, 지역사회 전환에 필요한 실질적인 기술을 향상시키기 위한 성인기 삶에서의 교육적 지원이 절실히 요구된다. 무엇보다도 자신의 노후대책과 함께 자녀를 지속적으로 돌봐야 하는 부모의 보호부담이 계속 가중되면서 서비스 절벽에 따른 가족의 돌봄 부담 등이 사회문제로 대두되었고, 이는 결국 장애인 부모운동의 방향을 장애인 평생교육 지원 요구로 전환하는 계기가 되었다. 장애인 평생교육 지원에 대한 부모 및 장애인단체들의 요구가 높아짐에 따라 먼저 몇몇 지자체에서 장애인 평생교육 관련 지원조례를 제정하고 나섰다.

이러한 현실 속에서 장애인 부모단체를 비롯해 여러 장애인단체들은 특수교육이나 장애인복지 관련 법령이 아닌 「평생교육법」에 장애인 평생교육의 실시 및 지원에 관한 구체적인 조항을 명시할 필요가 있다는 주장을 지속적으로 제기해 왔다. 이에 장애인에게 평생교육 기회를 마련할 수 있는 근본적인 대안 마련을 위하여 2015년 6월 30일 장애성인의 평생학습권을 체계적으로 지원하는 내용의 「평생교육법」 일부 개정안이 국회에 발의되기에 이르렀고, 2016년 5월 국회 본회의를 통과하였다. 이로써 「장애인 등에 대한 특수교육법」 제33조와 제34조의 규정을 폐지하고, 2016년 개정 「평생교육법」에 장애인 평생교육 진흥을 위한 내용이 포함되었다.

2) 2016년 이후 「평생교육법」 개정 내용

(1) 2016년 개정 「평생교육법」의 내용

「평생교육법」은 2007년 전부 개정된 이래 현재까지 수차례에 걸쳐 법 개정이 이루어져 왔다. 그 중 2016년 5월 29일 개정된 「평생교육법」은 장애인 평생교육에 대한 정책 수립 · 시행의 필요성에 의해 국가와 지방자치단체의 장애인 평생교육 정책 수립, 국가장애인평생교육진흥센터 설치 등 장애인 평생교육을 체계적으로 지원하는 내용을 폭넓게 포함하고 있다. 먼저 개정 법률의 주요 골자를 살펴보면 다음과 같다.

〈표 3-1〉 2016년 개정된 「평생교육법」의 주요 내용

구분	조항	개정 내용
장애인 평생교육 정책에 대한 국가의 책무성	제5조(국가 및 지방자치단체의 임무)	• 국가 및 지방자치단체는 장애인 평생교육 정책을 수립 · 시행하도록 함
	제9조(평생교육진흥 기본계획의 수립)	• 교육부장관은 5년마다 수립하는 평생교육진흥 기본계획 수립에 장애인의 평생교육 진흥에 관한 사항과 진흥 정책의 평가 및 제도 개선에 관한 사항을 포함하도록 함
장애인 평생교육의 주체적 참여	제10조(평생교육진흥위원회의 설치)	• 교육부장관은 평생교육진흥위원회에 장애인 교육과 관련된 전문가를 위촉하도록 함
	제12조(시 · 도평생교육협의회)	• 시 · 도평생교육협의회에 장애인교육과 관련된 전문가를 위촉하도록 함.
	제14조(시 · 군 · 자치구협의회)	• 시장 · 군수 또는 자치구의 구청장은 시 · 군 · 자치구협의회의 위원으로 장애인 평생교육 관계자를 위촉하도록 함
장애인 평생교육 지원 체계	제19조의 2(국가장애인평생교육진흥센터)	• 국가는 장애인의 평생교육진흥과 관련된 업무를 지원하기 위하여 국가장애인평생교육진흥센터를 설치하도록 함
	제20조의 2(장애인 평생교육시설 등의 설치) ※「장애인 등에 대한 특수교육법」제34조(학교형태의 장애인 평생교육시설) 규정을 이 조항으로 이관	• 국가 · 지방자치단체 및 시 · 도교육감은 장애인 평생교육시설을 설치 또는 지정 · 운영할 수 있도록 함. • 국가 · 지방자치단체 및 시 · 도교육감 외의 자가 제1항에 따른 장애인 평생교육시설을 설치하고자 하는 때에는 대통령령으로 정하는 시설과 설비를 갖추어 교육감에게 등록하도록 함. • 국가 및 지방자치단체는 장애인 평생교육시설의 운영에 필요한 경비를 예산의 범위에서 지원하도록 함.

구분	조항	개정 내용
장애인 평생교육 지원 체계	제21조(시 · 군 · 구평생학습관 등의 설치 · 운영 등)	• 시 · 군 · 구 평생학습관의 사업 범위에서 장애인대상 평생교육 프로그램의 개발 · 운영을 하도록 함.
	제21조의 2(장애인 평생교육과정) ※장애인 등에 대한 특수교육법」제33조(장애인 평생교육과정) 규정을 이 조항으로 이관	• 각급 학교의 장은 해당 학교의 교육환경을 고려하여 장애인의 계속교육을 위한 장애인 평생교육과정을 설치 · 운영할 수 있도록 함 • 평생교육기관은 별도의 장애인 평생교육과정을 설치 · 운영할 수 있도록 함 • 진흥원은 장애인의 평생교육기회 확대 방안 및 장애인 평생교육 프로그램을 개발하도록 함 • 시 · 도평생교육진흥원은 평생교육기관이 장애인 평생교육과정을 설치 · 운영할 수 있도록 지원하도록 함
전문인력 배치	제26조(평생교육사의 배치 및 채용)	• 시 · 도평생교육진흥원, 장애인 평생교육시설, 시 · 군 · 구평생학습관에 평생교육사를 배치하도록 함

이를 구체적으로 살펴보면 첫째, 국가와 지방자치단체가 장애인이 평생교육의 기회를 부여받을 수 있도록 장애인 평생교육에 대한 정책을 수립 · 시행하는 임무를 추가로 규정하였다. 법 제5조 제1항에서 '국가 및 지방자치단체는 모든 국민에게 평생교육 기회가 부여될 수 있도록 평생교육진흥정책을 수립 · 추진하여야 한다.'라는 조항이 있음에도 불구하고 굳이 제2항을 신설한 것은 그동안 평생교육 현장에서 장애인들이 국민의 한 사람으로서 당연히 누려야 할 평생교육의 혜택으로부터 극명하게 소외되어 왔기 때문일 것이다.

> 제5조(국가 및 지방자치단체의 임무)
> ② 국가와 지방자치단체는 장애인이 평생교육의 기회를 부여받을 수 있도록 장애인 평생교육에 대한 정책을 수립 · 시행하여야 한다. 〈신설 2016.5.29.〉

출처: 법제처국가법령정보센터(www.law.go.kr)

둘째, 교육부장관이 5년마다 평생교육진흥 기본계획을 수립할 때 장애인의 평생교육진흥에 관한 사항과 장애인 평생교육진흥정책의 평가 및 제도개선에 관한 사항을 포함하도록 규정하고 있다. 정부는 국가적인 차원에서 평생교육정책의 안정적 추진을 도모하고 종합적이고 체계적인 평생교육진흥 방안을 마련하기 위하여 2001년부터 5년을 주기로 '평생교육진흥 기본계획'을 수립하여 추진해 오고 있다. 이전까지 발표된 평생학습기본계획에는 소외계층에 대한 평생교육 지원에 관한 내용을 포함하고 있으나 장애인은 소외계층 지원 사업의 일환으로 몇 차례 언급될 뿐 구체적인 지원 전략에 대한 내용을 찾아보기 어려웠다. 뿐만 아니라 매년 작성하고 있는 평생교육통계에서도 장애인 평생교육은 항목조차 없으며, 매년 발행되고 있는 「평생교육백서」에서도 장애인 평생교육 관련 내용은 늘 배제되어 왔다. 이에 개정법은 장애인 평생교육 정책 수립에 대한 국가와 지방자치단체의 임무를 규정함과 동시에 '평생교육진흥 기본계획'을 수립함에 있어서 장애인 평생교육의 진흥에 관한 사항과 장애인 평생교육진흥정책의 평가 및 제도개선에 관한 사항을 포함하도록 규정하고 있는 것이다. 이러한 규정은 장애인 평생교육 진흥에 관한 사항을 국가 수준의 평생교육 정책에 포함하겠다는 것으로 동법 제5조와 함께 국가의 장애인 평생교육에 대한 책무성을 강조하기 위한 조항이라 할 수 있다(김두영, 박미진, 정진숙, 2016).

제6조(평생교육진흥 기본계획의 수립)
① 교육부장관은 5년마다 평생교육진흥 기본계획(이하 "기본계획"이라 한다)을 수립하여야 한다.
② 기본계획에는 다음 각 호의 사항이 포함되어야 한다. 〈개정 2016.5.29.〉
5. 장애인의 평생교육진흥에 관한 사항
6. 장애인 평생교육 진흥정책의 평가 및 제도개선에 관한 사항

출처: 법제처국가법령정보센터(www.law.go.kr)

셋째, 평생교육진흥시행계회의 수립과 시행을 위하여 「평생교육법」은 교육부장관 소속으로 평생교육진흥위원회를 두고, 시 · 도지사 소속으로 시 · 도평생교육협의회를 두며, 시 · 군 및 자치구에는 시 · 군 · 자치구평생교육협의회를 두도록 하고 있다. 개정법은 평생교육진흥정책을 심의하는 평생교육진흥위원회(교육부장관 소속 평생교육진흥위원회, 시 · 도지사 소속 시 · 도 평생교육협의회, 시 · 군 · 자치구평생교육협의회)에 장애인교육과 관련된 전문가를 배치하여 장애인 평생교육 관계자의 참여를 보장하고 있다.

제10조(평생교육진흥위원회 설치)
④ 진흥위원회의 위원장은 교육부장관으로 하고, 위원은 평생교육과 관련된 관계 부처 차관, 평생교육 · 장애인교육과 관련된 전문가 등 평생교육에 관한 전문지식 및 경험이 풍부한 자 중에서 위원장이 위촉한다. 〈개정 2008.2.29. 2013.3.23. 2016.5.29.〉
제12조(시 · 도평생교육협의회)
④ 시 · 도협의회 위원은 관계 공무원, 평생교육과 관련된 전문가, 장애인 평생교육 전문가, 평생교육 관계 기관의 운영자 등 평생교육에 관한 전문지식 및 경험이 풍부한 자 중에서 해당 시 · 도의 교육감과 협의하여 의장이 위촉한다. 〈개정 2016.5.29.〉
제14조(시 · 군 · 자치구평생교육협의회)
③ 시 · 군 · 구협의회의 의장은 시장 · 군수 또는 자치구의 구청장으로 하고, 위원은 시 · 군 · 자치구 및 지역교육청의 관계 공무원, 평생교육 전문가, 장애인 평생교육 관계자, 관할 지역 내 평생교육 관계 기관의 운영자 중에서 의장이 위촉한다. 〈개정 2016.5.29.〉

출처: 법제처국가법령정보센터(www.law.go.kr)

넷째, 장애인의 평생교육진흥과 관련된 업무를 지원하기 위하여 국가장애인평생교육진흥센터를 두도록 규정하고, 센터에서 수행할 업무를 구체적으로 제시하였다. 국가장애인평생교육진흥센터에서 수행할 업무로는 ① 장애인 평생교육진흥을 위한 지원 및 조사 업무, ② 진흥위원회가 심의하는 기본계획에 관한 사항 중 장애인평생교육진흥에 관한 사항, ③ 장애유형별 평생교육 프로그램 개발의 지원, ④ 장애인 평생교육 종사자의 양성 · 연수와 공무원의 장애인 의사소통 교육, ⑤ 장애인 평생교육기관 간의 연계체제 구축, ⑥ 발달장애인의 평생교육과정의 개발, ⑦ 발달장애인 의사소통 도구의 개발과 보급, ⑧ 장애인 평생교육 프로그램을 운영하는 각급학교와 평생교육기관 양성을 위한 지원, ⑨ 장애유형별 평생교육 교재 · 교구의 개발과 보급 등을 구체적으로 제시하고 있다.

제19조의 2(국가장애인평생교육진흥센터)
① 국가는 장애인의 평생교육진흥과 관련된 업무를 지원하기 위하여 국가장애인평생교육진흥센터를 둔다.
② 장애인평생교육진흥센터는 다음 각 호의 업무를 수행한다.
1. 장애인 평생교육진흥을 위한 지원 및 조사 업무
2. 진흥위원회가 심의하는 기본계획에 관한 사항 중 장애인 평생교육진흥에 관한 사항
3. 장애유형별 평생교육 프로그램 개발의 지원
4. 장애인 평생교육 종사자의 양성 · 연수와 공무원의 장애인 의사소통 교육
5. 장애인 평생교육기관 간의 연계체제 구축
6. 발달장애인의 평생교육과정의 개발
7. 발달장애인의 의사소통 도구의 개발과 보급
8. 장애인 평생교육 프로그램을 운영하는 각급하교와 평생교육기관 양성을 위한 지원
9. 장애유형별 평생교육 교재 · 교구의 개발과 보급
10. 그 밖에 장애인평생교육진흥센터의 목적 수행을 위하여 필요한 사업
〈본조신설 2016.5.29.〉

출처: 법제처국가법령정보센터(www.law.go.kr)

다섯째, 지역사회 차원의 장애인 평생교육 기회 확대를 도모하고, 그 운영의 전문성을 확대하기 위하여 국가 · 지방자치단체 및 시 · 도교육감으로 하여금 장애인 평생교육시설을 설치 또는 지정 · 운영하도록 하고 있다. 이 조항은 「장애인 등에 대한 특수교육법」 제34조(장애인 평생교육시설의 설치)가 이관된 것으로 기존의 「장애인 등에 대한 특수교육법」에서는 운영 주체를 국가 및 지방자치단체로 한정하였으나 개정법은 시 · 도교육감으로 확대하여 명시하였고, 장애인 평생교육시설을 '학교형태의 장애인 평생교육시설'로 제한하였던 것을 '장애인평생교육시설'로 수정하여 기존의 「장애인 등에 대한 특수교육법」이 가지고 있는 한계를 벗어나려고 했다.

또한 개정법은 지역주민을 대상으로 평생교육 프로그램 운영과 평생교육 기회를 제공하기 위하여 설치된 평생학습관의 주요 사업 중 장애인 대상 평생교

육 프로그램의 개발 및 운영을 명시하였으며, 「장애인 등에 대한 특수교육법」 제33조(장애인 평생교육과정)를 이관하여 장애인 평생교육과정 설치 · 운영에 대한 규정을 보다 명확히 하였다. 기존의 「장애인 등에 대한 특수교육법」과 달리 개정법 제21조의2(장애인 평생교육과정)에서는 장애인 평생교육과정의 주체를 진흥원까지 확대하였으며, 시 · 도평생교육진흥원이 평생교육시설의 장애인 평생교육과정을 설치 · 운영할 수 있도록 지원하여야 한다고 규정하고 있다.

제20조의 2(장애인 평생교육시설 등의 설치)

① 국가 · 지방자치단체 및 시 · 도교육감은 관할 구역 안의 장애인을 대상으로 평생교육 프로그램 운영과 평생교육 기회를 제공하기 위하여 장애인 평생교육시설을 설치 또는 지정 · 운영할 수 있다.

② 국가 · 지방자치단체 및 시 · 도교육감 외의 자가 제1항에 따른 장애인 평생교육시설을 설치하고자 하는 때에는 대통령령으로 정하는 시설과 설비를 갖추어 교육감에게 등록하여야 한다.

③ 국가 및 지방자치단체는 장애인 평생교육시설의 운영에 필요한 경비를 예산의 범위에서 지원할 수 있다. 〈본조신설 2016.5.29.〉

제21조(시 · 군 · 구평생학습관 등의 설치 · 운영 등) ③ 평생학습관은 다음 각 호의 사업을 수행한다.

1의2. 장애인 대상 평생교육 프로그램의 개발 · 운영 〈신설 2016.5.29.〉

제21조의2(장애인 평생교육과정)

① 「유아교육법」 제2조제2호에 따른 유치원 및 「초 · 중등교육법」 제2조에 따른 학교의 장은 해당 학교의 교육환경을 고려하여 「장애인복지법」 제2조에 따른 장애인의 계속교육을 위한 장애인 평생교육과정을 설치 · 운영할 수 있다.

② 평생교육기관은 장애인의 평생교육 기회의 확대를 위하여 별도의 장애인 평생교육과정을 설치 · 운영할 수 있다.

③ 진흥원은 장애인의 평생교육기회 확대 방안 및 장애인 평생교육 프로그램을 개발하여야 한다.

④ 제20조에 따른 시 · 도평생교육진흥원은 평생교육기관이 장애인 평생교육과정을 설치 · 운영할 수 있도록 지원하여야 한다. 〈본조신설 2016.5.29.〉

출처: 법제처국가법령정보센터(www.law.go.kr)

여섯째, 장애인 평생교육의 전문성을 확보하기 위하여 시 · 도평생교육진흥원, 장애인 평생교육시설 및 시 · 군 · 구 평생학습관에 평생교육사를 배치하도록 하였다. 이 조항에 따라 현재 경기도는 장애인 평생교육시설로 등록한 모든 기관에 평생교육사 1명의 인건비를 지원하고 있다.

> 제26조(평생교육사의 배치 및 채용)
> ③ 제20조에 따른 시 · 도평생교육진흥원, 제20조의 2에 따른 장애인 평생교육시설 및 제21조에 따른 시 · 군 · 구평생학습관에 평생교육사를 배치하여야 한다. 〈개정 2016.5.29.〉

출처: 법제처국가법령정보센터(www.law.go.kr)

(2) 2019년과 2021년 개정「평생교육법」의 내용

「평생교육법」은 2016년 개정 이후 2019년과 2021년 두 차례에 걸쳐 추가 개정 작업이 이루어졌다. 먼저 2019년 4월 23일자「평생교육법」 개정 법률의 골자는 2016년 개정된「평생교육법」에 ① 국가 및 지방자치단체의 유기적 협조체제 구축의 임무, ② 장애인 평생교육 종사자의 인권 교육, ③ 시 · 도평생교육진흥원의 장애인 대상 평생교육 프로그램 운영을 추가적으로 명시한 것이다.

이를 좀 더 구체적으로 살펴보면, 첫째, 국가 및 지방자치단체는 장애인 평생교육을 체계적이고 지속적으로 실시하기 위하여 유기적인 협조체제를 구축하여야 함을 명시하였다. 이 조항은 국가장애인평생교육진흥센터를 국립특수교육원 내에 설치함에 따라 2016년「평생교육법」 개정의 본래 취지였던 일원화된 장애인 평생교육 진흥체계 구축이 흔들리고 있다는 판단에서 신설된 것이라 할 수 있다. 이에 따라 교육부는 2020년 범정부공동추진협의체 구성과 시 · 도 지자체 및 관련 기관으로 구성된 장애인 평생교육 협의회를 구성하여 장애인 평생교육 프로그램을 공동으로 개발하고 운영할 계획을 밝히기도 하였다.

둘째, 장애인 평생교육기관 종사자가 교육부령이 정한 기관, 시설, 법인, 단체에서 실시하는 장애인 인권교육을 반드시 받도록 규정하고 있다. 이는 2018

년 12월 서울의 발달장애인평생교육센터에서 일어난 학습자 폭행 사건이 대중매체를 통해 보도되자, 재발을 방지하기 위한 목적에서 신설된 것이다.

셋째, 시·도평생교육진흥원이 장애인 평생교육 프로그램을 의무적으로 운영하도록 규정하고 있다. 이 규정에 따라 그간 장애인 평생교육 사업에 다소 미온적인 태도를 취해 왔던 많은 시·도평생교육진흥원에서 장애인 평생교육 실태조사나 관계자 연수 등 다양한 사업들을 전개해 나가고 있다.

제5조(국가 및 지방자치단체의 임무)
③ 국가와 지방자치단체는 장애인 평생교육을 체계적이고 지속적으로 실시하기 위하여 유기적인 협조체제를 구축하여야 한다. 〈신설 2019.4.23.〉
제19조3(장애인 평생교육 종사자에 대한 인권교육)
① 장애인 평생교육 종사자는 장애인 인권에 관한 교육을 받아야 한다.
② 제1항에 따른 장애인 인권에 관한 교육은 교육부 령으로 정하는 인권교육을 실시하는 기관, 시설, 법인 및 단체가 실시한다.
③ 그 밖에 교육의 내용, 방법 등에 필요한 사항은 대통령령으로 정한다. 〈본조신설 2019.4.23.〉
제20조(시·도평생교육진흥원의 운영) 3의2. 장애인 대상 평생교육 프로그램 운영
〈개정 2019.4.23.〉

출처: 법제처국가법령정보센터(www.law.go.kr)

「평생교육법」은 2021년 장애인 평생교육 관련 내용을 한 차례 더 개정했다. 2021년 6월 8일자 개정 법률은 장애인 평생학습도시에 관한 규정을 신설한 것이다.

주요 골자는 국가가 장애인 평생교육 활성화를 위하여 특별자치시, 시·군 및 자치구를 대상으로 장애인 평생학습도시를 지정 및 지원할 수 있도록 하고, 장애인 평생학습도시 간의 연계·협력 및 정보교류의 증진을 위하여 전국장애인평생학습도시협의회를 둘 것과 장애인 평생학습도시의 활성화를 위하여 관계 중앙행정기관 및 유관기관 등이 참여하는 협의체를 구성·운영할 수 있도록 명시한 것이다.

제15조의2(장애인 평생학습도시)
① 국가는 장애인의 평생교육 활성화를 위하여 특별자치시, 시·군 및 자치구를 대상으로 장애인 평생학습도시를 지정 및 지원할 수 있다.
② 제1항에 따른 장애인 평생학습도시 간의 연계·협력 및 정보교류의 증진을 위하여 전국장애인평생학습도시협의회를 둘 수 있다.
③ 제2항에 따른 전국장애인평생학습도시협의회의 구성·운영에 필요한 사항은 대통령령으로 정한다.
④ 제1항에 따른 장애인 평생학습도시의 지정 및 지원에 필요한 사항은 교육부장관이 정한다.
⑤ 국가는 장애인 평생학습도시의 활성화를 위하여 관계 중앙행정기관 및 유관기관 등이 참여하는 협의체를 구성·운영할 수 있으며, 협의체의 구성 및 운영에 필요한 사항은 대통령령으로 정한다.
〈본조신설 2021.6.8.〉

출처: 법제처국가법령정보센터(www.law.go.kr)

국가장애인평생교육진흥센터는 지난 2020년부터 지방자치단체의 장애인 평생교육을 지원하기 위해 '장애인 평생학습도시 운영 사업(국고 15억)'을 신설·운영하고 있다. 장애인 평생학습도시는 장애인이 살고 있는 지역사회의 특성과 장애유형 및 장애정도를 고려한 맞춤형 평생학습 프로그램을 운영하고 편의시설, 이동권, 접근성 확보 등 지역 장애인 평생교육 인프라를 강화하기 위해 기획된 사업으로 장애인 평생학습도시로 선정된 지역은 장애인 평생학습을 위한 다양한 지원을 받게 됨. 2020년에는 광명, 오산, 부산, 군산, 청주 등 5개 도시가 선정된 바 있고, 2021년도에는 당진시를 비롯하여 김포, 이천 등 15개 도시가 장애인 평생학습도시로 선정되었다. 개정법 제15조의2는 장애인 평생학습도시 선정 및 운영 사업의 효율적 실천을 위해 제정된 것으로 보인다.

(3) 장애인 평생교육 관련「평생교육법 시행령」및 「평생교육법 시행규칙」개정 내용

2016년「평생교육법」이 개정됨에 따라 이후「평생교육법 시행령」과「평생교육법 시행규칙」도 개정되었는데, 장애인 평생교육과 관련된 내용은 2017년 5월 29일, 2018년 2월 20일, 2019년 10월 22일, 2021년 12월 9일에 개정된「평생교육법 시행령」과 2017년 12월 29일, 2019년 10월 22일, 2021년 12월 9일 개정된「평생교육법 시행규칙」에 포함되어 있다.

2017년 5월 29일 개정된「평생교육법 시행령」개정 내용의 주요 골자는 첫째, 국가장애인평생교육진흥센터의 업무 수행과 관련된 협조체제를 명시한 것이고, 둘째, 장애인 평생교육시설 등록과 관련한 세부내용과 운영 규칙을 명시한 것이며, 셋째, 국가 및 지방자치단체가 장애인 평생교육시설 운영에 필요한 경비를 지원할 수 있는 항목을 구체적으로 제시한 것이다.

제11조의 2(국가장애인평생교육진흥센터)
① 법 제19조의2제1항에 따른 국가장애인평생교육진흥센터(이하 "국가장애인평생교육진흥센터"라 한다)는 교육부장관이 설치한다.
② 국가장애인평생교육진흥센터는 업무 수행에 필요한 경우 중앙행정기관 및 지방자치단체를 비롯한 관계 기관 및 단체 등에 협조를 요청할 수 있다.
〈본조신설 2017.5.29.〉

제12조의 2(장애인 평생교육시설의 등록)
① 법 제20조의2제2항에서 "대통령령으로 정하는 시설과 설비"란 별표 1의2의 기준에 따른 시설 · 설비를 말한다. 〈개정 2021.12.9.〉
② 법 제20조의2제2항에 따라 같은 조 제1항에 따른 장애인 평생교육시설(이하 "장애인 평생교육시설"이라 한다)을 등록하려는 자는 다음 각 호의 사항을 기재한 등록신청서에 해당 시설의 운영규칙 및 교육감이 정하여 고시하는 서류를 첨부하여 교육감에게 제출하여야 한다.

1. 명칭
2. 유형 · 목적
3. 위치
4. 교육과정 편성내역
5. 경비(학습비를 받는 경우에는 학습비 관련 사항을 포함한다)에 관한 사항과 시설의 유지 방법
6. 시설 · 설비 설치내역
7. 개설예정일

③ 제2항에 따른 운영규칙에는 다음 각 호의 사항을 기재하여야 한다.
1. 명칭, 유형 · 목적 및 위치
2. 교육과정 및 정원
3. 입소 · 퇴소
4. 교육기간 및 휴강
5. 학습비(학습비를 받는 경우로 한정한다)
6. 그 밖에 운영에 필요한 사항

④ 교육감은 제2항에 따른 등록신청서를 받은 경우 그 내용을 검토하여 등록요건에 적합하면 신청인에게 교육부령으로 정하는 등록증을 교부하여야 한다.
〈본조신설 2017.5.29.〉

제12조의3(장애인 평생교육시설에 대한 운영비 지원) 국가 및 지방자치단체는 법 제20조의2제3항에 따라 다음 각 호의 경비를 장애인 평생교육시설에 지원할 수 있다.
1. 시설 · 설비의 개 · 보수에 필요한 경비
2. 시설 운영을 위한 인건비
3. 시설 이용자에 대한 급식 · 간식비
4. 교재 · 교구 구입비 등 장애인평생교육에 필요한 경비
5. 「발달장애인 권리보장 및 지원에 관한 법률」 제10조제2항에 따른 교육 등 다른 법령에서 정하는 장애인 대상 교육을 장애인 평생교육시설에서 실시하는 경우 그 교육에 필요한 경비
6. 그 밖에 장애인 평생교육시설의 운영에 필요한 경비

〈본조신설 2017.5.29.〉

출처: 법제처국가법령정보센터(www.law.go.kr)

2018년 2월 20일 일부 개정된 「평생교육법 시행령」의 주요 골자는 첫째, 진흥위원회 구성에서 장애인교육과 관련된 전문가를 포함할 것과 둘째, 평생교육이용권 제공 대상자로서 「장애인복지법」에 따라 장애수당을 지급받는 사람과 「장애인연금법」에 따른 수급자를 명시한 것이다.

제5조(진흥위원회의 구성 · 운영) 교육부장관은 법 제10조제4항에 따라 다음 각 호의 사람을 진흥위원회의 위원으로 위촉한다. 이 경우 제2호에 해당하는 사람은 10명 이내에서 위촉한다.
2. 평생교육 · 장애인교육과 관련된 전문가 등 평생교육에 관한 전문지식 및 경험이 풍부한 사람 〈개정 2018.2.20.〉
제7조의4(평생교육이용권의 발급 등)
② 법 제16조의2제2항에 따라 우선적으로 평생교육이용권 발급을 신청할 수 있는 사람은 다음 각 호와 같다.
2. 「장애인복지법」 제49조에 따른 장애수당을 지급받는 사람
3. 「장애인연금법」에 따른 수급자
〈본조신설 2018.2.20.〉 〈제7조의2에서 이동 2021.12.9.〉

출처: 법제처국가법령정보센터(www.law.go.kr)

2019년 10월 22일 일부 개정된 「평생교육법 시행령」의 주요 골자는 장애인 평생교육 종사자에 대한 인권교육 내용을 구체적으로 명시한 것이다.

제11조의3(장애인 평생교육 종사자에 대한 인권교육)
① 법 제19조의3제1항에 따른 장애인 장애인 평생교육 종사자에 대한 장애인 인권에 관한 교육(이하 이 조에서 "장애인 인권교육"이라 한다)에는 다음 각 호의 사항이 포함되어야 한다.
1. 장애인 인권 및 권익 보호에 관한 사항
2. 장애인 인권 관련 법령 및 제도에 관한 사항
3. 장애인과 비장애인 간 차별 사례에 관한 사항
4. 장애인 인권 보호 관련 국내외 정보 동향에 관한 사항
5. 그 밖에 장애인 인권 보호에 필요하다고 교육부장관이 인정하는 사항
② 장애인 인권교육은 집합교육의 방법으로 실시하되, 필요하면 인터넷강의 등을 활용한 원격교육의 방법으로 실시할 수 있다.
〈본조신설 2019.10.22.〉

출처: 법제처국가법령정보센터(www.law.go.kr)

2021년 12월 9일 일부 개정된 「평생교육법 시행령」의 주요 골자는 전국장애인평생학습도시협의회 구성 및 운영에 관한 사항과 장애인 평생학습도시의 활성화를 위한 협의체 구성에 관한 사항이다.

제7조의2(전국장애인평생학습도시협의회) 법 제15조의2제2항에 따른 전국장애인평생학습도시협의회의 구성 및 운영에 관하여는 제7조를 준용한다. 이 경우 "도시협의회"는 "전국장애인평생학습도시협의회"로, "평생학습도시"는 "장애인 평생학습도시"로 본다.
〈본조신설 2021.12.9.〉

제7조의3(장애인 평생학습도시의 활성화를 위한 협의체)
① 법 제15조의2제5항에 따른 장애인 평생학습도시의 활성화를 위한 협의체(이하 "장애인평생학습도시협의체"라 한다)는 교육부장관 소속으로 둔다.
② 장애인평생학습도시협의체의 위원장은 교육부장관으로 하고, 위원은 다음 각 호의 사람으로 한다.
1. 보건복지가족부장관 및 고용노동부장관
2. 「장애인복지법」 제29조의2에 따른 한국장애인개발원, 「장애인고용촉진 및 직업재활법」 제43조에 따른 한국장애인고용공단 및 법 제19조의2에 따른 국가장애인평생교육진흥센터 등 장애인 평생학습도시 관련 기관의 장
③ 교육부장관은 장애인평생학습도시협의체의 운영 및 활동에 필요한 경비를 지원할 수 있다.
④ 제1항부터 제3항까지에서 규정한 사항 외에 장애인평생학습도시협의체의 구성 및 운영에 필요한 세부사항은 교육부장관이 정한다.
〈본조신설 2021.12.9.〉

출처: 법제처국가법령정보센터(www.law.go.kr)

한편 「평생교육법 시행규칙」은 2017년 12월 29일, 2019년 10월 24일, 2021년 12월 9일 등 세 차례에 걸쳐 장애인 평생교육 관련 조항이 개정 또는 신설되었다. 먼저 2017년 12월 29일 개정된 「평생교육법 시행규칙」의 주요 내용은 장애인 평생교육시설의 등록에 관한 내용이다.

제2조의5(장애인 평생교육시설의 등록) 영 제12조의2제4항에 따른 장애인 평생교육시설 등록증은 별지제1호의5서식에 따른다.
〈본조신설 2017.12.29.〉 〈제2조의3에서 이동 2021.12.9.〉

출처: 법제처국가법령정보센터(www.law.go.kr)

2019년 10월 22일 개정된 「평생교육법 시행규칙」에서는 장애인 인권교육을 실시하는 기관을 구체적으로 명시하였다.

> 제2조의4(장애인 인권교육을 실시하는 기관 등) 「평생교육법」(이하 "법"이라 한다) 제19조의3제2항에서 "교육부령으로 정하는 인권교육을 실시하는 기관, 시설, 법인 및 단체"란 다음 각 호의 어느 하나에 해당하는 기관, 시설, 법인 및 단체를 말한다.
> 1. 「국가인권위원회법」에 따른 국가인권위원회
> 2. 법 제19조의2제1항에 따른 국가장애인평생교육진흥센터
> 3. 그 밖에 교육부장관이 장애인 인권에 관한 교육을 실시할 수 있는 전문성 · 인력 및 시설을 갖추었다고 인정하여 고시하는 기관, 시설, 법인 및 단체
>
> 〈본조신설 2019.10.24.〉 〈제2조의2에서 이동 2021.12.9.〉

출처: 법제처국가법령정보센터(www.law.go.kr)

마지막으로 2021년 12월 9일 개정된 「평생교육법 시행규칙」에서는 평생교육 이용권을 발급받으려는 사람이 청구해야 하는 서류 중 장애수당수급자확인서, 장애인연금수급확인서 등을 추가로 제시하였다.

2016년에 개정된 「평생교육법」은 국가와 지방자치단체가 장애인에 대한 평생교육을 체계적으로 추진할 수 있는 근거를 마련했다는 데에 큰 의미가 있다. 또한 「장애인 등에 대한 특수교육법」의 평생교육 조항을 폐지하고, 「평생교육법」을 일부 개정함에 따라 비장애인 학습자와 다름없이 제도적으로 평등한 장애인 평생학습 체계를 마련하게 된 제도라고 볼 수 있다(김두영 외, 2019). 개정된 「평생교육법」을 체계적으로 추진하기 위해 2018년 3월 30일에 「교육부와 그 소속기관 직제 시행규칙」 제13조에 국립특수교육원의 업무로 장애인 평생교육에 관한 업무가 추가되었고, 장학관 1명, 교육연구관 1명, 교육연구사 2명, 행정직 2명을 배치하고, 2018년 5월 28일에 국가장애인평생교육진흥센터가 문을 열게 된 점 또한 개정된 「평생교육법」이 이루어낸 성과로 볼 수 있다. 2019년 4월과 2021년 6월 개정법은 2016년 개정법 이후 장애인 평생교육 시행을 위한 보완적 개정 내용으로 볼 수 있다. 이러한 장애인 평생교육진흥을 위한 「평

생교육법」 개정은 지방자치단체의 장애인 평생교육 조례 제정에 긍정적 영향을 끼쳤다.

2 지방자치단체의 장애인 평생교육 지원조례

1) 광역자치단체의 장애인 평생교육 지원조례

2016년에 개정된 「평생교육법」에 국가와 지방자치단체의 장애인 평생교육에 대한 책무성을 명시함에 따라 각 지방자치단체는 장애인 평생교육 지원조례를 제정하여 장애인 평생교육 지원 정책을 수립하고 시행하기 위한 법적 기반을 조성하였다. 그 결과 2022년 1월 현재 17개 광역자치단체 중 13개(서울, 부산, 인천, 광주, 대전, 세종, 경기, 충북, 충남, 전북, 경북, 경남, 제주) 자치단체가 별도의 장애인 평생교육 지원조례를 제정하고 관련 사업을 추진하고 있다.

〈표 3-2〉 광역자치단체의 장애인 평생교육 지원조례 제정 현황

연번	지자체	관련 조례명	제·개정일
1	서울	서울특별시 장애인 평생교육 지원조례	2017. 07. 13 제정
2	부산	부산광역시 장애인 평생교육 진흥조례	2018. 09. 19 제정
3	대구	X	X
4	인천	인천광역시 장애인 평생교육 진흥조례	2021. 04. 09. 제정
5	광주	광주광역시 장애인 평생교육 지원조례	2016. 07. 01 제정
6	대전	대전광역시 장애인 평생교육 지원조례	2016. 12. 30 제정
7	울산	X	X
8	세종	세종특별자치시 장애인 평생교육 지원에 관한 조례	
9	경기	경기도 장애인 평생교육 지원에 관한 조례	2018. 10. 01 일부개정
10	강원	X	X

연번	지자체	관련 조례명	제 · 개정일
11	충북	충청북도 장애인 평생교육 지원조례	2021. 10. 01. 제정
12	충남	충청남도 장애인 평생교육 지원에 관한 조례	2020. 12. 30. 제정
13	전북	전라북도 장애인 평생교육 지원에 관한 조례	2015. 07. 03 제정
14	전남	X	X
15	경북	장애인 평생교육 지원조례	2019. 04. 15 제정
16	경남	장애인 평생교육 지원에 관한 조례	2017. 12. 28 제정
17	제주	장애인 평생교육 지원조례	2016. 06. 22 제정

광역자치단체의 장애인 평생교육 지원조례는 지자체별로 다소 차이가 있으나, 대체로 다음과 같은 내용을 포함하고 있다. 첫째, 시 · 도지사에게 장애인 평생교육 정책을 수립 · 시행할 책무가 있음을 규정하고, 장애인 평생교육 지원을 위한 실태조사 및 지원계획을 수립하도록 명시하고 있다. 둘째, 장애인 평생교육 시행 계획에 필요한 사항을 심의하거나 장애인 평생교육의 실시와 관련한 사업간 조정 및 유관기관과의 협력 증진을 위하여 별도의 장애인 평생교육 운영위원회 혹은 지원위원회를 두도록 규정하고 있다. 셋째, 장애인 평생교육 시설 지정 · 설치 및 운영에 관하여 규정하고 있으며, 장애인 평생교육 프로그램 개발 및 운영, 장애인 평생교육시설 등에 대해 예산을 지원하도록 규정하고 있다(명소연, 한경근, 장철승, 2018).

2) 광역자치단체 교육청의 장애인 평생교육 지원조례

10개(강원, 경기, 경남, 광주, 대전, 부산, 인천, 전남, 충남, 충북)의 광역자치단체 교육청에서 장애인 평생교육 지원에 관한 조례를 제정하여 관련 내용을 추진하고 있다. 10개 교육청 중 광주광역시를 제외한 9개 교육청의 지원조례는 장애인 평생교육기관이나 장애인 평생교육시설을 지원하기 위한 조례로서 장애인 평생교육을 추진하는 기관 및 시설의 활성화를 위한 것이다. 강원교육청과 충북교육청의 지원조례는 광역자치단체 차원의 장애인 평생교육 지원조례가 없는 경우에 해당하므로 교육청 단독 조례로 볼 수 있다.

〈표 3-3〉 광역자치단체 교육청의 장애인 평생교육 지원조례 제정 현황

연번	지자체	관련 조례명	제 · 개정일
1	부산	부산광역시교육청 장애인평생교육기관 지원에 관한 조례	2018. 11. 14. 제정
2	인천	인천광역시교육청 장애인 평생교육시설 지원에 관한 조례	2020. 06. 01. 일부개정
3	광주	광주광역시교육청 장애인 평생교육 지원조례	2021. 07.26. 일부개정
4	대전	대정광역시교육청 장애인평생교육기관 지원조례	2020. 08. 14. 일부개정
5	경기	경기도교육청 장애인 평생교육시설 지원조례	2021. 03. 16. 제정
6	강원	강원도교육청 장애인평생교육기관 지원조례	2019. 04. 05. 제정
7	충북	충청북도교육청 장애인 평생교육시설 지원조례	2017. 12. 15. 제정
8	충남	충청남도교육청 장애인평생교육기관 지원조례	2021. 09. 30. 제정
9	전남	전라남도교육청 장애인평생교육기관 지원조례	2021. 04. 08. 일부개정
10	경남	경상남도교육청 장애인 평생교육시설 지원조례	2017. 12. 28. 제정

광역자치단체교육청의 장애인 평생교육 지원조례 역시 지자체에 따라 다소 차이가 있으나, 대체로 장애인 평생교육 정책의 수립 · 시행에 대한 교육감의 책무와 장애인 평생교육시설의 지원 범위 및 지원대상의 요건을 명시하고 있다.

3) 기초자치단체의 장애인 평생교육 지원조례

2016년 「평생교육법」 개정 이후 기초자치단체들도 별도의 장애인 평생교육 지원조례를 제정하여 관련 사업을 추진하고 있다. 기초자치단체의 장애인 평생교육 지원조례에는 대체로 다음과 같은 내용들이 포함되어 있다. 첫째, 기초자치단체장이 장애인 평생교육 정책을 수립 · 시행할 책무가 있음을 규정하고 있다. 둘째, 기초자치단체장이 장애인 평생교육 정책 수립, 장애인 평생교육 프로그램 개발 및 지원, 장애인 평생교육시설 등 기반 확충 및 지원, 유관기관과의 협력체제 구축 등 장애인 평생교육 지원계획을 매년 수립 · 시행해야 함을 명시하고 있다. 셋째, 지자체에서 추진해야 할 구체적인 장애인 평생교육 사업을 제시하고 있다. 넷째, 장애인 평생교육시설 등을 지정 · 운영하고 필요한 예산을 지원할 것을 명시하고 있다. 다섯째, 장애인 평생교육 협의회 구성과 기능에 대하여 규정하고 있다.

〈표 3-4〉 기초자치단체의 장애인 평생교육 지원조례 제정 현황

연번	광역	기초	관련 조례명	제 · 개정일
1	서울	노원구	서울특별시 노원구 장애인 평생교육 지원조례	2017. 09. 28. 제정
		동작구	서울특별시 동작구 장애인 평생교육시설 설치 및 운영 지원에 관한 조례	2019. 07. 25. 제정
		서초구	서울특별시 서초구 장애인 평생교육 지원조례	2020. 06. 03. 제정
		종로구	서울특별시 종로구 발달장애인 평생교육 지원 조례	2017. 07. 01. 제정
2	인천	남동구	남동구 장애인 평생교육 지원조례	2021. 07. 02. 제정
		서구	인천광역시 서구 장애인 평생교육 지원조례	2019. 04. 10. 제정
3	광주	동구	광주광역시 동구 장애인 평생교육 지원조례	2020. 03. 20. 제정
4	울산	중구	울산광역시 중구 장애인 평생교육 지원조례	2022. 01. 03. 제정

연번	광역	기초	관련 조례명	제 · 개정일
5	경기	광명시	광명시 장애인 평생교육 지원에 관한 조례	2019. 11. 15. 제정
		김포시	김포시 장애인 평생교육 지원에 관한 조례	2021. 07. 02. 일부개정
		남양주시	남양주시 장애인 평생교육 지원조례	2020. 10. 29. 제정
		동두천시	동두천시 장애인 평생교육 지원에 관한 조례	2019. 03. 18. 제정
		안양시	안양시 장애인 평생교육 지원조례	2019. 07. 05. 제정
		여주시	여주시 장애인 평생교육 지원에 관한 조례	2017. 09. 27. 제정
		오산시	오산시 장애인 평생교육 지원에 관한 조례	2020. 11. 06. 제정
		이천시	이천시 장애인 평생교육 지원에 관한 조례	2020. 03. 27. 제정
6	강원	동해시	동해시 장애인 평생교육 지원조례	2020. 07. 10. 제정
		삼척시	삼척시 장애인 평생교육 지원조례	2021. 04. 16. 제정
		속초시	속초시 장애인 평생교육 지원조례	2019. 11. 01. 제정
		원주시	원주시 장애인 평생교육 지원조례	2019. 07. 12. 제정
7	충북	옥천군	옥천군 장애인 평생교육 지원에 관한 조례	2021. 06. 17. 제정
		진천군	진천군 장애인 평생교육 지원에 관한 조례	2021. 09. 17. 제정
8	충남	공주시	공주시 장애인 평생교육 지원에 관한 조례	2021. 03. 08. 제정
		당진시	당진시 장애인 평생교육 지원에 관한 조례	2021. 10. 29. 일부개정
		아산시	아산시 장애인 평생교육 지원조례	2020. 12. 15. 제정
		천안시	천안시 장애인 평생교육 지원조례	2021. 12. 13. 일부개정
9	전북	전주시	전주시 장애인 평생교육 지원조례	2017. 02. 28. 제정
10	전남	나주시	나주시 장애인 평생교육 지원에 관한 조례	2021. 07.12. 제정
		목포시	목포시 장애인 평생교육 지원조례	2021. 04. 21. 제정
11	경북	안동시	안동시 장애인 평생교육 지원에 관한 조례	2021. 09. 24. 제정
12	경남	사천시	사천시 성인중증장애인 평생교육 지원에 관한 조례	2019. 06. 04. 일부개정

기초자치단체의 장애인 평생교육 지원조례에 근거하여 지자체별로 장애인 평생교육 프로그램 지원 사업, 장애인 평생교육 강사 및 관계자 연수, 장애인

평생교육 프로그램 성과 공유회 등 다양한 사업들을 전개하고 있다. 특히 2021년에는 공주시와 당진시가 기초자치단체 최초로 장애인 평생교육 지원방안 연구를 수행한 바 있다.

장애인 평생교육 지원에 관한 조례 외에도 각 지자체에서는 발달장애인 권리보장이나 장애인 평생교육센터 설치 및 지원, 장애인 가족지원 등에 관한 조례를 제정하여 관련 사업을 추진하고 있다.

연구과제

1. 장애인 평생교육의 전환점이 된 「장애인 등에 대한 특수교육법」 제34조의 한계점을 논의해 봅시다.
2. 2016년 개정된 「평생교육법」의 의의와 달라진 장애인 평생교육 정책을 이야기해 봅시다.
3. 향후 장애인 평생교육 활성화를 위해 「평생교육법」의 추가 개정 방향을 논의해 봅시다.
4. 광역자치단체, 광역자치단체 교육청, 기초자치단체에서 제정한 장애인 평생교육 관련 조례 중 하나의 예를 발표하고, 수정 · 보완해야 할 내용을 논의해 봅시다.

CHAPTER

04

국내외 장애인 평생교육 지원 정책

학습목표

- 우리나라 장애인 평생교육 정책의 변천과정을 이해한다.
- 「장애인 등에 대한 특수교육법」 제정에 따라 달라진 우리나라 장애인 평생교육 정책을 설명한다.
- 2016년 개정된 「평생교육법」에 따라 달라진 우리나라 장애인 평생교육 정책을 설명한다.
- 현재 국내 장애인 평생교육 추진체계를 이해하고 외국의 장애인 평생교육 지원체계와 비교하여 설명한다.
- 우리나라와 소위 교육 선진국의 장애인 평생교육 가치 및 지원체계의 차이점을 설명한다.

I 국내 장애인 평생교육 지원 정책

우리나라 평생교육 역사에서 장애인 평생교육이 회자되기 시작한 것은 최근의 일이나, 이미 오래 전부터 장애인 평생교육의 필요성과 당위성을 주장해 왔으며, 여러 과정을 거쳐 현재에 이르렀다. 이번 장에서는 장애인 평생교육 정책의 시대 구분을 공권력의 변화 시기와 장애인 평생교육의 획기적 변동 시기를 중심으로, 장애인의 학교 교육 이외의 평생교육을 거론할 수 있는 사회적 여건이 마련되지 못한 부재기(~1998년), 1999년 교육인적자원부의 정책과제로 '성인 장애인을 위한 평생교육 정책 및 프로그램 개발 기초 연구'가 추진되면서 관련 포럼이나 연구들이 산발적으로 이루어진 시기로, 장애인 평생교육의 필요성과 당위성을 제기해 온 도입기(1999년~2007년), 2008년 「장애인 등에 대한 특수교육법」 시행에 따라 장애인 평생교육 지원을 위한 법적 근거가 처음으로 마련되고, 장애인 평생교육 활성화 방안을 본격적으로 논의하기 시작한 확대기(2008년~2015년), 2016년 개정된 「평생교육법」이 시행되면서 정부나 지자체에서 다양한 장애인 평생교육 관련 정책들을 구체적으로 실천하기 시작한 도약기(2016년~현재)의 4단계로 구분하여 그 변천과정을 살펴보고자 한다(김두영, 2022). 2절에서 다룰 세계 여러 나라의 장애인 평생교육 지원체제와 가치는 우리나라 장애인 평생교육 정책을 평가하는 척도로서의 역할을 할 것이며, 향후 우리나라 장애인 평생교육 정책의 나아갈 방향에 대하여 시사하는 바가 클 것이다.

1) 장애인 평생교육의 부재기(~1998년)

우리나라의 평생교육은 1973년 유네스코 한국위원회가 처음으로 평생교육의 개념과 원리를 소개한 후, 1980년 「대한민국헌법」에 국가가 평생교육을 진흥하여야 한다는 조항 설립을 계기로 본격적으로 시작되었나(교육과학기술부, 평생교육진흥원, 2008). 이후 1982년 12월에 「사회교육법」을 제정하였고, 1999년에는 「평생교육법」으로 법명과 내용을 전면 개정하였으며, 2007년에는 다시 「평생교육법」을 전면 개정하였다. 그동안 「평생교육법」은 한국 평생교육의 활성화에 중요한 기능을 수행하였다. 국가적인 차원에서 실시하는 제도와 정책 또한 다양해졌고, 그 파급효과로 일반 시민단체 및 지역 문화센터에서도 평생교육이 활성화되었다(교육부, 국가평생교육진흥원, 2013).

학문 영역 또한 급속하게 발전했다. 1991년에 사회교육연구회의 「사회교육학연구」가 창간되어 1994년까지 발행되었고, 그 뒤를 이어 1995년에 새로 출범한 한국사회교육학회가 동일한 제목으로 「사회교육학연구」를 간행하였다. 또한 1998년에는 한국성인교육학회의 「Andragogy Today」가 창간되면서 본격적으로 학문공동체를 중심으로 학자와 연구물이 축적되었고, 이를 통해 한국평생교육학이 빠른 성장을 할 수 있었다(최윤정, 2005). 그 외에도 산업교육학회의 「산업교육연구」, 인력개발학회의 「인력개발연구」 등 인력개발 분야의 학회지들과 여성평생교육학회의 「여성평생교육」 등이 발간되기 시작했다.

한편 이 시기 특수교육 분야도 빠른 속도로 성장했다. 1977년 12월 31일 특별법인 「특수교육진흥법」이 제정되어 특수교육이 발전할 수 있는 토대가 마련되었다. 이 법은 우리나라에서 특수교육을 진흥하기 위하여 제정된 최초의 법으로, 이후 특수교육 정책 변천의 모체가 되었다. 「특수교육진흥법」은 특수교육기관에 취학하는 학생의 교육비와 교과용도서를 무상으로 지원하도록 규정하고, 장학금, 학비감면 조치 등을 통해 취학 기회를 확대하도록 규정하였다. 「특수교육진흥법」은 이후 1993년까지 두 차례에 걸쳐 개정을 한 후, 1994년 1월 7일 전문을 개정하였다. 개정법은 특수교육의 정의, 특수교육대상자 및 그 선정방법, 특수교육대상자의 배치 및 교육적 조치, 조기교육, 순회교육, 개별화교육, 직업교육 등의 교육방법 확장, 취학편의의 제공, 국가 및 지방자치단체의 임무 등을 새롭게 규정하여 획기적인 변화가 있었다(이석진, 2005).

하지만 1990년 말까지 우리나라의 특수교육 분야에서는 고등학교까지의 학교교육을 제공하는 것에 총력을 기울여온 실정이어서, 장애성인을 위한 평생교육을 거론할 만한 여건이 마련되지 못하였다(박승희, 2004). 1997년 발표된 '제1차 특수교육 발전 5개년 계획'(1997~2001) 역시 장애 성인에 관한 평생교육 정책을 명기하고 있지 않았으며, 주로 학령기 특수교육대상 학생의 교육 수요를 반영한 교육 서비스 제공에 중점을 둔 계획으로 장애성인의 평생학습 개념이 적용되지 않은 계획이라고 할 수 있다(김두영 외, 2019).

이처럼 장애성인에게 평생교육은 「대한민국헌법」과 「교육기본법」에 명시된 행복추구를 위한 기본적 권리이자 장애인의 삶의 전반에 걸쳐 자립생활 및 사회참여를 유도하는 기반이지만, 1990년대 말까지 장애성인들은 장애를 이유로 국가로부터 철저하게 외면당해 왔으며 비장애인과 동등한 수준의 권리를 향유하거나 기회를 제공받지 못해 왔다(김호연 외, 2014). 다만 일반 평생교육도 그러했듯이 장애인 평생교육 역시 실천이 이론을 저만치 앞서 갔다. 일찍부터 장애인야학을 비롯하여 장애인복지관 등 장애인 복지시설, 종교단체, 대학동아리, 공부방, 사설교육기관 등에서 개인 또는 민간 차원의 장애인 평생교육 실천 운동을 전개해 왔다.

특히 장애인야학은 제도권 교육으로부터 가장 소외되어 온 장애성인을 위한 자생적 교육기관으로서 공교육이 충분히 보상하지 못한 간극을 메우는 데에 긍정적인 역할을 수행해 왔다. 우리나라 최초의 장애인야학은 '미문야학'이라는 이름으로 1982년 문을 연 '작은자야학'이다. 이후 1993년 개교한 노들야학을 비롯하여 2000년 이전에 8개의 야학이 더 문을 열었다. 이 시기 장애인야학은 국가나 지자체의 지원 없이 심각한 운영난을 겪으면서도 지역사회에 거주하는 많은 장애인들에게 검정고시를 통해 학력취득의 기회를 제공해 왔고, 대학 진학 등을 통해 삶의 질 향상과 자아성취감을 이룰 수 있도록 지원해 왔다(김두영, 박원희, 2014).

한편 장애인복지관은 지역사회 교육과 재활을 주된 목적으로 「장애인복지법」에 의해 설립된 장애인 지역사회재활시설로서 1982년 최초의 장애인복지관이 설립된 이후, 지역사회 장애인의 상담지도, 의료재활, 교육재활, 직업재활, 사회심리재활, 재가복지 등에 관한 서비스를 생애주기별로 다양하고 종합적으로 제공했다(박광옥 외, 2012). 장애인을 대상으로 하는 교육은 크게 학교와 학교 밖으로 구분된다. 학교 밖 프로그램은 학령기 장애학생을 대상으로 하는 프로그램과 성인을 대상으로 하는 프로그램으로 나눌 수 있는데, 학교 밖 프로그램의 대부분이 장애인복지관에서 이루어지고 있었다(권정숙, 정여주, 2017). 하지만 이 시기 장애인복지관 역시 이용자의 대부분이 학령기 장애학생들이 차지하고 있어 성인을 위한 평생교육 프로그램은 다소 미약했던 것이 사실이다.

2) 장애인 평생교육의 도입기(1999년~2007년)

국내에 평생교육의 개념이 부상하기 시작한 1990년대 말부터는 성인 장애인을 위한 정책과 프로그램 개발에 관한 크고 작은 연구들이 산발적으로나마 이루어지기 시작했다. 장애인 평생교육에 대한 사회적, 학문적 관심을 불러일으킨 것은 1999년 교육인적자원부에서 정책연구과제로 추진한 「성인 장애인을 위한 평생교육 정책 및 프로그램 개발 기초 연구」이다. 이어 국립특수교육원에서 「2001 특수교육 정책 포럼: 장애인 평생교육 협력체제 구축방안」을 주제로 포럼을 개최하면서 장애인 평생교육의 필요성과 당위성을 제기하는 연구들이 이어졌다. 국립특수교육에서 2003년 장애인 평생교육 관계자의 요구 분석을 통한 장애인 평생교육 지원방향 탐색 연구(정동영, 정동일, 정인숙, 2003)를 추진하였고, 2005년에는 장애인 평생교육 실태와 개선방안에 관한 연구(정인숙 외, 2005)를 추진하였다. 국가인권위원회는 2004년 장애인교육권 보호 · 향상을 위한 3차 토론회를 개최하고, 장애인 평생교육의 쟁점과 대안(정동영, 2004)을 주요 주제로 다루었다. 2004년에는 단국대학교 특수교육과 박사과정에 '장애인평생교육 · 복지' 전공 과정이 개설되면서 장애인 평생교육 지원의 필요성을 제기하거나 외국의 장애인 평생교육 사례를 소개하는 논문들(박성숙, 2005; 박승희,

2004; 박원희, 2002; 정인숙, 2007 등)이 발표되기 시작했다.

교육부에서는 계층간 · 세대간 · 학력별 교육기회 격차의 문제를 개인과 시장에 맡기는 방관적 정책 또는 시혜적 지원 정책보다는 교육 소외계층의 요구 수용과 기본 역량 강화 방향으로의 정책적 개입이 필요하다는 인식 하에 경제적 이유 등으로 중 · 고등학교에 진학하지 못한 근로자, 청소년, 성인, 출소자, 중도탈락자 등에게 중등교육기회 제공 등 사회적 통합증진을 위한 평생교육정책을 추진하기 시작했다(교육인적자원부, 한국교육개발원, 2006). 이 중 '소외계층 평생교육 프로그램 지원사업'은 평생교육 참여 확대를 통하여 성별, 연령별, 학력별로 심화되는 사회 양극화와 평생교육 격차를 완화하기 위한 목적으로 시작되었다. 이 사업은 이러한 목적 하에 당시 교육인적자원부의 평생교육정책사업의 일환으로 2001년에 시작되어 지속적으로 추진해 왔다. 2001년 2억 원으로 20개 프로그램을 지원하는 것을 시작으로 하여, 2005년에는 4억 9천만원으로 102개 프로그램을 지원하였으며, 이후 예산이 계속 증가하여 2007년에는 9억 9천 4백만원으로 184개의 프로그램을 지원하였다(박상옥 외, 2009).

2007년 본 사업에 선정된 184개 프로그램을 대상별로 살펴보면, 노인을 대상으로 한 프로그램이 75개로 가장 많았으며, 이어 다문화가정(36개), 장애인(31개), 저소득층(12개), 한부모(12개), 소외계층 일반(11개), 저학력층(5개), 외국인 근로자(2개) 순이었다. 장애인 대상 프로그램 수가 상대적으로 많아 보이나, 2005년 전국의 장애인 수가 215만여 명에 달하는 것을 감안해 보면(변용찬 외, 2006), 지원하는 프로그램 수가 턱없이 부족한 것이 사실이다. 게다가 이 사업은 기관에서 운영하는 프로그램 비용을 지원하는 수준으로, 프로그램 분야도 '스스로 찾기', '역량 갖추기', '공동체 만들기'의 3가지 영역으로 구분하는 등 소외계층을 일반적인 평생학습자로 보기보다는 재활의 대상자, 도움을 필요로 하는 사람들로 인식하고 있어 한계를 드러내고 있다.

2002년 수립한 「제1차 평생교육진흥 기본계획('02~'06)(교육인적자원부, 2002)」은 「평생교육법」에 평생교육진흥 기본계획 수립에 관한 법적 근거 없이 국가 수준에서 마련한 평생교육 관련 중·장기 종합계획으로 평생학습 정책의 출발점이 되었다. 평생교육진흥 기본계획은 5년 동안 우리나라가 중점적으로 추진할 평생교육 정책에 대한 청사진으로, 평생교육 분야의 장애인 평생교육 정책을 조금이나마 엿볼 수 있다. 제1차 기본계획에서 장애인 평생교육 관련 정책은 '취약계층을 위한 학력인정 평생교육시설 지원 및 교육기회 확대'의 세부추진과제에 처음으로 포함되었다. 세부추진과제가 담은 주요 내용은 '취약계층인 여성, 중도 장애인 및 저소득층, 저학력층, 비문해자 등을 위한 평생교육 기회 확대 및 프로그램 발굴, 지원'으로서 장애인의 평생교육 참여 기회 확대를 꾀하기 위한 정책이 제시되었다는 점에서 의미가 있다. 특히 「대한민국헌법」, 「교육기본법」, 「평생교육법」에 명시된 교육기회의 균등화를 실현하기 위한 교육 정책의 일환으로 소외계층의 평생교육 참여 기회를 증진하였다는 점은 장애인교육 정책의 사업 성과라고 볼 수 있다. 그러나 여성, 저소득층, 비문해자 등과의 이질적 특성을 고려하지 않고 소외계층의 범주 안에 장애인을 포괄하였기에 대상의 특성 차이를 고려하지 않은 제공자 중심의 정책으로 볼 수 있으며, 특히 장애인의 생애단계별 교육적 요구를 구체적으로 담은 정책이라고 보기에는 미흡함과 한계가 분명하다.

한편 특수교육 분야에서는 모든 장애인을 위한 생애단계별 균형 있는 교육기회 확대를 위한 노력의 일환으로 장애인 평생교육, 특히 성인기의 다양한 프로그램 개발 및 실행을 위한 계획들이 특수교육 발전 방안에 포함되기 시작했다(김두영, 2013). 「제2차 특수교육 발전 5개년 계획('03~'07)」(교육인적자원부, 2003)에서는 특수교육요구 학생의 다양한 고등교육 기회 제공의 필요성을 제기하였을 뿐 아니라 장애성인 교육기회 강화가 정책의 한 내용으로 포함되었다. 즉, 특수교육 정책에서 장애학생의 중등교육 이후의 대학교육이나 그 외의 성인기 평생교육 기회 확대를 정책의 한 방향으로 포함하고 있는 것이다. 하지만 2차 계획에 포함된 장애성인 교육지원사업의 추진은 극히 미흡하였으며, 구체적인 시책은 2005년도 특수교육여건 개선사업으로 장애성인 야간학교에 9천만원의 예산을 지원한 것이 전부였다. 이 사업은 정규교육을 받지 못한 장애성인의 문해교육과 검정고시 준비 등 학력 취득 기회 제공을 위해 운영하는 장애성인 야간학교 교육환경 개선 지원을 확대하기 위한 것으로, 2005년에 한하여 한시적으로 지원된 것이다(김정재 외, 2009). 「제2차 특수교육 발전 5개년 계획」의 추진 실적을 분석한 정동일(2006)은 다른 영역에 비해 장애인 평생교육 관련 실적이 매우 낮게 나타났다고 보고하고 있다.

이 시기는 장애인 평생교육의 필요성과 당위성을 지속적으로 제기해 온 시기로, 장애인 평생교육 지원을 위한 구체적인 지원 정책이 마련되지는 않았다. 하지만 민간 차원에서 장애인야학이 국가와 지자체로부터 외면당해 왔던 성인 장애인을 위한 자생적 교육기관으로서 제도권 교육이 충분히 보상하지 못한 부족분을 메우는 역할을 해 왔다. 2000년대에 접어들면서 장애인야학의 수도 점차 늘어났고, 2004년에는 전국장애인야학협의회가 설립되어 장애인야학이 동아리 수준을 탈피해 지역사회 장애인을 위한 교육공동체로 성장해 가고 있었다. 당시 진보적인 활동가들은 '장애인야학'이 그저 단순히 검정고시를 준비하는 학교로서의 역할에 머물기를 바라지 않았다. 이들은 장애인야학이 지식 습득이나 기술을 배우는 것을 넘어 소수자와 약자를 억압하고 따돌리는 세상과 맞서는 법을 배워야 하는 곳으로 여겼다. 당시 등록장애인 중 절반 이상이 초등학교 졸업 이하의 학력을 소지할 만큼 교육에 있어서 심한 불이익을 받고 있던 장애성인을 위한 교육기관으로 출발한 장애인야학의 탄생과 전개 과정에 비추어 본다면 이러한 현상은 어쩌면 당연한 일이라 하겠다. 교육기회에 있어서의 차별을 없애고 장애성인들에게 주체적인 삶을 살게 하기 위한 장애인야학의 노력들은 장애인 평생교육에 대한 국가와 사회의 관심을 이끌어내는 초석이 되었으며, 이는 2007년 개정된 「장애인 등에 대한 특수교육법」에 장애인 평생교육 지원에 관한 조항이 삽입되는 성과로 이어졌다.

3) 장애인 평생교육의 확대기(2008년~2015년)

동서를 막론하고 장애인의 교육권 확보를 위한 논의가 본격적으로 시작된 것은 모두 장애인 부모운동의 성과라 해도 과언이 아닐 것이다. 장애인 부모운동은 '장애인의 가족, 특히 장애인 자녀를 둔 부모들이 중심이 되어 조직한 장애인의 사회운동'을 말한다. 장애인 부모운동은 장애인 자녀를 대변하는 간접적인 당사자 운동으로서 모성에 기초한 강력한 인권운동으로 성장하였고, 장애인과 관련한 중요한 법 제정과 제도 마련에 결정적인 역할을 하였다. 1985년 국내에서 처음으로 '한국장애인부모회'가 만들어져 장애인과 가족의 문제를 공론화하기 시작했으나, 법 제정 등 분명한 정책목표를 가지고 사회운동 형태를 갖춘 조직적인 부모운동은 2000년대에 이르러 비로소 시작되었다(박인용, 2007). 2003년에는 여러 부모단체와 특수교사 단체, 장애인단체, 장애학생지원 단체 등 14개 단체들이 참여한 가운데 '장애인에게 교육은 생명이다.'라는 슬로건을 내걸고 장애인교육권연대를 출범시켰다. 이들은 2014년 특수교육 예산 확보, 특수교사 정원 확보, 성인 장애인 평생교육권 보장 등을 요구하며 국가인권위원회 점거농성을 필두로 2005년까지 9개 시도교육청을 상대로 농성을 전개하였다. 장애인교육권연대는 2005년 「특수교육진흥법」을 폐기하고 일명 '장애인교육법'을 제정하기 위한 운동을 전개하여 2007년 「장애인 등에 대한 특수교육법」을 제정하는 성과를 거두었다.

2008년 5월 법명과 내용이 전면 개정된 「장애인 등에 대한 특수교육법」(법률 제8483호)의 시행은 우리나라 장애인 평생교육의 일대 전환을 예고하는 획기적인 사건이었다. 개정법은 장애인에 대한 고등교육 및 평생교육 방안의 강구를 국가 및 지방자치단체의 임무로 규정하였다. 제33조(장애인 평생교육과정)에는 '각급학교의 장은 해당 학교의 교육환경을 고려하여 「장애인복지법」 제2조에 따른 장애인의 계속교육을 위한 장애인 평생교육과정을 설치 · 운영할 수 있고, 「평생교육법」 제19조에 따라 설립된 평생교육진흥원은 장애인의 평생교육

기회 확대 방안을 마련하고 장애인 평생교육 프로그램을 개발하여야 하며, 「평생교육법」 제20조에 따라 설치 또는 지정된 시 · 도평생교육진흥원은 「평생교육법」 제2조 제2호에 따른 평생교육기관이 장애인 평생교육과정을 설치 · 운영할 수 있도록 지원하여야 한다.'고 규정하였다. 또한 제34조(장애인 평생교육시설의 설치)에서는 국가 및 지방자치단체가 초 · 중등교육을 받지 못하고 학령기를 지난 장애인을 위하여 학교형태의 장애인 평생교육시설을 설치 · 운영할 수 있도록 하고 그 운영에 필요한 경비를 국가 및 지방자치단체가 예산의 범위 안에서 지원하여야 한다고 강제하였다.

이처럼 각급학교와 「평생교육법」에 의거한 평생교육시설 및 단체에 장애인 평생교육과정을 설치 · 운영하도록 한 것이나, 평생교육 진흥을 위한 전문기관으로 설치된 국가평생교육진흥원에서 장애인의 평생교육 기회 확대 방안 및 장애인 평생교육 프로그램을 개발하도록 규정하고 시 · 도 평생교육진흥원으로 하여금 평생교육기관에서 장애인 평생교육과정을 설치 · 운영할 수 있도록 지원하게 한 규정은 장애인 평생교육이 일반사회 또는 비장애인들과 동떨어져 운영되는 것이 아니라 지역사회에서 통합되어 언제, 어디서나 시간과 공간에 구애받지 않고 동등하게 교육받을 수 있음을 의미하는 것이다(김두영, 2013).

2008년 발표된 「제3차 특수교육 발전 5개년 계획('08~'12)」에서는 「장애인 등에 대한 특수교육법」 시행에 따라 장애인에게도 평생교육 체계 마련의 필요성을 인식하고 학습기회를 놓친 성인 장애인들에게 사회에 적절히 대처하고 적응하는데 필요한 다양한 지식을 습득할 수 있도록 성인교육 프로그램의 설치 · 운영을 통해 평생교육 지원을 확대하겠다는 계획을 제시하였다(교육과학기술부, 2008a). 이 계획의 장애성인 교육지원 분야는 크게 두 가지로 제시되고 있다. 첫째는 장애인 평생교육시설 설치 · 운영에 대한 실태 파악 및 운영 지원을 통해 장애성인의 평생교육 기회를 확대하겠다는 것이고, 둘째는 장애성인 교육프로그램 운영을 통한 발달장애 성인 교육기회를 확대하겠다는 것이다. 이에 따라 국립특수교육원은 2008년에 고등평생교육팀을 신설하여 발달장애인교육 프로그램 개발, 장애성인 평생교육 유관기관 협의회 운영 등을 추진하였으며, 5개 대학교 평생교육원을 선정하여 장애성인 평생교육 프로그램을 시범운영하고 모형을 개발할 수 있도록 운영비를 지원하였고, 장애성인 평생교육 담당자를 대상으로 장애성인 평생교육 프로그램 운영 담당자 연수를 실시하였다(교육과학기술부, 2010).

이어 교육과학기술부(2010)는 「제3차 특수교육 발전 5개년 계획('08~'12)」의 주요 과제로 지원하고 있는 '장애성인교육 지원 확대' 추진상황 점검에 따른 후속 조치로 2010년 9월 「장애성인 평생교육 내실화 방안」을 발표하고, 다양한 장애인 평생교육 지원계획을 제시하였다. 본 방안은 학령기 교육기회를 놓친 장애성인의 초 · 중등교육지원, 원격교육시스템을 활용한 장애성인 평생교육 지원 확대, 장애성인 지원 평생교육 프로그램 확대, 평생교육 지원 확대를 위한 인프라 구축 등 4가지 분야의 11개 정책과제를 제시하였다. 이와 같은 종합대책은 교육과학기술부가 장애성인을 위한 평생교육 분야를 본격적으로 지원하겠다는 의지로 받아들여졌다.

교육과학기술부의 '장애인 평생교육 내실화 방안'은 크게 학교교육을 받지 못한 장애성인을 위한 학교교육지원 방안과 학교교육을 받은 장애성인을 위한 일반 평생교육 지원방안, 그리고 장애인 평생교육 전달체계 등으로 구분해 볼 수 있다. 학교교육을 받지 못한 장애성인을 위한 학교교육 지원방안으로는 학력인정 문자해득교육 프로그램에 장애성인 참여 확대, 방송통신고 재학 장애성인의 무상교육 실시, 학력인정 평생교육시설 고등학교과정 장애성인에 대한 교육비 지원, 장애인 평생교육시설(장애인야학) 운영 내실화 등을 제시했다. 학교교육을 받은 장애성인을 위한 일반 평생교육 지원방안으로는 장애성인을 위한 평생교육 프로그램 확대 보급을 위하여 국립특수교육원 원격교육연수원에 학점은행제 표준교육과정, 일반교양과정 등을 설치하고, 원격대학 교육시스템, 장애인 관련 단체, 대학부설 평생교육원 등과의 연계 협력을 통해 장애성인의 평생교육 기회를 확대 · 강화하는 계획을 제시했다. 그리고 장애인 평생교육 지원 전달체계를 구축하기 위하여 국립특수교육원에 장애성인 평생교육지원팀을 설치하고, 지역의 특수교육지원센터를 거점기관으로 선정하여 지역별 장애인 평생교육 지원체계를 구축하겠다는 방안을 제시하였다.

2013년에 발표된 「제4차 특수교육 발전 5개년 계획('13~'17)」에서는 평생교육시설의 프로그램 운영 확대 등 교육환경 개선을 통해 장애성인 평생교육 기회를 확대하고, 장애성인의 문해교육 및 학력취득 기회 제공을 위한 장애성인 평생교육 지원환경 기반을 마련하겠다는 기본 방향을 설정하고, 시 · 도별 장애성인 발전계획 수립 및 평생교육 프로그램 개발 · 보급을 통한 장애성인 평생교육 지원환경 구축, 다양한 장애성인 평생교육 프로그램 개발 및 운영으로 참여기회 확대, 시 · 도교육청 및 지자체간 장애성인 평생교육 협력 네트워크 강화 등 보다 구체적이고 현실적인 정책을 마련했다. 이러한 발전 계획에 따라 국립특수교육원에서는 6개 영역별 장애인 평생교육 프로그램 개발과 대학 기반 장애인 평생교육 프로그램 시범운영 등의 사업을 추진하였다.

이 시기에는 국가와 지자체를 중심으로 장애인 평생교육에 대한 요구를 분석하고 장애인 평생교육 활성화를 위한 모형을 개발하는 등 보다 구체적인 연구들이 진행되었다. 먼저 국가적인 차원의 연구로는 「성인 발달장애인의 평생교육 모형 연구」(윤점룡 외, 2010), 「특수학교 기반 발달장애성인 평생교육 지원 모형 개발」(송소현 외, 2011), 「대학 기반 발달장애인 평생교육 모형 개발」(김주영 외, 2013), 「시각중복장애학생 고등 · 평생교육 기반 구축 방안 연구」(김호연 외, 2014) 등이 있으며, 지자체 차원의 연구로는 경상남도교육연구원의 「경상남도 장애인 평생교육 실태 및 지원 방안 연구」(김정재 외, 2009), 전라북도교육청의 「전북지역 중증장애인을 위한 평생교육원 설립 및 운영에 관한 연구」(김윤태 외, 2009), 충청남도교육청의 「장애인 평생교육 활성화 방안」(곽승철 외, 2010), 서울특별시교육청의 「서울형 장애성인 평생교육 운영 모형 개발」(강순원 외, 2010) 등이 있다.

2007년 「평생교육법」 전부 개정 이후 후속 계획으로 마련된 「제2차 평생교육진흥 기본계획('08~'12)(교육과학기술부, 2008b)」에서는 '사회통합을 위한 평생학습 관련 기관 참여 및 연계 확대'라는 정책 목표 추진을 위한 세부과제로 '저소득층, 장애인 등 소외계층 평생학습 기회 확대'를 주요 내용으로 설정하였다. 이를 위해 첫째, 저소득층, 장애인 등을 위한 평생교육 프로그램 지원 사업을 지속적으로 확대하고 효율화를 위해 평생교육-고용-복지가 연계될 수 있도록 시 · 도평생교육원을 통합형 지원체제로 개선하는 계획과 둘째, 소외계층을 위한 평생학습 바우처 제도를 통해 평생교육의 참여율을 제고하는 계획, 셋째, 유관 부처 · 기관 간 연계를 통해 부처간 협력을 강화는 계획을 세부과제로 제시하였다. 제2차 기본계획은 제1차 기본계획에 비해 좀 더 구체적으로 장애인 정책을 구현하기 위해 접근하고 있다. 즉, 제1차에서는 소외계층의 범주 안에 취약계층 여성, 중도 장애인 및 저소득층, 저학력층, 비문해자 등을 모두 포함하였으나, 제2차에서는 다문화 주민과 새터민을 신소외계층으로 분류하고, 저소득층과 장애인을 소외계층의 범주 안에 포함시킨 것이다.

「제3차 평생교육진흥 기본계획('13~'17)」은 '100세 시대 창조적 평생학습을 통한 국민행복 실현'을 비전으로 설정하고, 4개 분야의 정책목표와 12개 추진과제를 제시하였다. 이 중에서 장애인 관련 정책은 '사회통합을 위한 맞춤형 평생학습 지원'의 정책목표에서 '사각 없는 소외계층 평생학습 지원'을 추진과제로 제시하였다. 이와 관련하여 세부과제에서 제시하고 있는 내용은 첫째, 장애성인 평생교육 지원환경 구축, 둘째, 장애성인 대상 문해교육 및 학력 취득 프로그램 참여 지원을 역점사업으로 포함하였다. 세부 추진 내용으로는 문해교육을 통한 학력인정, 방송중 · 고등학교에 장애성인 진입 경로 구축 및 지원, 장애성인의 교육 요구조사, 장애성인 교재교구 개발 및 보급, 장애인 대상 원격 평생교육 프로그램 개발, 장애인을 위한 기존 평생교육 콘텐츠 전환 등을 포함하였다. 제3차 기본계획은 정책의 중점 대상으로 장애인을 명시했다는 점에서 의의가 있다. 특히 장애성인을 정책 대상자로 독립시켜 평생교육 지원 환경 구축과 문해교육의 대상자로 제시하였다는 점에서 의미가 있다 하겠다.

이 시기에는 장애인 평생교육 지원을 위한 법적 근거가 마련되면서 장애인 평생교육기관의 수나 장애성인 대상의 프로그램 수도 빠른 폭으로 증가하였다. 특히 장애인야학의 성장이 매우 두드러졌다. 「장애인 등에 대한 특수교육법」 제34조(학교형태의 장애인 평생교육시설)의 법적 근거 마련으로 그동안 제도권 밖에 놓여 있던 장애인야학은 법적 테두리 내에서 지역사회의 장애성인들을 위한 본격적인 학교형태의 평생교육 지원의 장으로서의 가치를 부여받게 되었다(김기룡, 2011). 2000년까지만 하더라도 전국의 장애인야학은 9곳에 불과했으나 2000년대 이후 장애인 평생교육의 필요성과 당위성이 제기되고, 특수교육 관련법 개정과 함께 교육부와 각 시 · 도교육청 및 지방자치단체 등에서 장애인 야학에 대한 지원이 조금씩 늘어나면서 2015년 당시 전국에 44개의 장애인야학에서 537명의 교사가 1,352명의 학습자를 지도하고 있는 것으로 보고되고 있다(교육부, 2016). 장애인야학은 대표적인 장애인 평생교육시설로서 제도권 교육으로부터 소외된 장애성인을 위해 학력취득을 위한 검정고시 교육은 물론 장애인권 강사 양성교육, 생활 공예, 컴퓨터 활용, 스마트폰 활용, 연극, 지적장애인 사회적응훈련 프로그램, 영상제작, 인문학 강좌 등 다양한 평생교육 프로그램을 제공해 왔다(김두영, 박원희, 2013). 특수교육법 개정에 따라 국가적 차원의 지원도 계속해서 늘어났다. 특수교육연차보고서에 보고된 장애인 평생교육 지원 실적을 살펴보면, 2008년 21개 장애성인 야학기관에 지원한 예산 2억9천7백만 원이었던 것이, 2010년 26개 장애성인 평생교육시설(야학)에 지원한 예산이 14억6천4백만 원으로 늘어났으며, 2021년에는 43개 장애성인 평생교육시설(야학)에 지원한 예산이 23억7천7백 만원으로 늘어났고, 2016년에는 49개 장애성인 평생교육시설(야학)에 25억2천7백만 원으로 상향되었다.

「장애인 등에 대한 특수교육법」의 시행 이후 전개되어 온 일련의 장애인 평생교육 정책은 장애인 평생교육의 필요성에 대한 인식을 확산시키고, 부족하나마 장애인 평생교육기관 및 시설에 대한 지원을 확대하였으며, 다양한 장애인 평생교육 활성화 방안을 마련하는데 기여해 온 것이 사실이다. 그러나 이 시기의 장애인 평생교육 정책은 주로 학교교육을 받지 못한 장애성인, 특히 지체장애성인을 중심으로 제기되어 왔으며, 기존의 교육을 경험할 수 있도록 지원하는 시혜적 성격이 강했다. 뿐만 아니라 전달체계를 기존의 국립특수교육원과 교육청의 특수교육지원센터를 중심으로 수립하려는 등 기존의 특수교육 지원체계를 고수하는 수준을 뛰어넘지 못하는 한계를 지니고 있었다.

「장애인 등에 대한 특수교육법」 제34조는 교육대상자를 초 · 중등교육을 받지 못하고 학령기를 지난 장애인으로 한정하고 있어 학교교육을 제공받은 적이 있는 장애성인은 학교형태의 장애인 평생교육시설을 이용할 수 없다는 것 때문에 논란의 소지가 있어 왔다. 또한 「장애인 등에 대한 특수교육법」 시행 이후 많은 장애인야학은 법적 요건을 갖추어서 학교형태의 장애인 평생교육시설로 등록하려고 했으나, 주무부서가 정해지지 않아서, 교육과학기술부로부터 구체적인 지침을 받지 못해서, 관련 서식이 없어서, 담당자가 이와 관련된 내용을 몰라서 등 다양한 이유 때문에 등록업무조차도 신속하게 이루어지지 않았다(전국장애인야학협의회, 2008). 게다가 정부 차원의 장애인야학 지원 예산이 일반회계 내에 규칙적으로 편성되지 않고, 특별교부금 형태인 일회성 예산으로만 책정되는 한계 때문에, 모든 운영비는 시 · 도교육청에서 책임져야 하는 구조였다. 그러나 일부 시 · 도교육청은 정부 보조 없이 자체 예산을 신규로 편성하는 것이 어렵다는 이유로 장애인야학 운영비 예산을 확보하는데 소극적이었다. 2014년 특수교육 연차보고서(교육부, 2014)에 따르면, 서울의 장애인야학 1곳에 지원된 예산이 22억 원인데 반해, 전라북도 지역의 장애인야학 6곳에 지원된 예산은 불과 4,700만 원에 불과했다. 이에 장애인야학 측은 국가 및 지방자치단체가 관련 법령에 따라 학교형태의 장애인 평생교육시설에 대한 운영 지원을 확대하고 활성화 방안을 마련해 줄 것을 요구해 왔다. 교육과학기술부(2010)가 제시한 '장애성인 평생교육 내실화 방안'은 이러한 장애인야학의 요구를 일부 반영하기도 하였으나, 구체적인 예산 지원 대책이 제시되어 있지 않아 장애인야학으로부터 빈축을 사기도 했다(김기룡, 2011).

「제3차 특수교육 발전 5개년 계획('08~'12)」과 「제4차 특수교육 발전 5개년 계획('13~'17)」은 여전히 학령기 장애학생에 초점을 맞춘 계획으로 학습 기회를 놓친 성인들의 사회 적응과 대처를 위한 성인 평생교육 지원 기회 확대의 명시는 선언적 의미가 강했으며, 「제2차 평생교육진흥 기본계획('08~'12)」과 「제3차 평생교육진흥 기본계획('13~'17)」에서 제시한 장애인 관련 평생교육 정책 역시 선언적 의미에 머물러 실효성을 거두는 데에 한계가 있다는 평가를 받았다(교육부, 2018).

4) 장애인 평생교육의 도약기(2016년~현재)

2000년대 초반부터 2016년 「평생교육법」 부분개정 이전까지 약 15년간 장애인 평생교육에 대한 논의가 지속되어 왔음에도 불구하고 장애인 평생교육에 대한 국가 차원의 정책은 여전히 걸음마 단계를 벗어나지 못하고 있었다. 장애인 야학 중 절반 이상이 학교형태의 장애인 평생교육시설로 등록하지 못해 심각한 경영난을 겪고 있었고, 고등학교를 졸업한 발달장애인의 계속교육을 지원하기 위한 구체적인 방안은 찾아보기 어려웠으며, 교육부 내에 평생교육과와 특수교육과 사이에는 묘한 칸막이가 자리하고 있어 장애인 평생교육 정책은 답보 상태를 면치 못하고 있었다. 학문적으로는 장애인 평생교육 현황을 파악할 만한 데이터도 없고, 장애인 평생교육기관이나 프로그램에 대한 명석한 분석도 부족했으며, 참고할 만한 장애인 평생교육 조례안을 제시하지도 못했고, 장애인 평생교육 전문 인력에 대한 논의도 부족했다.

이러한 상황 속에서 자신의 노후대책과 함께 자녀를 지속적으로 돌봐야 하는 부모의 보호부담이 계속 가중되면서 서비스 절벽에 따른 가족의 돌봄 부담이 사회문제로 대두되었고, 이는 결국 장애인 부모운동의 방향을 장애인 평생교육 지원 요구로 전환하는 계기가 되었다. 장애인 평생교육 지원에 대한 부모 및 장애인단체들의 요구가 높아짐에 따라 먼저 몇몇 지자체에서 장애인 평생교육 관련 지원조례를 제정하고 나섰다. 이어 장애인 부모단체를 비롯해 여러 장애인단체들은 특수교육이나 장애인복지 관련 법령이 아닌 「평생교육법」에 장애인 평생교육의 실시 및 지원에 관한 구체적인 조항을 명시할 필요가 있다는 주장을 지속적으로 제기해 왔다. 이에 장애인의 평생교육 기회를 확대할 수 있는 근본적인 대안 마련을 위하여 2015년 6월 30일 장애성인의 평생학습권을 체계적으로 지원하는 내용의 「평생교육법」 일부 개정안이 국회에 발의되기에 이르렀고, 지난 한 과정을 거쳐 2016년 5월 국회 본회의를 통과하였다. 이로써 「장애인 등에 대한 특수교육법」 제33조와 제34조의 규정을 폐지하고, 2016년 개정 「평생교육법」에 장애인 평생교육 진흥을 위한 내용이 대거 포함되었다.

2016년 개정된 「평생교육법」은 일부 개정안이라고는 하나 내용과 폭을 볼 때, 장애인 평생교육 관련 내용을 대폭 삽입한 개정법이라고 해도 과언이 아닐 것이다(김두영, 박미진, 정진숙, 2016). 개정법률의 주요 골자는 ① 국가 및 지방자치단체의 장애인 평생교육 정책 수립 및 시행의 의무, ② 평생교육진흥정책의 주요 사항을 심의하는데 장애인교육과 관련된 전문가 참여, ③ 국가장애인평생교육진흥센터 설치, ④ 장애인의 계속교육을 위한 장애인평생교육과정 설치 · 운영, ⑤ 장애인 평생교육시설에 평생교육사 배치 등을 들 수 있다.

「평생교육법」은 2016년 개정 이후 2019년과 2021년 두 차례에 걸쳐 추가 개정 작업이 이루어졌다. 먼저 2019년 개정 법률의 주요 골자는 2016년 개정된 「평생교육법」에 ① 국가 및 지방자치단체의 유기적 협조체제 구축의 임무, ② 장애인 평생교육 종사자의 인권 교육, ③ 시 · 도평생교육진흥원의 장애인 대상 평생교육 프로그램 운영을 추가적으로 명시하였다. 2021년 개정 법률은 장애인 평생학습도시에 관한 규정을 신설한 것이다. 이에 따라 국가장애인평생교육진흥센터는 지난한 2020년부터 장애인 평생교육을 지원하기 위해 '장애인 평생학습도시 운영 사업(국고 15억)'을 신설 · 운영하고 있다. 장애인 평생학습도시는 장애인이 살고 있는 지역사회의 특성과 장애유형 및 장애정도를 고려한 맞춤형 평생학습 프로그램을 운영하고 편의시설, 이동권, 접근성 확보 등 지역 장애인 평생교육 인프라를 강화하기 위해 기획된 사업으로 장애인 평생학습도시로 선정된 지역은 장애인 평생학습을 위한 다양한 지원을 받게 된다. 2020년에는 광명, 오산, 부산, 군산, 청주 등 5개 도시가 선정된 바 있고, 2021년에는 당진시를 비롯하여 김포, 이천 등 15개 도시가 선정되었으며, 2022년에는 김포, 수원 등 계속지원 19개 도시, 춘천, 전주 등 신규지정 13개 도시가 장애인 평생학습도시로 선정되었다. 개정법 제15조의2는 장애인 평생학습도시 선정 및 운영 사업의 효율적 실천을 위해 제정되었다.

2018년 발표된 「제5차 특수교육 발전 5개년 계획('18~'22)」은 그간의 한계점을 극복하고 특수교육 지원을 강화하기 위해 전국 17개 시 · 도의 장애학생 부모, 교원, 관련 단체 등 특수교육 관계자의 다양한 의견 수렴을 거쳐 3대 목표, 4대 분야, 13개 중점 추진과제를 선정하였다. 제5차 계획이 갖는 장애인 평생교육 정책의 성과는 장애성인의 평생교육 지원 기반 구축을 위해 국가 차원에서 장애인 평생교육 진흥 계획을 수립하고, 국가장애인평생교육진흥센터 설치와 운영을 통해 관계 부처(기관)간 유기적인 지원 체제를 구축하였다는 점이라 할 수 있다. 이를 위해 학령기 의무교육 단계에서 교육기회를 놓친 장애인에 대한 지원을 강화하고, 장애유형을 고려한 학력인정 맞춤형 교육시스템을 개발하여 국가 차원의 교육 지원을 강화하겠다는 계획이다. 5차 계획은 기존의 평생교육기관 및 대학부설 평생교육원, 평생교육시설의 장애인 평생교육 접근성 제고를 꾀했다는 점과 장애성인의 교육기관을 장애인 기관으로 제한하지 않고 일반 기관까지 확대하였다는 점에서 의의가 있다. 그러나 제5차 계획 또한 학령기 장애학생의 특수교육이 중점이 되는 계획으로 장애인 평생교육 기반 구축을 평생교육 프로그램 수(629개에서 1,130개로 확장)로 측정하는 것은 일반 평생교육의 양적 데이터로 볼 때 매우 미약한 접근이라 할 수 있다.

「제4차 평생교육진흥 기본계획('18~'22)」은 '개인과 사회가 함께 성장하는 지속가능한 평생학습사회 실현'을 비전으로 설정하고, 4개의 추진전략, 4개의 대과제, 9개의 중과제, 19개의 소과제를 제시하고 있다. 이 중 장애인 평생교육과 관련된 내용은 '누구나 누리는 평생학습'이라는 대과제와 '소외계층 평생학습 사다리 마련'이라는 중점과제에서 제시하고 있다. 두 번째 소과제인 '소외계층 실질적 평생학습 기회 확대'에서 장애인 평생교육 지원을 다루고 있다. 주요내용을 살펴보면, 평생교육 바우처 제공 등 교육비 경감, 장애인 평생교육 추진체계 구축, 장애인 맞춤형 평생교육 제공 강화를 제시하고 있다. 제4차 기본계획이 갖는 장애인 평생교육 정책의 성과는 기존의 소외계층에 장애인을 포함한 것이 아니라 장애인을 중점 정책 대상으로 고려하여 진흥계획을 수립했다는 점으로, 국가의 장애인 평생교육 진흥을 위한 의지를 강화했다고 볼 수 있다(김두영 외, 2019).

교육부도 장애인 평생교육의 책무성을 강화하고 장애인의 평생교육 참여 확대를 위해 노력하고 있다. 교육부는 2018년 1월 장애학생진로평생교육팀이라는 전담부서를 설치하고, 관련 인력을 배치하였으며, 3월에는 「국정과제(51-2. 사회 취약계층 교육지원 확대)」와 「제4차 평생교육진흥 기본계획(2018년~2022년)」, 「제5차 특수교육 발전 5개년 계획(2018년~2022년)」 등을 근간으로 '2018년도 장애인 평생교육 진흥을 위한 시행계획'을 발표하였고, 4월에는 직속기관인 국립특수교육원 내에 국가장애인평생교육진흥센터를 설치하여 장애인 평생교육 정책을 추진할 수 있는 체계를 마련하였다. 국가장애인평생교육진흥센터는 첫째, 장애인 평생교육 정책 수립의 기초가 될 수 있는 다양한 연구를 수행하고 있다. 둘째, 장애유형별 평생교육 프로그램과 교재 · 교구, 발달장애인을 위한 교육 프로그램과 교육과정 등을 개발하고 있다. 셋째, 장애인 평생교육과 관련된 사람들의 전문성을 향상하기 위해 그들을 대상으로 하는 교육과 연수를 실시하고 있다. 넷째, 지역사회를 기반으로 하는 장애인의 평생교육 활성화 기반을 조성하기 위해 '장애인 평생학습도시'를 지정하여 운영하는 등 현장지원 사업을 수행하고 있으며, 다섯째, 장애인 평생교육기관 간 연계체제 구축을 위한 협의회와 세미나를 운영하고 있다.

「2018년도 장애인 평생교육 진흥을 위한 시행 계획」은 '장애인 평생학습 참여 확대를 위한 장애인 평생교육 지원 기반 구축'을 비전으로 설정하고, 체계적인 장애인 평생교육 기반 구축 운영, 국가장애인평생교육 협력 네트워크 구성 및 추진체제 강화, 다양한 영역의 장애인 평생학습 참여 기회 촉진을 목표로 하여 3대 영역의 9개 추진과제를 제시하고 있다. 2018년 시행 계획은 지속적으로 증가하고 있는 장애인의 생애주기별 평생교육에 대한 대국민 수요에 부응하고자 노력한 것으로 특히 학령기 의무교육 단계에서 교육기회를 놓친 장애인의 교육 지원을 확대하였다는 데 의미가 있다. 무엇보다 이행을 위한 평가 및 환류를 위해 연도별 시 · 도 장애인평생교육진흥계획 수립 및 평가체제 구축을 위한 계획 수립과 진흥계획 평가를 이행하도록 하였다는 점 또한 실효성에 대한 적극적 고려로 볼 수 있다. 이를 위해 시행계획에 대한 환류 체제를 마련하고 성과지표를 별도로 개발하며, 생애주기별 장애인 평생교육에 대한 관심 및 다양한 요구 충족을 위해 국가장애인평생교육진흥센터를 중심으로 프로그램 교재 · 교구, 교육과정 개발 및 인력 양성, 실태조사 등 장애인 평생교육 관련 정책 연구를 지속적으로 추진하도록 한 점 또한 장애인 평생교육 진흥을 위한 그간의 노력의 성과로 보인다. 그러나 장애인 평생교육 지원 기반 구축, 학령기 교육기회를 놓친 장애인교육 지원 강화, 장애성인 평생교육 프로그램 운영 확대라는 추진 과제를 성공적으로 시행하기 위해서는 관계 부처와 관계 기관과의 협업과 이를 연계하고 조정하는 교육부의 의지와 그에 상응하는 추진체계가 뒷받침되어야 가능한데, 각 부서별 역할 분담을 체계적으로 관리할 주체가 명확하지 않은 점은 정책을 실현하는데 한계가 될 가능성이 있다.

한편 지방자치단체에서도 「평생교육법」 개정 이후 장애인 평생교육 지원을 위한 법적 근거를 마련하고 구체적인 프로그램 지원 사업 등을 추진하기 위해 노력하고 있다. 2021년 10월 현재 17개의 광역자치단체 중에서 전라북도(2015), 경기도(2016), 제주특별자치도(2016), 광주광역시(2016), 대전광역시(2016), 경상남도(2017), 경상북도(2019), 부산광역시(2018), 서울특별시(2018), 세종특별자치시(2020), 충청남도(2020), 인천광역시(2021) 등 12개 자치단체에서 장애인 평생교육 지원을 위한 조례를 제정하여 시행 중에 있다. 광역자치단체의 장애인 평생교육 지원조례는 지자체별로 다소 차이가 있으나, 대체로 다음과 같은 내용을 포함하고 있다. 첫째, 시 · 도지사에게 장애인 평생교육 정책을 수립 · 시행할 책무가 있음을 규정하고, 장애인 평생교육 지원을 위한 실태조사 및 지원계획을 수립하도록 명시하고 있다. 둘째, 장애인 평생교육 시행 계획에 필요한 사항을 심의하거나 장애인 평생교육의 실시와 관련한 사업간 조정 및 유관기관과의 협력 증진을 위하여 별도의 장애인 평생교육 운영위원회 혹은 지원위원회를 두도록 규정하고 있다. 셋째, 장애인 평생교육시설 지정 · 설치 및 운영에 관하여 규정하고 있으며, 장애인 평생교육 프로그램 개발 및 운영, 장애인 평생교육시설 등에 대해 예산을 지원하도록 규정하고 있다(명소연, 한경근, 장철승, 2018). 또한 27개의 기초자치단체에서도 별도의 장애인 평생교육 지원조례를 제정하여 시행하고 있으며, 강원, 경기, 경남, 광주, 대전, 부산, 인천, 전남, 충북 등 10개의 광역자치단체 교육청에서 장애인 평생교육 지원에 관한 조례를 제정하여 관련 내용을 추진하고 있다. 10개 교육청 중 광주광역시를 제외한 9개 교육청의 지원조례는 장애인 평생교육기관이나 장애인 평생교육시설을 지원하기 위한 조례로서 장애인 평생교육을 추진하는 기관 및 시설의 활성화를 위한 것이다.

이러한 법적 근거를 기반으로 지자체별로 구체적인 장애인 평생교육 사업도 전개하고 있다. 대구광역시(2015), 경기도(2017), 세종특별자치시(2017), 광주광역시(2017), 인천광역시(2018), 제주특별자치시(2018), 서울특별시(2018), 충청남도(2020) 등에서는 장애인 평생교육 실태조사나 지원방안 연구를 통해 지자체 차원의 장애인 평생교육 지원방안을 마련하여 추진하고 있다. 최근에는 공주시와 당진시가 기초자치단체로는 처음으로 장애인 평생교육 지원방안 연구를 추진한 바 있다.

서울시는 장애인 평생교육시설과 발달장애인평생교육센터 운영에 필요한 예산을 지원하고 있으며, 매년 장애인 평생교육기관 컨설팅 지원 사업, 일반/장애인 평생교육기관 관계자를 대상으로 평생교육 전문성 강화 연수를 추진하고 있다. 경기도는 장애인 평생교육시설에 운영비와 평생교육사 1명의 인건비를 지원하고 있고, 2019년부터 장애유형별 평생교육 프로그램 개발 및 시범운영 사업을 추진하고 있다. 이 외에도 여러 지자체에서 장애인 평생교육관계자나 강사들을 대상으로 장애인교육 전문성 향상을 위한 연수 프로그램을 운영하고 있으며, 안산시, 오산시, 하남시, 의정부시, 전주시, 영월군, 공주시, 춘천시 등에서는 한국장애인평생교육연구소와 연계하여 '장애인평생교육강사' 양성과정을 운영하여 장애인 대상 전문 프로그램 강사를 양성하여 기관에 파견하고 있다.

이러한 정부와 지자체의 노력에도 불구하고 평생교육기관에서 운영하는 프로그램의 대부분이 비장애인 위주로 운영되고 있으며, 장애인의 접근성 확보 미흡으로 여전히 장애인의 평생교육 참여율은 저조하고, 프로그램의 다양성도 부족하며, 국가 단위의 장애인 평생교육 전담조직이 구성된 반면, 지역은 기존 평생교육 또는 장애인복지 업무 부서에서 장애인 평생교육을 담당하고 있어 체계적이고 지속적인 장애인 평생교육 지원 연계가 이루어지지 못하는 등 장애인 평생교육의 체계적 관리 체계가 미흡한 수준이다. 이러한 문제의식에 근거하여 교육부는 2019년 12월 관계부처 합동으로 「장애인 평생교육 활성화 방안(2020~2022)」를 발표하고 장애인이 평생교육에 적극적으로 참여할 수 있는 기반을 구축하겠다는 의지를 밝히고 있다. 계획의 실현을 위하여 중앙정부에서는 교육부, 보건복지가족부, 고용노동부에서 범정부공동추진협의체를 구성하여 장애인 평생교육을 위한 제도적 기반 마련과 예산 지원, 공동사업 등을 추진하고 있다. 시 · 도를 비롯한 지방자치단체는 평생교육기관, 장애인 복지시설, 지자체 공단지사 등과 협력하여 장애인 평생교육협의회를 구성하고, 강사, 시설, 프로그램 등을 공유하는 한편, 장애인 평생교육 프로그램을 공동으로 개발하고 운영하고 있다. 이처럼 정부는 시 · 도 지자체의 노력을 통해 장애인 맞춤형 평생교육을 적기에 적용하여 장애인의 사회참여를 확대하고 있다(교육부, 2019).

2016년 개정된 「평생교육법」은 장애인 평생교육이 장애인 관련 법령에만 명시된 제한된 분야가 아닌 일반 평생교육 체계 내에서 존립하는 의미 있는 체계로서 그 위상을 높였다는 측면에서 큰 의의를 지닌다(김기룡, 2016). 이로써 장애인 평생교육은 주변부가 아닌 일반 평생교육 체계 내에서 주류화되고, 일반 평생교육의 변화와 발전에 서로 영향을 주고받으며 성장할 수 있는 동력을 확보하게 되었다. 법 시행 이후 한국의 장애인 평생교육 정책은 이전 시기와는 달리, 보다 구체적이고 실천적인 정책을 마련하고 장애인 평생교육의 지평을 넓혀가기 위해 노력하고 있음에 틀림없다. 하지만 아직까지 장애인 평생교육의 기회를 확대하고 프로그램의 질적 수준을 담보하기 위해서는 해결해야 할 과제가 여전히 많다. 무엇보다도 개정된 「평생교육법」의 미흡으로 인해 내용체계나 일선의 행정체계에서도 혼선이 일어나고 있으며, 국립특수교육원에 국가장애인평생교육진흥센터를 설치함으로써 일원화된 장애인 평생교육 진흥체계를 구축하려는 법 개정의 의도는 무색해졌고, 센터 관계자들은 대부분 특수교육을 전공한 연구사들로서 평생교육에 대한 이해도가 낮아 현장의 공감을 얻지 못하고 있다는 지적도 많다. 이러한 가운데 별도의 「장애인 평생교육법」을 발의하는 등 아직 혼란의 여지가 너무 많은 것이 사실이다. 이제 한국 장애인 평생교육의 새로운 지평을 열기 위해서는 각계 전문가와 실천가, 장애인 당사자와 부모 집단들이 머리를 맞대고 개선책을 논의할 때이다. 또한 지자체별로 현장에서 공감할 수 있는 구체적이고 실효성이 높은 정책을 추진해야 할 것이다.

2 국외 장애인 평생교육 지원 정책

1) 국외 장애인 평생교육의 가치

미국의 장애인 평생교육 철학은 '동등한 교육의 기회에 의거하여 장애인도 비장애인이 받을 수 있는 질 높은 성인교육을 받을 수 있다.'는 논리에 기초하여 통합된 환경을 강조하고 있다. 미국의 지역사회 대학과 4년제 대학은 비장애인과의 통합을 목표로 장애학생에 대한 고등교육과 장애성인을 위한 성인교육 프로그램을 운영하고 있는데, 이들은 대부분 별도의 장애학생부를 설치하고, 특수교육 전공자와 컴퓨터 공학 전공자를 배치하여 장애인이 필요로 하는 지원을 제공하고 있다. 그리고 직업훈련학교도 특수교육 전공자를 배치하고 장애인을 위해 교과내용이나 장비를 장애에 맞도록 수정한 프로그램을 운영하고 있다(김두영 외, 2019).

미국은 지역사회 내에 주민을 위한 회관을 설치하여 주민이 취미생활이나 자기 발선을 위해 계속교육을 받을 수 있는 강좌를 개설하고 있는데, 이 프로그램에 등록하여 교육을 받는 장애인이 많다. 예를 들면, 장애인은 저녁시간이나 주말을 이용하여 개설되는 스케치, 수채화, 등산, 소설, 컴퓨터, 스피치 등의 다양한 교육 프로그램에 등록하여 비장애인과 함께 일상생활이나 취미생활에 필요한 내용의 교육을 받는다(정동영, 정동일, 정인숙, 2003). 미국의 경우 장애인 평생교육을 위한 별도의 법안이나 국가기관, 국가시설이 존재하지 않으며, 장애인 학습자가 일반 평생교육 범위 안에 포함되어 차별 없이 일반 평생교육 정책 안에서 보호받고 있고, 평생교육 프로그램 참여 역시 장애인 관련 시설이 아닌 일반 평생교육 프로그램을 자유롭게 이용할 수 있는 환경이 구축되어 있다.

독일 역시 '장애인 학습자의 동등한 사회참여와 자기 결정적 삶 영위 및 특수한 욕구를 고려해야 한다.'는 논리를 바탕으로 통합된 평생교육 환경을 강조하고 있다. 이는 비단 미국과 독일에 한정된 이야기가 아니며, 호주와 일본, 영국 등 소위 교육 선진국에서 공통으로 강조하는 것이다(김두영 외, 2019). 일본의 장애인 평생교육에서 지역의 공민관을 주요한 평생교육기관으로 활용하고 있는 바와 같이 그 정책은 지역사회를 중심으로 하고 있다(박성숙, 2005). 이러한 지역사회 중심의 장애인 평생교육은 장애인의 사회통합을 도모하기 위한 것으로 미국이나 독일 등과 같이 정상화 이념을 바탕으로 하는 사회통합의 이념에 따라 이루어지고 있다. 일본의 장애인 평생교육 정책은 다른 나라와 같이 지역사회를 중심으로 장애인의 사회통합을 위해 그들의 직업능력을 회복하고 사회생활 능력을 촉진하는 방향으로 나아가고 있다고 할 수 있다. 또한 일본의 장애인 평생교육 정책은 장애인을 대상으로 별도로 규정하는 내용보다는 일반 평생교육 규정에 따라 이루어지고 있으면서도 장애인의 특성을 고려하여 그들의 사회생활 능력과 직업능력을 촉진하는데 중점을 두도록 규정을 마련하고 있다(송소현 외, 2011).

이처럼 대부분의 교육 선진국은 장애인 평생교육의 궁극적인 가치를 사회적 통합으로 보고 있으며, 이를 위해 통합된 평생교육 환경 제공을 가장 중요한 목표로 설정하고 있다.

2) 국외 장애인 평생교육 지원체계

미국은 1976년 학습기회로부터 소외된 계층에 대한 적극적인 조치의 일환으로 「평생교육법」(Lifelong Learning Act)을 제정하였다. 그리고 「재활법」(Rehabilitation Act, 1973)과 「미국 장애인법」(The American with Disability Act, 1990)에 근거하여 장애인에 대한 차별을 금지하여 장애인 역시 평생교육의 대상임을 명확히 하였다. 특히 반차별 시민법인 「재활법」은 누구나 장애로 인해 불이익을 받지 않도록 하며 특별한 혜택이 아닌 일반적인 접근기회를 공정하게 가질 수 있도록 '적절한 조정(academic adjustment)'을 제공하여야 한다는 의무사항을 포함하고 있다(임은주, 최승숙, 2013). 이는 단순히 교육기회의 확대에만 한정되는 것이 아니라 장애인의 특성과 정도에 따라 모든 교육기관에서 학습자에게 적절한 교육과 지원을 제공해야 함을 의미한다(김두영 외, 2013).

미국의 장애인 평생교육 지원체계 방식은 우리나라와 반대되는 수요자 중심의 상향식 방식을 사용하고 있다. 미국 정부의 역할은 별도의 장애인 평생교육 부서나 기관을 신설하는 것이 아니라 장애인 학습자가 일반 평생교육 환경에서 차별받지 않는 환경을 구성하는 것이다. 미국의 장애인 평생교육은 장애인만을 위한 교육기관이나 과목을 개설하기보다는 지역 내에 주민을 위한 회관이나 지역사회 대학 및 4년제 대학 등 다양한 고등교육기관에서 통합된 환경에서 장애인에게 적합한 프로그램을 개발하고 제공하는데 초점을 두고 있다(Prince & Jenkins, 2005)

호주 역시 미국과 유사한 수요자 중심의 상향식 방식을 사용하고 있다. 호주의 장애인 평생교육 정책은 비차별성과 포괄성을 강조하며 장애인 학습자들이 지역 내 일반 평생교육기관에서 자신이 희망하는 프로그램에 자유롭게 참여할 수 있는 통합적 평생교육 환경을 제공하고 있다. 호주의 장애인 평생교육은 통합과 고용에 초점을 맞추고 있으며 평생교육 정책은 적절한 서비스 제공에의 접근을 보장하는 것이며, 비장애인에 대한 정책과의 차별을 금지하고 가능한 동일한 방식으로 교육하되, 지역사회를 중심으로 개인의 이익을 최대화하는 방향으로 발전해 가고 있다.

일본의 경우에도 「사회교육법」을 통해 장애인 학습자의 평생학습권을 보장하며 별도의 장애인 평생교육기관이 아닌 일반 평생교육기관에서 장애인 학습자에 대한 지원 및 프로그램 참여를 관리하고 있다. 일본의 「사회교육법」은 제1조에 "학교교육법에 따라 학교의 교육과정으로 행해지는 교육활동을 제외하고, 주로 청소년 및 성인에 대해 행하는 조직적인 교육활동"을 사회교육이라 정의하고, 제3조에 "모든 국민이 모든 기회, 모든 장소를 이용하여 스스로 실생활에 부합하는 문화적 교양을 높일 수 있는 환경을 조성하도록 노력하지 않으면 안 된다"고 규정하여 장애인도 이 법의 적용대상이 되어야 함을 밝히고 있다(정인숙 외, 2005). 또한 2001년 21세기 특수교육의 방향성에 관한 조사연구협력자회의의 답신에서는 장애를 가진 사람이 학교졸업 후 지역사회 속에서 자립하고 참여하기 위해서는 교육위원회가 복지관계 기관 및 복지단체 등과 협력함과 동시에 학교가 복지 등의 관계시설과 협력하여 전 생애에 걸친 학습기회의 충실을 도모하고, 장애인을 위한 평생교육을 지원할 필요가 있다고 명기하며, 장애인의 학교졸업 후 평생교육에 관한 구체적인 방침을 최초로 제시하였다(박재국 외, 2013). 일본의 장애인 평생교육은 그 기관의 특성에 따라 다양하게 실천되고 있지만, 기본적으로는 장애인 평생교육을 별도로 구분하지 않고 모든 평생교육에 장애인을 대상으로 한 내용을 포함하고 있으며, 장애인의 요구가 있을 경우 이를 개선 · 보완하여 운영하고 있다.

이와 같은 미국과 호주, 일본의 장애인 평생교육 정책 지원체계는 장애인 학습자가 자신이 필요로 하는 평생교육 프로그램을 자유롭게 선택하여 수강할 수 있는 학습권과 선택권을 보장하고, 정부와 지방자치단체는 장애인 학습자들이 평생교육기관에서 차별받지 않고 참여할 수 있는 환경을 제공하는 역할에 충실하고 있다. 장애인 평생교육 프로그램의 개발 및 운영은 민간기관에 일임하고 지역의 특수성과 참여 학습자의 특성을 고려한 평생교육 프로그램을 개발할 수 있도록 지원하고 있는 것이다.

3) 국외 장애인 평생교육의 가치 및 지원체계의 시사점

현재 우리나라의 장애인 평생교육 지원체계는 국가 및 지방자치단체의 주도 하에 평생교육 범위 · 대상 · 영역 등을 결정하고 일괄적으로 프로그램을 개발하여 보급 · 운영하는 전형적인 국가 주도적인 하향식 방식으로 운영하고 있다. 2016 개정 「평생교육법」에 의해 국가 및 지방자치단체는 국가장애인평생교육진흥센터 및 평생교육진흥원을 통해 장애인 평생교육 프로그램을 개발 · 보급하고 있으며, 각 지방자치단체별 장애인 평생교육기관을 지원 · 관리 · 감독하는 등 중앙집중식의 일률적인 수직적 체계의 구조를 띄고 있다. 이러한 하향식 방식의 장애인 평생교육 지원체계 방식은 학습자와 지역사회의 고유한 특성 및 요구를 반영하지 못한 프로그램을 개발 · 운영하게 된다는 프로그램 개발상의 한계와 장애인 평생교육기관의 전문성을 고려하지 못한 프로그램을 개발 · 운영하게 된다는 한계를 지닐 수밖에 없다.

또한 그동안 우리나라의 장애인 평생교육은 장애인복지관, 장애인주간보호시설, 장애인직업재활시설 등 장애인 복지시설에서 주로 이루어져 장애인 학습자를 위한 통합된 환경 제공과는 거리가 멀었으며, 2016년 개정 「평생교육법」에 의해 국가 및 지방자치단체의 장애인 평생교육에 대한 의무가 강조되었음에도 별도의 '국가장애인평생교육진흥센터'를 설립하여 장애인만을 위한 평생교육 정책을 수립하는 등 장애인 평생교육 정책과 실행 모두 통합된 환경과는 거리가 먼 구조를 띄고 있다.

미국, 독일, 호주, 일본 등과 같은 교육 선진국의 장애인 평생교육 가치와 지원체계는 이러한 우리나라 장애인 평생교육 정책이 앞으로 어떤 방향으로 나아가야 할지에 대해 시사하는 바가 크다. 국외 장애인 평생교육의 가치 및 지원체계를 기반으로 우리나라 장애인 평생교육 정책의 개선 방향을 제시한 여러 연구의 논의들을 정리해 보면 다음과 같다.

첫째, 장애인 평생교육의 일원화된 지원체계가 필요하다. 현행 우리나라 장애인 평생교육은 2016 개정 「평생교육법」에 의해 일반 평생교육을 관장하는 교육부가 관리 · 감독할 책임이 있으며, 장애인 평생교육의 전문성을 위해 국가평생교육진흥원을 비롯한 지역별 평생교육진흥원이 주관하도록 하고 있다. 그러나 장애인 평생교육 관련 정책을 관장하는 국가장애인평생교육진흥센터는 국가평생교육진흥원이 아닌 학령기 특수교육 관련 기관인 국립특수교육원에 소속되어 있다. 뿐만 아니라 대부분의 장애인 평생교육 프로그램이 운영되는 장애인 복지시설 등은 교육부가 아닌 보건복지가족부 소속이다. 결국 장애인 평생교육을 관장하는 정부 부처 및 실행 기관의 상위 기관들이 이원화되어 있는 상황이라 할 수 있다. 이와 같은 상황으로 인해 장애인 평생교육 환경은 통합된 환경으로 나아가기보다는 장애인만을 위한 평생교육 정책을 수립하고 장애인만을 위한 프로그램을 개발하는 등 철저하게 분리된 환경이 지속되고 있다. 장애인 평생교육의 궁극적 가치인 사회통합을 위해서는 가장 먼저 일반 평생교육과 장애인 평생교육을 관장하는 정부부처 및 지원기관 등이 일원화될 필요가 있다.

둘째, 정부가 주도하는 장애인 평생교육 프로그램 개발 · 보급 · 운영 체제에서 지역별 평생교육기관이 주도하는 장애인 평생교육 프로그램 개발 · 보급 · 운영 체제로의 전환이 필요하다. 초기에는 모든 평생교육기관을 대상으로 장애인 평생교육 프로그램을 보급하는 사업이 이루어져 장애인 학습자들의 평생교육 프로그램 참여율을 높이는 것이 중요한 과제이겠으나 이후 점진적으로 모든 평생교육기관의 장애인 학습자에 대한 전문성을 신장시켜 평생교육기관이 자체적으로 지역사회의 특성 및 기관 고유의 특성을 반영한 장애인 평생교육 프로그램을 개발하고 운영하는 방향으로 전환해 나가야 할 것이다. 이를 위해서는 모든 평생교육기관에서 장애인 학습자 대상의 프로그램을 효율적으로 공급할 수 있도록 장애인 전문가를 배치하는 정책도 필요할 것이다.

셋째, 정부 및 지방자치단체는 장애인 학습자들이 모든 평생교육기관에서 자신이 희망하는 평생교육 프로그램을 자유롭게 수강할 수 있는 환경을 조성하는 데 힘써야 한다. 모든 평생교육기관이 장애인 편의시설을 갖출 수 있도록 지원이 필요하며, 장애인 학습자들이 다양한 평생교육기관을 이용할 수 있도록 관련 정보를 제공해 주는 장애인 평생교육 정보망 구축도 필요하다. 아울러 장애인 학습자들이 경제적 어려움이나 이동의 제약으로 인해 평생교육 프로그램에 참여하지 못하는 환경을 제거하기 위해 장애인 학습자 대상 평생교육 프로그램 참여비용 지원 정책과 평생교육 프로그램 참여를 위한 이동지원 및 활동보조

지원 정책 역시 마련되어야 할 것이다.

넷째, 일반 평생교육기관의 장애인 평생교육 관련 역량 강화 정책이 필요하다. 미국, 독일, 호주, 일본 등과 같은 외국의 사례처럼 장애인 학습자들이 일반 평생교육기관에서 자유롭게 평생교육 프로그램을 수강하는 것이 가장 바람직하고 이상적인 정책적 방향이라 할 수 있지만, 현재 우리나라 일반 평생교육기관의 현실을 감안하였을 때는 다소 시기상조라 할 수 있다. 궁극적으로 장애인 학습자들이 비장애인 학습자들과 함께 통합된 환경에서 평생교육 프로그램에 참여하기 위해서는 비장애인의 장애인식 개선 노력과 일반 평생교육기관의 장애인 학습자에 대한 전문성 신장을 위한 노력이 지속적으로 이루어져야 할 것이다.

연구과제

1. 우리나라의 장애인 평생교육 변천과정에서 주요 전환점이 된 사건을 이야기해 봅시다.
2. 장애인 평생교육의 주요 전환점이 된 「장애인 등에 대한 특수교육법」과 2016년 개정된 「평생교육법」의 의의와 한계점을 논의해 봅시다.
3. 우리나라와 국외 장애인 평생교육 지원정책을 비교하여 설명하고 우리나라의 향후 장애인 평생교육 정책의 방향을 논의해 봅시다.
4. 국외 장애인 평생교육의 가치 및 지원체계가 우리의 장애인 평생교육에 시사하는 바를 논의해 봅시다.
5. 외국의 장애인 고등교육이나 평생교육 우수사례를 조사하여 발표해 봅시다.

제2부

장애인 평생교육 프로그램

CHAPTER

05

평생교육 프로그램

학습목표

- 커리큘럼과 프로그램의 차이를 이해하고, 학령기 교육과정과 평생교육 프로그램의 차이점을 말한다.
- 평생교육 프로그램이 내포해야 할 속성을 이해한다.
- 평생교육 프로그램 분류유형과 한계점을 이해한다.
- 현대사회를 살아가기 위한 문해능력의 의미를 이해하고, 장애인 문해교육 운영 시 유의점을 설명한다.
- 평생학습 차원에서의 학력의 의미와 우리나라 학력인정체제에 대하여 고찰한다.
- 직업교육과 평생교육의 개념을 접목시킨 '평생직업교육'의 의미를 이해하고 장애인 직업교육의 문제점을 탐구한다.
- 장애인 문화예술교육, 인문교양교육, 시민참여교육의 의의와 필요성을 이해한다.

Ⅰ 평생교육 프로그램의 이해

1) 평생교육 프로그램의 개념

프로그램(program)은 미리 쓴다는 뜻을 지닌 용어로 라틴어에서 유래된 말이다. 17세기 당시 프로그램은 운동회의 순서, 연주곡목 순서 등을 미리 짜놓은 것을 의미하는 말로 사용되었다. 이처럼 프로그램의 사전적 의미는 진행 계획이나 순서, 계획, 차례, 혹은 연극이나 방송 따위의 진행 차례나 진행 목록을 말한다. 그러나 이러한 프로그램의 의미는 일상적 의미이며 교육적 혹은 평생교육적 차원에서 프로그램의 의미는 차이가 있다.

일상적 의미에서 프로그램은 기관 혹은 개인이 진행할 활동을 시간과 장소에 따라 계열적으로 정리해 놓은 청사진, 지침서, 혹은 계획서다. 이에 비하여 교육적 의미에서 프로그램은 학습자의 가치, 기술, 태도에 의미 있는 변화를 가져올 수 있도록 계획적이고 과학적인 교수방법이 활용된 교육활동이다. 평생교육 프로그램은 교육내용, 교육방법, 교육활동, 교육 매체 등을 총괄적으로 명시한 일련의 학습활동 지침서이다(박경실 외, 2013).

이러한 교육 프로그램은 일회적 모임일 경우도 있으며, 1년 혹은 그 이상의 장기간에 걸친 교육 프로그램일 수도 있다. 또한 공간적인 측면에서도 어느 교육기관의 하나의 과정일 수도 있으며, 전체 지역사회를 포괄하는 교육활동일 수도 있다. 이렇듯 프로그램이란 지역사회에서 이루어지는 성인들의 모든 교육적 활동, 기관의 평생교육을 위한 모든 능력과 자원을 모두 포괄하는 개념이다. 교육적 의미의 프로그램은 매우 유연성을 가진 용어이기 때문에 한 마디로 정의하기는 어렵지만, '특별한 교수목표를 달성하기 위하여 계획된 학습경험의 연속'을 의미한다고 볼 수 있다(이화정, 양병찬, 변종임, 2014).

프로그램과 유사한 용어로 커리큘럼 혹은 교육과정이라는 용어를 사용하기도 한다. 커리큘럼은 일정한 목표를 향해 학습자의 행동이 변화하도록 사전에 체계화시켜 놓은 교육내용을 의미한다. 커리큘럼은 의도된 학습결과의 구조화된 연계(기영화, 2009) 즉, 사전에 설정해 놓고 목표를 향해 학습자가 일정한 변화를 유발할 수 있도록 교수자와 전문가가 제공하는 지식, 정보, 기술 등 관련 내용을 체계화 시켜 놓은 것을 말하며, 일반적으로 학교 등의 공식교육조직에서 사용된다.

커리큘럼이 공교육 제도권 내의 학습활동을 위한 계획을 의미하는 반면, 평생교육적 의미에서 프로그램은 제도권 외의 모든 학습활동까지를 포함하는 광범위한 의미이다. 평생교육적 의미에서 프로그램이란 일정한 기간 동안 사전에 계획했던 학습결과를 성취하기 위해 체계적으로 설계한 조직화된 일련의 학습내용, 학습활동, 학습방법의 통합된 실체를 말한다(Rothwell & Cookson, 1997).

커리큘럼은 교과목에 관심을 두고, 학습결과가 점수로 평가되어 학점으로 취득되며, 교육과정 설계가 전문가에 의해 이루어짐으로써 학습자의 참여가 배제된다. 그러나 프로그램은 학습자의 요구와 문제를 중심으로 전체 교육과정 설계에 학습자의 참여가 중시되고, 학습자의 경험을 학습활동에 최대한 활용하며, 학습자의 요구에 즉각 부응한다(Niemi & Nagle, 1977).

〈표 5-1〉 커리큘럼과 프로그램 비교

구분	커리큘럼	프로그램
개념	구체화된 목적을 성취하기 위해 의도적으로 기회를 찾아 학습하는 구조화된 개념	커리큘럼보다 훨씬 넓은 의미를 가지며 교육대상과 전문 성인교육자가 참여함으로써 모든 활동의 결과로서 생겨남
주요 관심	교과목 위주	개인적 문제와 요구
학점	학점화	비학점화
설계자	교수자	학습자와 평생교육사
주제	전문가에 의해 학습자에게 필요하다고 판단되는 지식, 기술, 태도, 가치 등	학습자의 특정한 요구나 문제해결에 도움이 되는 것

구분	커리큘럼	프로그램
초점	내용 중심	문제과제 중심
장점	학습목표나 활동이 제시되며 학습내용이 체계적이고 조직화된 계열성을 지님	학습자의 개인적 경험을 최대한 이용하며 이를 통해 요구에 즉각 부응함

출처: 권양이(2013). 청소년 프로그램 개발과 평가

평생교육은 학교교육체계와는 달리 단순히 학습자 개인만을 대상으로 프로그램을 제공하지는 않는다. 개인학습자, 조직 혹은 집단, 그리고 지역사회 등 보다 광의의 고객 및 학습체계를 그 대상으로 한다. 평생교육은 고객 및 학습체계(개인학습자, 조직 및 집단, 지역사회)에게서 일정한 변화를 기대하고 프로그램을 제공하고 있다. 이 때문에 평생교육 프로그램의 목적은 개인학습자, 조직 및 집단 그리고 지역사회 등 고객 및 학습체계에 따라 다르다(Caffarella, 1998).

개인학습자의 변화는 학습자의 성장과 개발 촉진, 학습자의 실제적 문제해결 보조, 그리고 학습자의 현재와 미래의 직업기회 준비 등에 초점이 맞추어진다. 이러한 변화는 새로운 지식과 정보의 습득, 기술 및 기능의 숙달, 그리고 가치관과 태도의 전환 등이라는 학습 결과를 통해 이루어진다. 그러므로 개인 학습자의 변화를 목적으로 하는 평생교육 프로그램은 학습자의 성장과 개발, 문제해결, 직업기회 준비와 관련된 내용에 초점이 맞추어져야 할 것이다.

조직체의 변화는 조직체의 목표 및 과업 성취, 조직체의 문제해결 지원, 조직체의 변화에의 적응 보조 등에 초점이 맞추어진다. 이러한 변화는 새로운 정책, 개정된 절차, 방식 등을 통해 이루어진다. 그러므로 조직체의 변화를 목적으로 하는 평생교육 프로그램은 조직체의 목표 및 과업 성취, 조직체의 변화에의 적응과 관련된 내용에 초점이 맞추어져야 할 것이다.

지역사회의 변화는 지역사회 주민의 공동체 함양, 지역사회의 다양한 문제해결 기회 제공, 지역사회의 삶의 질 향상 등에 초점이 맞추어진다. 이러한 변화는 지역사회 주민의 개별적인 태도 변화를 강조하는 프로그램보다는 집합적인

태도의 변화를 강조함으로써 가능하며, 또한 지역사회의 문제를 해결할 수 있는 다양한 프로젝트의 추진을 통해 가능하다. 그리고 그 지역의 발전과 관련된 내용들이 연구되고 활용될 수 있을 것이다. 이처럼 평생교육 프로그램은 학교교육과 달리 다양한 대상과 그 지역을 위한 목적이 포함되고 있으며 단순한 지식전달을 넘어서서 개인과 집단의 개발 활동까지도 연장된다.

그러므로 평생교육 프로그램은 학교교육의 정규과정과도 구별되며 개인 및 집단과 지역사회를 대상으로 하면서 동시에 이들이 서로 연관된 실생활에 대한 변화와 발전을 촉진하는 계기를 만드는 것이다. 즉, 평생교육 프로그램이란 지역사회의 교육문제를 인식하고, 그것을 해결하기 위한 교육계획을 수립하여 그 계획의 목표를 효과적으로 달성하기 위해 실천하는 구체적이고도 총제적인 평생교육활동을 의미한다(기영화, 2009).

기술의 진보로 인한 인간의 노동시간 단축과 여가시간의 증가, 정보사회의 발달로 인한 정보의 풍요, 생명과학의 성장으로 인한 인간의 평균수명 증대로 현대사회에서 평생교육의 유용성은 점차 증가하고 다양해졌으며, 이는 평생교육 프로그램의 유용성과 요구 증가로 이어지고 있다. 현대사회에서 평생교육 프로그램이 내포해야 할 속성은 다음과 같다(박경실 외, 2013). 첫째, 여가와 학습이 구분되기보다는 하나로 통합되어 여가와 학습이 동시에 달성되어야 한다. 둘째, 평생교육 프로그램은 지속적이고 빠른 변화를 경험하고 있는 사회에 능동적으로 대처하고 생존능력을 배양할 기회가 되어야 한다. 셋째, 평생교육 프로그램은 개인의 욕구는 물론 지역사회가 직면한 문제해결에 능동적이어야 한다. 넷째, 교육기회가 균등하게 제공되어야 한다.

2) 평생교육 프로그램 분류유형

평생교육 프로그램 분류란 평생교육 프로그램에 관한 정보를 효율적으로 교환하기 위하여 프로그램들을 일정한 기준에 따라 체계적으로 분류하는 것을 의미한다. 평생교육 프로그램 분류는 많은 학자들에 의해 오랫동안 관심의 대상이 되어 왔으나 평생교육 프로그램의 종류를 누구나 인정할 수 있는 합리적인 기준에 의하여 분류한다는 것은 그리 쉽지 않은 일이다. 왜냐하면 프로그램 분류는 평생교육의 목적, 평생교육의 속성, 학습자 혹은 고객의 변화 영역, 활동 수준, 시간 등과 같은 준거들에 따라 달라질 수 있기 때문이다. 이에 많은 학자들은 아주 오래 전부터 프로그램 분류에 대한 관심을 가져왔으며, 학자에 따라 다양한 방법으로 평생교육 프로그램 분류를 시도해 왔다.

〈표 5-2〉 평생교육 프로그램 분류유형

구분	분류유형	
Busky(1966)	① 정보와 지식의 획득 · 이해 ③ 상황의 분석과 탐색 ⑤ 개인 가치의 통합 프로그램	② 특별한 상황에서 지식의 적용 ④ 성과 계획의 종합과 창조
Schroeder(1980)	① 기관중심 프로그램 ③ 절충식 프로그램	② 고객중심 프로그램
Boyle(1981)	① 개발형 프로그램 ③ 정보형 프로그램	② 제도형 프로그램
Long(1983)	① 지역사회 수준 프로그램 ③ 활동 프로그램	② 기관 수준 프로그램
Griffin(1987)	① 시장 지향 프로그램	② 서비스 지향 프로그램
Knox & Savicevic (Knox, 1987)	① 문해교육 ③ 노동자 ⑤ 직업적, 그 외 것들 ⑦ 건강 ⑨ 개인	② 농업 ④ 전문적, 기술적 ⑥ 중등교육 ⑧ 가족 ⑩ 시민권
이현청(1993)	① 기술중심 프로그램 ③ 태도중심 프로그램	② 이해중심 프로그램
유네스코 아 · 태지역 사무처(1998)	① 문해 후 교육프로그램 ③ 삶의 질 향상 프로그램 ⑤ 개인적 욕구충족 프로그램	② 학력인정 프로그램 ④ 소득증대 프로그램 ⑥ 미래지향 프로그램

구분	분류유형	
한국교육개발원 (2003)	① 성인기초교육 ③ 인증교육과정 ⑤ 자기개발과정(교양 · 취미 · 건강 · 외국어 등)	② 시민성 및 사회의식 함양교육 ④ 직업/기술/직무/경력교육
김창환(2007)	① 인문계열 ③ 교육계열 ⑤ 공학계열 ⑦ 예 · 체능계열	② 사회계열 ④ 자연계열 ⑥ 의약계열
평생교육법(2007)	① 학력보완교육 ③ 직업능력향상교육 ⑤ 문화예술교육	② 성인기초 · 문자해득교육 ④ 인문교양교육 ⑥ 시민참여교육
김진화 · 고영화 (2009)	① 기초문해교육 ③ 직업능력교육 ⑤ 문화예술교육	② 학력보완교육 ④ 인문교양교육 ⑥ 시민참여교육

출처: 고영화(2011). 대학평생교육 프로그램 분류체계와 특성분석.

일찍이 Busky(1966)는 평생교육 프로그램 분류를 정보와 지식의 획득(Acquisition and Comprehension of Information or Knowledge), 특별한 상황에서 지식의 적용(Application of Knowledge to Particular Situations), 상황의 분석과 탐색(Analysis or Exploration of Situations), 성과 계획의 종합과 참조(The Synthesis or Creation of Plans of Products), 개인 가치의 통합 프로그램(Intergration of Personal Values Program) 총 5개의 영역으로 분류한 바 있다. Schrodeder(1980)은 프로그램 체계를 준거로 기관중심 프로그램(agent centered program), 고객중심 프로그램(client centered program), 절충식 프로그램(hypothetical program types)으로 구분한 바 있다. 이러한 분류는 평생교육의 프로그램이 누구를 위해 혜택을 주느냐에 따라 분류하는 방식이다.

Boyle(1981)는 이제까지 성인교육의 현장에서 수행된 프로그램을 정보형 프로그램(informational program: 정보 제공 및 안내 중심의 프로그램), 제도형 프로그램(institutional program: 프로그램의 내용과 형태가 고정되어 있는 프로그램),

개발형 프로그램(developmental program: 프로그램의 내용이 지속적으로 개발되도록 열려진 프로그램)의 3가지 유형으로 분류한 바 있고, Long(1983)은 프로그램 수준을 준거로 지역사회 수준 프로그램, 기관 수준 프로그램, 활동 프로그램 3개 영역으로 분류하였으며, Griffin(1987)은 평생교육 프로그램의 성격에 따라 시장지향 프로그램(adult education program of market), 서비스지향 프로그램(adult education program of service orientation) 3개 영역으로 분류한 바 있다.

우리나라도 평생교육 프로그램 분류를 시도한 연구는 많다. 이현청(1993)은 평생교육 프로그램을 기술중심 프로그램, 이해중심 프로그램, 태도중심 프로그램 3개의 영역으로 분류하였고, 최돈민(1999)은 평생교육 프로그램을 시민/경제 생활교육, 자녀지도 교육, 학력인정 교육, 자격증 취득, 취업, 건강/보건/스포츠, 기초교양, 취미오락 여가 등 8개 영역으로 구분하였으며, 김기홍의 연구(2001)에서는 시민의식교육, 기술직업, 직무개선연수, 외국어 관련, 건강보건 스포츠, 기초교양 문화, 취미오락 여가 등 7개 영역으로 구분하였다. 이후에도 조진일(2002), 이희수(2002), 최돈민 외(2003), 이해주, 윤여각, 전도근(2004), 한국교육개발원(2005), 김창환 (2007) 등이 다양한 평생교육 프로그램 분류유형을 제시하였다.

하지만 2007년「평생교육법」이전의 평생교육 프로그램 분류유형은 수행성이 전제되지 못한 채 학문의 계열성에 초점을 두거나 여러 가지로 존재하는 프로그램 요소 중 특정 하나의 기준만을 선정하여 평생교육 프로그램 분류를 수행함으로써 분류에 한계를 초래하였다. 그리고 분류를 수행하는데 있어 어떤 이론적 준거나 원칙 혹은 방법에 의해 분류를 수행하기보다는 연구자의 주관에 의해 분류를 수행함으로써 체계적으로 분류를 수행하지 못하게 되고, 분류를 수행하는 과정에서 오류를 범할 수 있었다(고영화, 2011).

이에 김진화, 고영화(2009)는「평생교육법」에서 제시한 평생교육 프로그램의 6개 영역에 근거하여 평생교육 프로그램의 대분류 유형을 6개 영역으로 제시하고, 분류 영역별 개념 및 범위를 명확히 하는 동시에 각 영역별 세부 분류를 상세하게 하여 '한국 평생교육 프로그램 분류체계'를 개발하였다. 이러한 분류는 분류원칙 및 방법이 체계적으로 구성되어 있어 현재까지 국가 및 지방자치단체 차원의 평생교육 통계는 물론 평생교육 프로그램 관련 연구에서 활용되고 있다.

2 평생교육 프로그램 6개 영역

우리나라 「평생교육법」은 평생교육의 영역을 학력보완교육, 성인 문자해득 교육, 직업능력 향상교육, 인문교양교육, 문화예술교육, 시민참여교육으로 제시하여 평생교육 프로그램 분류의 근거가 되고 있다. 영역의 사전적 의미는 활동, 기능, 효과, 관심 따위가 미치는 일정한 범위를 말하며, 따라서 평생교육법에 제시된 평생교육 프로그램 6개 영역은 평생교육이 미치는 일정한 범위를 말한다고 할 수 있다(김두영, 2013). 여기에서는 평생교육 프로그램 6개 영역의 개념과 장애인 평생교육에서 각 프로그램의 의미를 간략히 살펴보고자 한다.

1) 기초문해교육

문해능력은 단지 글을 읽고 쓸 줄 아는 능력이 아니라, 일상생활을 영위하는데 필요한 기본적인 능력으로서, 우리 모두가 사회를 살아가는데 반드시 갖추어야 할 생애기초능력이다(교육부, 국가평생교육진흥원, 2013). 「평생교육법」에서도 '문해'(제2조 제3항)를 일상생활을 영위하는데 필요한 문자해득 능력을 포함한 사회적 · 문화적으로 요청되는 기초생활 능력으로 정의하고 있다(국가평생교육진흥원, 2015). 따라서 문해교육은 비문해자가 한글을 읽고 쓸 수 있는 문자해득능력을 체계적으로 지도하는 프로그램은 물론, 문자해득 후 한글을 응용하여 직면한 문제를 해결하고 주어진 과업을 수행할 수 있는 문해활용 능력을 개발하도록 지원하는 프로그램을 포함한다(김진화, 고영화, 2009).

문해의 수준은 비문해, 반문해, 기초문해, 기능문해로 나누어 볼 수 있다. 비문해는 읽지도 쓰지도 못하고, 사칙연산도 전혀 못하는 수준을 말하고, 반문해는 자기 이름이나 간단한 단어를 읽기는 하나 쓰지는 못하며, 덧셈과 뺄셈 정도만 할 수 있는 수준이다. 기초문해는 일상생활에서 간단한 문장을 이해함과 동시에 읽을 수도 있고 이해할 수 있으며, 자녀나 친구에게 간단한 편지를 쓸 수 있는 정도의 수준을 말하며, 기본적인 사칙연산을 할 수 있는 능력을 말한다. 한편 기능문해는 구청, 동사무소, 은행 등을 방문할 때 자유롭게 창구에서 신청서를 기입하고 스스로 모든 용무를 볼 수 있는 수준을 말한다. 이에 더하여 정치집회, 강연회, 기타 평생교육강좌에 참석하는데 필요한 지식과 의사소통 기능을 갖추고 있는 상태를 뜻한다. 또 가감승제뿐만 아니라 회계업무도 볼 수 있는 능력을 포함한다.

교육부와 국가평생교육진흥원에서는 성인 기초 생활문해 수준 진단을 통한 국민의 계층별 · 연령별 · 지역별로 균형 잡힌 문해교육 기회 제공을 위한 정책과제를 개발하기 위하여 3년을 주기로 '성인문해능력조사'(2014년 1차 조사)를 실시하고 있다(국가평생교육진흥원, 2014). 이는 다양화되고 확대된 문해 개념을 반영하고 우리나라 성인의 문해력을 정기적으로 정확하게 측정하기 위함이며, 2차 조사(2017년)와 3차 조사(2020년)에서도 1차 조사와 마찬가지로 문해능력 수준을 1~4 수준으로 구분하였다. 수준 1은 일상생활에 필요한 기본적인 읽기, 쓰기, 셈하기가 불가능한 수준으로 초등 1~2학년 정도의 학습이 필요하며 비문해라 볼 수 있다. 수준 2는 기본적인 읽기, 쓰기, 셈하기는 가능하나 일상생활을 영위하기에는 미흡한 수준으로 초등 3~6학년 정도의 학습이 필요한 수준이라고 할 수 있다. 수준 3은 가정생활과 여가생활 등 단순한 일상생활의 문제를 해결할 정도의 문해력은 있으나 공공생활과 경제생활 등 복잡한 일상생활의 문제해결에는 미흡한 수준으로 중학 1~3학년 정도의 학습이 필요한 수준을 의미하며, 수준 4는 일상생활에 필요한 충분한 문해력을 갖춘 수준으로 중학 학력 이상 수준이라 할 수 있다. 이와 같은 문해능력의 구분을 근거로 살펴볼 때, 문해교육은 가정생활, 여가생활, 공공생활, 경제생활 등 일상생활에서의 읽기와 쓰기, 그리고 간단한 문장을 이해하는 정도의 기초적인 문해 역량 함양을 위한 교육을 말한다. 또한 버스의 방향 표시나 간단한 안내문을 읽고 이해할 수 있으며, 간단한 편지를 쓸 수 있고, 기본적인 가감승제를 할 수 있는 능력을 갖출 수 있도록 지원하는 평생학습의 한 영역이라고 정의할 수 있다.

문해의 개념은 문해교육의 역사 속에서 끊임없이 변화 혹은 확장해 왔다(양명희, 2013). 과거에는 단순한 문자의 해득 능력이나 읽기, 쓰기, 셈하기 능력의 수준을 '문해'라고 보았으나, 최근에는 문화문해, 가족문해, 정보문해, 금융문해 등 새로운 문해 영역이 등장하기 시작하였으며(허준, 이지혜, 채재은, 2017), 문해교육에 대한 실천적 · 학술적 관심도 한국어교육, 미디어교육, 정보화교육, 미술교육, 무용교육으로 확장되고 있다(김양은, 2005; 변종임, 이경아, 2006; 안인기, 2014; 옥현진, 2013; 채향순, 2015). 정보화시대의 도래로 온라인 공간에서의 전자적 글쓰기와 글 읽기라는 정보문해와 컴퓨터문해에 대한 요구(손준종, 2000), 정치 · 경제 언어의 습득과 정치 · 경제적 상징체계들에 대한 정치문해와 경제문해에 대한 요구(허준, 이지혜, 채재은, 2017) 등 현대사회에 들어 '문해 실천'들도 복잡한 양상으로 나타나고 있다.

한편 교육부와 국가평생교육진흥원은 비문해 · 저학력 성인을 위해 지난 2006년부터 '성인문해교육 지원사업'을 추진하고 있다. 성인문해교육 지원사업은 크게 3가지 차원에서 추진되고 있다. 첫째, '문해교육 인프라 조사' 사업으로 성인문해교육 프로그램 운영 지원과 지역거점기관 육성에 역점을 두고 있다. 둘째, '성인 학습자 학력인정체제 구축' 사업으로 문해교육 교원 양성과 성인 교육과정 및 교과서 개발을 추진하고 있다. 셋째, 성인문해교육 필요성에 대한 인식제고 및 문해교육 학습자 참여 촉진을 위해 '성인문해교육 홍보' 사업을 추진하고 있다. 이 중에서 성인 학습자 학력인정체제 구축 사업은 「평생교육법」 40조에 의거해 18세 이상 성인 학습자가 시 · 도교육청이 설치 또는 지정한 문자해득교육 프로그램을 이수하고 학력충족 여부 심사를 거쳐 초등 · 중학교 학력을 인정받는 제도이다(교육부, 국가평생교육진흥원, 2013).「평생교육법」제49조에 초등·중학교 문해교육 프로그램을 이수할 경우 그에 상응한 학력을 인정하는 '문해교육 학력인정제도'를 규정함으로써 저학력 성인 학습자가 검정고시를 보거나 학력인정 각종 학교에 진학하지 않고서도 '문해교육의 연속성'을 유지하면서 학력을 취득할 수 있는 길이 열린 것이다(이지혜, 채재은, 2015).

그러나 기존의 문해교육 학력인정제도는 장애인을 대상으로 활용하기에 여러 가지 한계점이 존재한다. 아직 장애인 평생교육의 문해교육은 표준화된 교육과정 편제와 시간 기준을 마련하지 못하였고, 장애인 문해교육 담당자의 자격 요건에 관한 논의도 부족하며, 장애인 학력인정 문해교육기관도 턱없이 부족하다. 그렇다 보니 장애인들이 학력인정을 받기 위해서는 일반 비장애성인 학력인정 문해교육기관에서 정해진 교육과정을 성실히 이수하거나 학력인정을 위한 별도의 검정 시험을 통과해야 했다.

이에 교육부는 2020년 12월 30일 저학력 장애인의 학력취득 지원을 위해「초등·중학 문해교육 기본 교육과정」고시를 제정하였다. 이번 고시안은 검정고시나 기존 학력인정 문해교육 교육과정을 적용하기 어려운 만18세 이상의 저학력 장애인의 초등·중학 학력 인정을 위해 마련되었다. 고시안이 2022년 3월 시행되면, 장애성인은 시도교육청이 설치·지정하는 장애인 문해교육 프로그램을 운영하는 기관에서 교육과정을 이수 후 교육청의 심사를 거쳐 초·중등 학력을 취득할 수 있다. 하지만 이 또한 여러 가지 우려가 제기되고 있는 상황이다.

우리나라 장애인의 경우 고등학교까지 법적으로 의무교육을 보장하고 있음에도 불구하고 전체 장애인의 55.2%가 중졸 이하의 학력을 소지하고 있다. 학력이 문해능력의 절대적인 기준이 되는 것은 아니지만, 문해능력의 향상을 위해서는 꾸준한 문해 환경에의 노출과 지속된 교육을 통한 문해능력의 향상이 필요하다고 볼 때(국립국어원, 2008), 학력이라는 요소는 매우 중요한 기준이 될 수 있다. 이러한 측면에서 본다면 결국 학력 수준이 낮은 장애인들은 문해능력이 낮을 것임을 예측할 수 있다. 더욱이 다양한 문해 환경을 쉽게 접할 수 있는 비장애인에 반해, 장애인들은 장애로 발생하게 되는 경제적인 어려움 혹은 사회적인 장벽 등 다양한 이유로 인해 자연스럽게 문해 환경과 접할 수 있는 기회가 적어 자연스러운 문해 기술의 습득이 어렵다는 점 또한 장애인들의 낮은 문해능력을 예측할 수 있게 한다(박은송, 2010). 결국 정보화시대를 살아가는 장애성인에게 낮은 문해능력은 문자를 매개로 한 많은 지식과 정보의 원활한 습득을 어렵게 함은 물론 지식과 정보를 기반으로 한 직업활동, 여가활동, 지역사회활동 등 다양한 사회참여에 있어 제약을 가지게 된다.

장애성인에게 문해교육은 배움의 기회를 제공함으로써 행복감 및 삶의 질을 높일 수 있는 기회를 갖게 해 준다(신보희, 안성우, 신창숙, 2014). 또한 장애성인의 문해교육은 경제적인 측면에서의 자급자족, 스스로의 독립생활, 지역사회에의 적응, 시민으로서의 참여, 사회적 통합을 이루기 위한 차원에서 반드시 필요하다(곽승철 외, 2010).

2) 학력보완교육

학력의 사전적 의미는 학교나 여타 교육기관에서 일정 기간 특정 교과목을 학습해서 얻은 지식 · 기능의 양이나 정도를 말한다. 여기에서의 학력은 학습의 결과로서 획득한 학력(學力)을 의미한다. 하지만 교육 현장이나 제도적 측면에서의 학력은 학교를 다닌 경력 혹은 교육을 받은 경력을 말하는 경우가 많다. 이때 학력은 학교 이력인 학력(學歷)을 의미한다. 하지만 학력인정에 관한 대부분의 논문(박영수, 박덕수, 2017; 염철현, 2009; 이헌태, 2002; 이재은, 2016; 이지혜, 채재은, 2015; 임철, 2005)에서 학자들 간에 합의된 학력인정 개념에 대한 규정이나 학자 개인의 조작적 정의를 제시하지 않은 채 학력인정의 실태나 개선방안 등에 대해 논의하고 있다. 또한 학력인정과 관련된 현행 법률에서도 학력인정의 개념 규정 없이 학력인정 조항들만 제시하고 있다(이혜영 외, 2009).

학력인정과 관련된 법령에서 학력인정제도의 내용을 다룰 때, 그 학력을 '學

力'으로 표기하고 있다. 예를 들어, 법제처에 탑재된 학력인정 관련 법령 내용을 한자로 바꾸어 열람해 보면 학력을 '學力'으로 표시한 것을 확인할 수 있다. 실제로 학력인정에 관한 법규 내용으로서 「초 · 중등교육법」 제43조(입학자격 등) 제1항을 한자로 바꾸어 열람할 경우 '중학교에 입할 수 있는 자는 초등학교를 졸업한 자 또는 법령에 의하여 이와 동등 이상의 學力이 있다고 인정된 자로 한다.'고 되어 있다(김성기, 2011). 반면, 실질적인 내용을 살펴보면 학교이력으로서의 학력(學歷)에 관한 내용들로 구성되어 있는 것을 확인할 수 있다. 즉, 「초 · 중등교육법」에서는 일정 교육기간과 교육과정을 이수하기만 하면 교육과정 이수자로서 갖추어야 할 능력을 갖추었는지 여부와 관계없이 학력을 인정함으로써 학력인정제도가 학교를 다닌 이력으로서의 학력(學歷)을 인정하는 기제로 작용하고 있다.

학제에 관한 현행 법령에 있어 학력인정제도는 학습자들이 획득한 학업능력으로서의 학력(學力)을 실질적으로 인정하지 않고, 형식적으로 학교 이력으로서의 학력(學歷)을 주로 인정하고 있다. 「초 · 중등교육법」 제43조, 제47조는 각각 중학교, 고등공민학교, 고등학교, 고등기술학교의 입학 자격을 규정하고 있다. 제43조 제1항은 '중학교에 입할 수 있는 자는 초등학교를 졸업한 자 또는 법령에 의하여 이와 동등 이상의 학력이 있다고 인정된 자로 한다.'고 규정하고 있으며, 제47조 제1항은 '고등학교에 입할 수 있는 자는 중학교를 졸업한 자 또는 법령에 의하여 이와 동등 이상의 학력이 있다고 인정된 자로 한다.'고 규정하고 있다. 또한 「초 · 중등교육법 시행령」 제96조부터 제98조에는 학력인정에 대한 규정이 제시되어 있는데, 각 조의 제1항을 살펴보면 다음과 같다.

〈표 5-3〉「초 · 중등교육법 시행령」 제96조~제98조의 각 제1항

제96조	(초등학교 졸업자와 동등의 학력인정) ① 다음 각 호의 어느 하나에 해당하는 사람은 상급학교 입학 시 초등학교를 졸업한 사람과 같은 수준의 학력이 있다고 본다.
제97조	(중학교 졸업자와 동등의 학력인정) ① 다음 각 호의 어느 하나에 해당하는 사람은 상급학교 입학 시 중학교를 졸업한 사람과 같은 수준의 학력이 있다고 본다.
제98조	(고등학교 졸업자와 동등의 학력인정) ① 다음 각 호의 어느 하나에 해당하는 사람은 상급학교 입학 시 고등학교를 졸업한 사람과 같은 수준의 학력이 있다고 본다.

출처: 법제처국가법령정보센터(www. law.go.kr)

이와 같이 우리나라의 학력인정 개념은 상급학교 입학자격 부여라는 의미로 사용되고 있음을 알 수 있다. 즉 상급학교에 입학할 수 있는 교육 자격이 있음을 확인하여 공인하는 것이 학력인정의 개념인 것이다(이혜영 외, 2009).

이와는 다르게 평생학습은 사회를 구성하는 모든 개인이 평생에 걸쳐 자신이 원하는 영역의 지식과 이를 습득하기 위한 능력을 향상하기 위해 행하는 모든 의도적 학습활동을 의미하므로(OECD, 2003), 평생학습 차원에서의 학력은 새롭게 배우는 능력, 즉 스스로 의욕적으로 학습하는 능력과 습관, 창조적으로 학습하는 능력, 학습을 계획하고 발전시키는 기능 등의 학습능력을 의미한다고 볼 수 있다. 따라서 평생학습 차원에서의 학력은 학교 교육의 틀에 한정되어 학습의 경력만을 의미하는 학교 교육에서의 학력의 개념과는 분명한 차이가 있다.

실제 평생학습 현장에서는 21C 지식기반사회의 대두와 더불어 직장에서의 일과 학습의 공존, 가정에서의 가사노동과 학습의 공존, 문화공간에서의 향유와 학습의 공존 등 개인의 모든 시간과 공간에서 나타나는 다차원적인 학습형태를 고려하여(김태영, 2014), 학력을 학교 외, 그리고 학교 졸업 후의 교육에 대한 학습에 이르기까지 학교 교육 체계 밖의 인생 · 생활 · 지역 · 노동에 대한 체험학습을 포함하는 광범위한 영역의 개념으로 정의하고 있다(허정무, 2002).

이에 학교 교육에서의 학력과 평생학습에서의 학력이 비록 동일한 용어를 사용하고 있을지라도, 학교 교육에서 다루어지는 학력과 평생학습에서 다루어지는 학습능력 간에는 구조적인 차이가 존재하며, 지구화 사회, 지식기반경제사회, 탈근대주의 가치 아래에서 학교 교육은 더 이상 최적의 교육 형태라고 말하기 어려울 것이다. 따라서 학력에 대한 개념과 학력인정에 대한 목적 역시, 전통적 학교 교육 형태에서 평생학습 차원의 형태로 전환될 필요가 있다(한숭희, 2004).

또한 양적인 학력에서 질적인 학력으로의 발전과 학교 교육 차원의 학력에서 평생학습 차원의 학력으로의 확대는 학교 교육 패러다임 안에서 달성할 수 있는 과제가 아니므로 이제부터는 학교 교육이 지는 시 · 공간의 구조적 한계를 넘어 평생학습 체제로의 여행이라는 의미에서 개념에 대해 평생학습 차원에서 논의해야 할 필요가 있다.

성인기에는 직업 생활이 중심이 되고, 그와 동시에 가정생활 및 시민 생활의 중요한 책임이 증가하는 등 발달과업이 많은 시기이다. 성인들은 직업인으로서 직업적 지식 · 기술 · 기능을 체득하여 숙달시키고 그 책임을 완수해야 한다. 이를 위해서는 시스템적인 사고(체계적인 접근), 문제해결 기능, 실험적인 탐구 및 협동심에 관한 직업기능이 요구된다.

한편 가족구성원 및 시민으로서 성인은 상호학습을 통해 주체적이고 자기 주도적, 경험 축적형 중심의 학습을 촉진할 필요가 있다. 1996년 UNESCO는 평생학습의 네 가지 기둥에 대해, 알기 위한 학습(Learning to Know), 행동하기 위한 학습(Learning to Do), 다른 사람과 같이 더불어 살기 위한 학습(Learning to Live Together, Learning to Live with Others), 존재하기 위한 학습(Learning to Be)의 목표와 그 목표달성에 요구되는 제반 능력을 제시한 바 있다(UNESCO, 1997).

평생교육 프로그램에서는 학습의 결과를 나타내는 용어로 학력이라는 용어 대신에 학습 성과(learning outcomes)라는 용어를 사용한다. 학교 교육에서 말하는 학력은 기본적으로 교육과정 지침서와 학교 교육이 목표로 하는 지식과 기능, 태도에의 도달, 즉 학업의 달성과 관계되어 있다. 이와는 달리 평생학습을 통해 습득되기를 기대하고 있는 것은 변화하는 개인의 생애주기와 개인을 둘러싼 사회 환경에 창조적으로 적응하면서 사회활동에 참가하는 개인에게 기대되는 의무와 책임을 수행할 수 있는 능력이다. 이것이 일반적으로 기능적 문해(functional literacy)로 지칭되며, 그 내용과 수준은 해당 개인이 사는 시대와 속해 있는 사회에 따라 차이가 있으며 유동적이다.

따라서 평생교육 프로그램에서의 학력보완교육은 학력인증을 목적으로 한 학교 교육 중심의 부분적인 보완과 개선을 초월한, 학교 교육과 사회교육 그리고 이외의 학습도 포함하는 새로운 평생학습체제라는 패러다임이 강조되어야 한다. 이를 위해서는 학력보완교육이 단순히 학력인증을 위한 학교 교육의 반복보다는 문제를 스스로 발견하고 해결하는 능력, 평생학습시대에 대처하기 위한 기초 · 기본 능력, 스스로 의욕적으로 배우고 생각하는 생활능력을 개발하는 데 중점을 두어야 한다(Project Literacy Victoria, 2001; O'Banion, 1997).

하지만 장애인 평생교육 현장에서 학력보완교육은 「초 · 중등교육법」과 「고등교육법」에 명시된 소정의 학력을 인정받고자 하는 장애인 학습자들이 참여하는 평생교육 영역으로, 학력 인정을 위해 한국교육과정평가원에서 고시한 교육과정과 고시과목을 중점으로 운영되고 있다. 장애인 평생교육 프로그램에서 학력보완교육 프로그램의 비중도 매우 적어 보인다(조창빈, 장철승, 김두영, 2021). 2017년 장애인 실태조사(김성희 외, 2017) 결과, 학력보완교육 프로그램에 참여한 경험이 있는 장애인은 0.3%에 불과한 것으로 나타나, 극소수의 성인 장애인만이 학력 인정을 위한 학력보완교육 프로그램에 참여하고 있는 것으로 나타났다. 경기도 장애인 평생교육 실태분석 및 정책 방향 연구(김두영 외, 2017) 결과에서도 장애인 평생교육기관에서 운영한 평생교육 프로그램 중 학력보완교육 프로그램은 3.1%에 불과한 것으로 나타났고, 서울시 장애인 평생교육 프로그램 운영 현황을 조사한 서울시 장애인 평생교육 지원 방안 연구(김두영 외, 2019) 결과에서도 학력보완교육 프로그램은 서울시 전체 장애인 평생교육 프로그램 중 2.6%에 불과한 것으로 나타나 성인 장애인의 학력보완교육 프로그램이 매우 미흡한 것으로 보고되고 있다. 이는 다른 평생교육 영역과 달리 학력보완교육 프로그램이 정해진 교육과정 이수를 통해 학력인정을 받는다는 결과 지향적인 성향을 지니기 때문이라 할 수 있다.

그동안의 장애인 학력보완교육 프로그램은 한국교육과정평가원에서 비장애인을 기준으로 고시한 초졸 · 중졸 · 고졸 검정고시의 편제를 그대로 사용하고 있는 실정이며, 장애인 학습자의 학습능력 신장을 위한 별도의 지침조차 없는 실정이다. 최근 교육부에서 저학력 성인 장애인에게 학력인정의 기회를 제공하기 위해 「초등 · 중학 문해교육 기본 교육과정」을 고시한 바 있으나, 이는 교육과정의 구조와 교과목, 난이도 등을 학령기 발달장애인을 기준으로 하는 특수교육 기본 교육과정에 따라 구성하여 많은 수의 시각장애인, 청각장애인, 지체장애인들의 학력인정과 학력보완에 대한 요구를 반영하지 못했다는 한계를 지니고 있다.

지난 2016년 경기도평생교육진흥원은 시대적 흐름에 부응하지 못하고 고정화되어 있는 평생교육 6대 영역 분류의 한계를 극복하고자 경기도형 평생교육 프로그램 6진 분류체계(이윤조 외, 2016)를 개발한 바 있다. 여기에서 학력보완교육은 유아 · 초 · 중 · 고등학교 수준의 교과와 연계하여 학력인증뿐 아니라 학습자의 학교교육 보완과 학습 역량개발을 위한 프로그램이라는 새로운 정의를 제시하였다. 이는 이미 많은 평생교육기관에서 검정고시 응시과목 이외의 영역을 주제로 한 프로그램을 학력보완교육 차원에서 운영하고 있기 때문이다.

이제 장애인 평생교육에서의 학력보완교육은 장애인 학습자들의 학습 이력을 의미하는 학력(學歷)의 개념과 학습 능력을 의미하는 학력(學力)의 개념을 모두 충족하는 평생교육 영역으로 발전해야 할 것이며, 이를 통해 전 생애에 걸쳐 교육적 지원이 필요한 대부분의 장애인 학습자들이(조창빈, 김두영, 2018) 학력보완교육 프로그램의 대상자로서 평생에 걸쳐 자신의 학습 이력을 보완하고 학습 능력을 신장하는 기회를 제공받을 수 있어야 한다. 따라서 향후 장애인 학력보완교육은 전통적인 교육체계에 의한 한정된 보완 · 수정과 단편적인 개선의 차원을 넘어 새로운 시대와 사회 요구에 대응하는 평생학습 패러다임으로의 방향 전환을 모색함으로써 학습하는 즐거움을 배울 수 있는 프로그램, 학습 성과를 사회생활, 경제생활, 직장생활, 문화생활, 여가생활, 미디어생활 속 문제해결에 직접 활용할 수 있는 프로그램, 스스로 배우고 스스로 생각하는 능력을 습득할 수 있는 프로그램을 개발하고 운영할 필요가 있다. 또한 장애인 학습자의 프로그램 참여 목적에 따라 적절한 학력보완교육 프로그램을 제공하기 위해서는 국가 차원의 표준화된 장애인 학력보완교육 프로그램 체계가 마련되어야 하며, 이를 위해 학습 이력 인증과 학습 능력 신장이라는 두 가지 목표를 병행할 수 있는 수준의 장애인 학력보완교육 프로그램 영역을 마련해야 할 것이다.

3) 직업능력 향상교육

직업능력 향상교육은 말 그대로 직업능력을 향상시키기 위해 실시하는 교육을 말하며, 직업능력(Job Competency)은 직업에서 요구하는 수준의 표준에 맞도록 직무를 수행하는 능력이라고 정의할 수 있다. 따라서 직업능력 향상교육은 구직자, 재직자를 대상으로 직업에 필요한 자격과 조건을 체계적으로 준비하고, 주어진 역할과 직무를 효과적으로 수행할 수 있도록 지원하는 평생교육이라고 할 수 있다(김진화, 2010).

직업능력은 새로운 개념이 아니라 이미 예전부터 직업교육 교과과정 개발에 있어서 중요한 자리를 차지해 왔다. 그러나 각국의 교육개혁에서 새로이 주목을 받는 이유는 세계 각국이 국경 없는 무한 경제경쟁 시대로 접어들면서 국제

경쟁력을 갖추기 위하여 직업인들의 자질에 관심을 집중하기 시작하였으며, 또한 현대 테크놀로지 사회 직업인의 일과 종래의 일의 개념이 완전히 달라졌다는 데에 있다. 많은 직업교육 전문가들은 테크놀로지 사회 조직에서 직업인들이 높은 성과를 올리면서 성공하는 기업을 'High Performance Organizations'라고 칭하면서 이러한 조직에서 기능할 수 있는 직업인들을 키워내어야 한다고 주장하고 있다(Bailey, 1990; Marshall, 1994).

직업능력 향상교육과 유사한 개념으로 직업교육, 직업훈련, 직장교육, 직무교육 등이 있다. 직업교육은 일정한 직업에 종사하는 데 필요한 지식이나 기능을 가르치는 교육으로 교육부 주관의 조직화된 정규교육과정에 따른 교육을 실시하는 경우를 말하는 것으로, 실업계 고등학교나 전문대학 또는 산업대학 등에서 이루어지는 교육을 말한다(안광식, 최완식, 이영민, 2007). 직업훈련은 어떤 직업을 가지려는 사람에게 직업상 필요한 기능을 습득시키는 일을 말하는데, 직업훈련 교육기관에서 실시하는 교육을 예로 들 수 있다. 직장교육은 직무 능력을 향상시키기 위하여 이미 취업하고 있는 사람에게 직장 안에서 행하는 교육을 말하며, 직무교육은 사회 조직에서 작업 또는 직무를 하면서 주기적이고 계속적인 교육훈련을 실시하는 활동으로, 기업구성원의 인격 및 태도 형성과 관련되는 교양지식과 업무수행에 필요한 기능 및 기술지식을 습득하게 하는 과정이다(김진화, 고영화, 2009). 종합해 보면, 직업교육은 학교체계를 중심으로 이루어지는 직업준비 교육을 말하고, 직업훈련 교육은 구직자들에게 직업상 필요한 기능을 습득시키기 위해 실시하는 교육을 말하며, 직장교육은 직업인으로서 일정한 직무를 수행하는데 필수적으로 요구되는 직업적 지식과 기술을 제공해 주는 교육을 말하고, 직무교육은 직업인들이 직무를 하면서 필요한 교양지식, 업무수행에 필요한 기능 및 기술지식을 습득하기 위한 교육을 말한다.

평생교육의 개념이 소개되기 이전까지만 하더라도 진로발달지도 또는 직업교육이라고 하면 학생이나 취업을 준비하는 청소년들에게만 유용한 것으로 한정시켜 이해해 온 것이 사실이다. 즉, 이전까지의 직업교육은 개인의 능력과 소질에 적합한 직업을 선택하는데 초점을 맞추었지, 그들이 선택한 직업에서 평생 동안 제대로 적응할 수 있도록 돕는 데는 별 관심을 기울이지 않았다. 직업교육의 궁극적인 목표가 개인의 올바른 직업 선택에 있는 것이 아니라 선택한 직업에서의 성공적인 적응을 통한 삶의 목표 실현임을 간과하지 않는다면, 직업을 갖고 있는 성인을 대상으로 한 직업교육이 보다 강화되고 체계화되어야 한다. 한편 성인 대상의 직업교육은 단순히 선택한 직업에서의 적응 차원에서 한발 더 나아가 직업 세계의 구조적인 변화로 인해 제기되는 직업 전환이나 직장 변경 등의 과업 수행을 돕는 데도 관심을 기울여야 한다.

특히 최근 직업 세계의 변화가 가속화되는 가운데 평생에 걸쳐 개인이 학습하며 자신의 진로를 스스로 개척해 나가는 것이 점점 더 중요해지고 있다. 선진 각국은 인적자원개발과 사회통합을 위하여 진로교육의 중요함을 강조하고(OECD, 2004), 이를 정책적으로 지원하기 위해 다각적인 노력을 기울이고 있다. 따라서 종전에 진로교육이 특정한 시기에 진학 및 취업을 위한 결정에 초점이 맞추어져 있던 것에서 평생에 걸쳐 진로를 개발할 수 있도록 지원하는 방향으로 전환되고 있다(이영대 외, 2004).

직업교육의 개념이 학교 교육 중심에서 시간적, 공간적으로 확장되면서 직업교육의 시기와 영역이 그 전에는 고려되지 않았던 삶의 시기와 영역으로 확대되었고, 이 과정에서 직업교육과 평생교육의 개념을 접목하여 '평생직업교육'이라는 개념이 창안되었다(편경희, 2006). 전통적 직업교육의 교육목표가 단순히 알고 학습하는 것이라면, 평생직업교육의 목표는 알고, 학습하고, 존재하고, 살아가기 위한 것이며, 교육내용은 고용을 위한 기술능력과 고용 가능성을 높이는 직업기초능력까지 포함한다. 교육 운영의 측면에서는 형식적 부문과 비형식적 부문을 모두 포함하며, 일회성이 아니라 지속적이며 순환하는 학습으로 운영된다고 보고 있다. 즉, 직업교육의 관점에서 직업교육과 차별화되는 평생교육의 특징은 고용 가능성을 높이기 위해서 개인이 존재하고 함께 살아가는 데 필요한 기초능력과 잠재력을 계발하는 평생에 걸친 교육이라는 점이다(김종윤, 오소영, 최지현, 조대연, 2020).

장애인 평생교육의 궁극적인 목적은 장애성인이 사회 구성원으로서 자립하여 살아갈 수 있는 역량을 배양하는 것으로(조창빈, 2017), 이를 위해서는 장애성인의 직업능력을 신장시켜 경제적, 사회적 자립을 지원하는 것이 무엇보다 중요하다(김두영, 조창빈, 2021). 장애인 직업능력 향상교육은 장애인의 기능 역량을 강화하여 노동시장 진입을 원활하게 하고 직업 생활을 안정적으로 유지하게 하는 장애인 직업재활의 중요한 과정이며, 나아가 장애인 자신의 희망, 적성, 능력 등에 맞는 직업 생활을 할 수 있도록 직무역량을 갖추게 하는 것이다(한경근 외, 2017). 장애인 직업능력 향상교육은 장애인 개인의 직업적, 사회적, 심리적 욕구 충족을 이루는 중요한 수단이며, 장애인이 의존적인 생활에서 탈피하여 독립적인 생활을 할 수 있게 함으로써 자기실현과 자존심을 고취할 수 있다(김두영 외 2021).

하지만 아직 장애인 직업능력 향상교육은 학령기 직업교육에 치중되어 있고, 평생교육 현장의 직업교육 역시 직업훈련의 한계를 넘지 못하고 있으며, 취업으로의 연계도 매우 미흡한 수준이다(김두영 외, 2021). 이는 장애인 평생교육 현장의 직업교육 내용이 장애인의 능력이나 취업과 관련성이 낮고 직종들 자체가 낙후성과 편협성을 가지고 있어 장애인의 능력이나 흥미, 적성에 부합하지 않는다는 지적이 많다. 또한 전문성을 갖춘 직업 전문 강사의 부족, 직업교육의 현장성 부족, 직무 이외의 직업준비나 사회기술 훈련 프로그램의 부족, 직업교육을 위한 시설 설비 및 기자재 부족, 직업을 탐색할 기회 부족 등으로 인해 직업교육이 일자리로 연계되지 못할 뿐 아니라, 경제활동에 참여하지 못하고 있는 장애인을 직업교육 현장으로 유도하지 못하는 한계를 보이고 있다(김주영, 강경숙, 김두영, 김영준, 2016). 이에 최근에는 전공과를 포함한 학령기 특수교육기관에서의 직업교육과 융합된 평생교육과정 구성모델을 강조하면서 성인기 평생교육기관의 재구조화를 통한 직업교육의 연계 및 계속교육이 강조되고 있다(김영준, 강경숙, 2019).

장애인 직업능력 향상교육이 일자리로 연계되고, 프로그램 참여율을 높이기 위해서는 현장과의 연계성 및 취업 관련성이 높고, 장애인 당사자의 관심과 요구에 민감한 교육내용을 선정해야 하며, 직능 능력 외에도 직업 유지에 필요한 다양한 직업준비, 직업 태도, 사회성 기술, 직업인으로서의 소양 교육, 건강과 안전교육, 심리적 지원 등을 증진할 수 있는 내용을 포함해야 한다(김두영 외, 2021).

4) 문화예술교육

최근 우리 사회에서 '문화예술교육'이라는 용어가 대중들에게 빠르게 확산하고 있다. '문화', '예술', 혹은 '예술교육' 등과 같은 친숙한 용어와는 달리, 다소 생소하게 보이기도 하는 이 용어는 문화체육관광부(당시 문화관광부)가 주도한 「문화예술교육지원법」의 제정과 더불어 탄생한 신조어이다(황연주, 정연희, 2004). 이렇듯 원래 '문화예술'이라는 용어가 전문가들의 협의나 연구를 통해 탄생한 것이 아니라 정책적 편의에 의해 조합된 단어라는 점을 감안했을 때, 그에 따른 문화예술교육이라는 용어의 태생적 한계는 명확하다. 그럼에도 불구하고 정책적 필요에 의한 용어의 탄생만으로 치부하기에는 문화예술교육의 의미와 무게가 남다르다. 즉 오늘날 한국에서 문화예술교육은 기존의 예술교육의 개념뿐만 아니라 세계적인 흐름인 '교육에서 예술(Arts in Education)'과 깊은 관계를 맺고 있으며, 또한 다극화되어가고 있는 한국 사회에 문화교육으로서 기능을 동시에 수행하고 있기 때문이다(최현묵, 2008).

특히 평생교육에서 문화예술교육이 갖는 위상은 매우 크다. 이는 평생교육과 문화예술교육 사이에 다음과 같은 공통분모가 존재하기 때문이다. 첫째, 문화예술교육은 평생교육이 지향하는 가치, 즉 개인 및 공동체 차원의 삶의 질 향상을 동일하게 추구한다(최현묵, 2008). 둘째, 평생교육은 소외계층을 위한 교육학으로 소외된 계층에 일차적인 관심을 두고 있고(김진화, 고영화, 2009), 문화예술교육 역시 과거에는 일부 전문가들만의 전유물이었으나, 최근에는 문화예술에서 소외되었던 일반인들도 문화예술에 적극적으로 참여하고 있으며, 국가적인 차원에서도 모든 국민이 성별, 나이, 종교, 사회적 신분 등에 관계없이 문화예술교육 혜택을 받을 수 있도록 제도적 장치를 마련하고 있다(김두영 외, 2018). 셋째, 평생교육과 문화예술교육은 모두 개방형이며 비형식교육이다(허혜경, 박성열, 구병두, 2007; 최현묵, 2008).

이러한 점을 종합적으로 고려하여 문화예술교육을 평생교육 측면에서 정의하자면, 문화예술을 통하여 삶의 질을 향상시키기 위하여 누구나 언제든지 선택하여 학습할 수 있는 학교 정규과정 외의 교육활동 일체를 의미한다(최현묵, 2008)고 볼 수 있다.

문화예술이 사회변화의 주요한 동력이자 인간의 삶의 질 향상을 위한 주요 요건의 하나로 간주되어 사회 전반적으로 문화예술의 중요성이 지속적으로 부각되고 있는 이 시점에서 장애인들의 문화예술 활동의 중요성 역시 고조되고 있다. 왜냐하면, 장애인들이 문화예술 활동을 통해 주체성을 갖고 문화예술적 욕구를 표현하고 자신에게 내재하고 있는 잠재력을 개발함으로써 자기 삶에 대한 인식을 새롭게 하고 나아가 변화와 성장을 이루기 위한 힘을 제공할 수 있기 때문이다(백령 외, 2005). 그리고 다양한 문화예술 활동에의 참여기회 확대는 장애인들의 향후 여가선용 및 여가 기능 향상을 통하여 사회적 재활을 촉진할 수 있다. 또한, 장애인들의 정상화, 자립 생활, 역량 강화 실현에 기여하며 이에 대한 비장애인들의 시각을 변화시킴으로써 장애인복지의 궁극적 목표인 사회통합 실현에 궁극적으로 작용하게 할 것이기 때문이다(김두영, 강명희, 정진숙, 조창빈, 2020).

우리나라보다 먼저 학령기 아동과 청소년에게 문화예술교육을 제공해 온 여러 외국의 연구 결과를 살펴보면, 학령기 아동과 청소년의 문화예술교육 참여에 따른 긍정적 효과는 일반 학생뿐 아니라 장애 학생에게도 나타난다고 보고하였으며, 사회성 기술과 직업기능 향상 등과 같은 효과뿐 아니라 행복감, 자기효능감, 자기존중감 등 정서적 측면에도 긍정적 영향을 주어 문화예술교육 참여를 통해 장애학생이 자기 자신을 긍정적으로 수용할 수 있다고 하였다(Butts, Mayer, & Ruth, 2005; Howell, 2003). 또한, 장애학생을 대상으로 학령기 초기부터 문화예술교육을 지속적, 전문적, 체계적으로 제공하면, 문화예술교육을 통해 전인적이고 통합적인 경험을 하게 됨으로써 자기 스스로 자신의 장애를 받아들일 수 있도록 지도할 수 있다고 하였다(Eglinton, 2003).

장애인 문화예술교육의 필요성과 효과에 대한 논의는 학령기 교육뿐만 아니라 평생교육 현장에서도 활발하게 논의되고 있다. 문화예술교육은 언어적 · 신체적 · 인지적 발달 저하와 반복되는 실패로 인한 낮은 자존감을 갖기 쉽고, 사회적 상호작용의 결함으로 인해 부정적인 자아개념을 가질 수 있는 장애인들에게 신체적인 기능의 발달뿐만 아니라 정신적, 심리적 사회적인 부분까지도 긍정적인 영향을 미친다(백령 외, 2005). 대부분의 문화예술 활동은 연령이나 기능 수준에 제한 없이 참여가 가능하고, 신체적 · 심리적 상태와는 관계없이 모든 사람들에게 도움을 줄 수 있으며, 비언적 수단의 관계 형성을 가능하게 해준다(정해동, 박형진, 박영명, 2019).

이러한 이유 때문에 장애인 평생교육에서 장애성인을 위한 대안적 교육방법으로서 감각 매체 중심의 문화예술교육이 각광받고 있으며(이필상, 2010), 실제로 많은 장애성인들이 문화예술교육 프로그램에 참여하기를 희망하고 있다. 발달장애인 부모들의 평생교육 프로그램 영역별 중요도 및 우선순위 인식을 연구한 김두영, 고등영(2016)에 따르면, 문화예술교육의 중요도를 가장 높게 평가하는 것으로 나타났으며, 국가적인 차원에서 실시한 장애인 평생교육 현황조사(한국갤럽조사연구소, 2020)나 지자체에서 실시한 장애인 평생교육 실태조사

(김두영 외, 2017; 김영일, 강민희, 배영주, 2017; 이정미, 배현숙, 2015) 결과에서도 장애인의 문화예술교육에 대한 욕구가 가장 높은 것으로 나타났다. 또한 장애인 평생교육기관에서 공급하고 있는 프로그램 역시 문화예술교육이 가장 많은 비중을 차지하고 있다(김두영, 박애스더, 이경준, 2018; 김두영, 이상진, 김호연, 2018; 나애노, 김두영, 2017; 박해룡 외, 2014).

이렇듯 수요와 공급에서 문화예술교육이 높은 비중을 차지하고 있는 것은 장애인의 평생교육 프로그램 참여 목적과 문화예술교육이 지향하는 가치가 '자아실현' 및 '삶의 질 향상'이라는 접점을 이루고 있기 때문이라 할 수 있다. 비장애인의 경우 직업과 관련된 목적에서 평생교육에 참여한다는 응답이 76.5%(경기도평생교육진흥원, 2015)인데 반해, 장애인의 경우 직업과 무관하게 평생교육에 참여한다는 응답이 64.6%로 큰 차이를 보이고 있으며, 직업과 무관하게 평생교육에 참여하는 장애성인은 주로 심리적 만족과 행복감을 얻기 위해 평생교육 프로그램에 참여하는 것으로 보고되고 있다(김두영 외, 2017). 평생교육을 통해 삶의 질을 향상시킨다 함은 바로 '인지적, 정서적 평가를 포함하는 주관적 만족감'을 의미한다. 즉, 삶의 객관적 지표의 변화가 없더라도 심리적, 정서적 변화를 통하여 주관적 만족감이 충족된다면 삶의 질이 나아질 수 있음을 의미한다. 이와 같은 인식은 문화예술교육에도 해당된다. 문화예술교육이 지향하는 '국민의 문화적 삶의 질 향상'은 바로 주관적 만족감을 충족시키고자 하는 것이며, 주관적 만족감의 충족은 비록 객관적 삶의 환경이나 지표가 변화하지 않더라도 충분히 가능한 것이기 때문이다. 이런 차원에서 문화예술교육은 평생교육이 지향하는 가치, 즉 '삶의 질 향상'을 동일하게 추구한다.

하지만 안타깝게도 대다수의 성인 장애인들은 문화예술교육 프로그램에 대한 참여가 제한되어 왔다(김두영, 강명희, 박애스더, 조창빈, 2018). 그 이유에 대해 과거에는 성인 장애인의 장애로 인한 신체적 · 정서적 · 사회적 문제를 주된 원인으로 지적하여 성인 장애인 당사자에게 그 책임을 전가하였으나, 최근에는 장애인 평생교육기관의 문화예술교육 프로그램 공급 부족, 장애인 평생교육기관 관계자의 문화예술 관련 전문성 부족, 획일적이고 반복적인 문화예술 교육 프로그램 보급 등 장애인 문화예술교육의 실행 주체가 되는 국가 · 지방자치단체 및 장애인 평생교육기관의 전문성 부족을 주된 원인으로 지적하고 있다(조창빈, 2014; 조창빈, 김두영, 2020).

이에 한국문화예술교육진흥원은 장애인들의 '문화적 기본권'을 보장하고 문화예술교육으로부터의 '사회적 배제'를 극복하기 위해 설립 초기부터 '복지기관 문화예술교육 지원사업'의 일환으로 장애인 복지시설에 문화예술교육 강사(이하 '예술강사')를 파견하는 사업을 추진해 오고 있다. 이 사업은 2007년 장애아동 대상의 무용 예술강사 파견사업으로 출발하여 2010년에는 장애아동과 어머니 대상의 모아(母兒) 음악 분야가 추가되었고, 2013년에는 미술과 영화 분야가 추가되었으며, 2014년에는 국악과 연극 분야가 추가되어 현재 6개 분야(국악, 무용, 미술, 연극, 영화, 음악)의 전문 강사를 파견하고 있다. 장애인 복지시설 문화예술교육 지원사업에 참여한 시설은 2007년 20개 기관에서 2016년 250개 기관으로 12.5배 증가하였고, 참여 장애인은 2007년 184명에서 2016년 3,611명으로 19.6배 증가하였으며, 개설반 수는 2007년 20개에서 2016년 402개로 약 20.1배로 증가하였고, 파견 예술강사 수는 2007년 18명에서 2016년 182명으로 약 10.1배 증가하였다(한국문화예술교육진흥원, 2017).

한국문화예술교육진흥원의 장애인 복지시설 예술강사 파견 사업은 장애인들이 전문 강사에 의해 교육을 받을 수 있는 유일한 통로가 되고 있어 이에 대한 현장의 만족도가 상당히 높은 수준이라 할 수 있다. 하지만 한국문화예술교육진흥원의 장애인 복지시설 예술강사 파견 사업은 국악, 무용, 미술, 연극, 영화, 음악 등 6개 분야의 예술강사만을 파견하고 있으며, 무용과 음악은 대상이 아동으로 한정되어 있어 장애성인들의 다양한 문화예술 욕구를 충족시키기에 역부족이라는 지적이 제기되어 왔으며, 장애인 복지시설 문화예술교육 지원사업의 분야와 대상을 점진적으로 확대해 줄 것을 요구하는 목소리가 커지고 있다(김두영, 류재연, 조창빈, 2020). 게다가 2017년 이후 사업비 총액을 비롯해

교육지원금이나 강사비 총액이 감소 추세를 보이면서 참여 기관수와 학습자 수도 제자리에 머물러 있는 수준이며(김두영, 강명희, 정진숙, 조창빈, 2020), 예술강사의 장애인교육 전문성 미흡에 따른 개선의 목소리도 높다. 따라서 장애성인의 문화예술교육 욕구를 충족시키기 위해 향후 한국문화예술교육진흥원의 장애인 복지시설 문화예술교육 지원사업의 예술분야와 재정 규모를 확대해 나갈 필요가 있으며, 장애유형별 문화예술교육 프로그램 및 예술강사의 전문성 신장을 위한 집중 연수 프로그램을 개발하고 공급해 나가야 할 것이다.

5) 인문교양교육

최근 우리사회에서 인문학의 열기가 매우 뜨겁다. 인문학이 최근 각광을 받고 있는 것은 몇 가지 시대적 이유가 있다. 현대사회는 기술 혁신의 발달 속도가 둔화됨에 따라 발명이 아닌 혁신과 융합의 시대이고, 3차 산업이 중요시되면서 물질에 대한 이해보다 사람에 대한 이해가 더 중요해졌으며, 단순한 생산의 사회가 아닌 소비의 사회로 변화됨에 따라 인문학의 중요성이 크게 대두되고 있다. 인문학은 '인간의 삶에 대한 탐구'이기 때문이다.

최근 평생교육 현장에서도 인문학 열풍이 점차 그 영역을 넓히고 있다. 지금까지 평생교육에 대한 인식은 취미나 교양 위주의 교육으로 인식되고 있으며, 평생교육 영역에서 인문교양교육은 물질적, 정신적 여유가 있는 사람들의 전유물이라는 인식이 흔하다. 이러한 인식에도 불구하고 최근 평생교육 영역에서 인문교양교육은 대학, 지역사회기관 등을 통해 점차 확산되고 있는 추세이다. 시민을 대상으로 열리는 지방자치단체의 시민강좌에 인문학 강의가 늘어나고 있고, 탈북자, 장애인, 재소자 등에게도 인문학 강좌를 제공하는 등 평생교육의 장에서 인문교양교육 실천들이 확대되고 있다(강대중, 2010). 대학의 강단 인문학을 넘어 시민인문학, 실천인문학의 흐름이 그 영향력을 넓히고 있는 것이다(양은아, 2010). 인문학 전통은 사실 평생교육 이념의 근간을 이루고 있다.

학습자의 자율성과 자발성, 촉진자 또는 조력자로서 교육자의 역할, 내재적 동기, 자아실현, 안드라고지와 자기주도적 학습 중시 등의 평생교육 전통은 인문주의 교육 전통과 공유하는 점이 많다. 또 영국과 북유럽을 중심으로 한 유럽의 성인교육 실천 전통은 자유교양교육과 인문교양교육이라고 할 수 있다(김종서 외, 2009; 차갑부, 1994; 한숭희, 2006).

일반적으로 인문학은 '인간이란 무엇이며 어떻게 살아야 할 것인가?'라는 물음에서부터 시작하며, 인간의 존재와 관련된 가장 핵심적인 물음을 다루는 학문이라 할 수 있다. 인문학은 인간의 행위를 탐구(역사, 철학)하고, 인간에 의해 주체화된 학문을 연구(언어학, 문학, 수사학 등)함으로써 인간을 체계적으로 이해하고자 하는 학문으로 이해된다. 이렇듯 인문교육, 교양교육, 일반교육은 그 용어가 다름에도 불구하고 공통의 의미를 지니고 있으며, 이는 사회적 유용성이나 전문적 능력의 개발보다는 인간으로서 배움 그 자체를 즐기며 스스로 자기 자신을 충실히 다지는 교육이라고 할 수 있다(김종서 외, 2009).

전통적으로 인문학을 대표하는 분야는 문학, 역사, 철학, 예술 등이 있다. 먼저 문학을 살펴보면, 각각의 문학작품은 작가의 관점에서 보면 개인적 차원이나 사회적 맥락 안에서 늘 부딪히게 되는 도덕적 갈등, 아름다움과 진실에 대한 갈망, 혼란스러운 경험 세계에 질서를 부여하며 삶의 의미를 찾고자 하는 욕망의 상상 표현이다. 역사는 인간이 거쳐 온 혼돈스러운 경험들에 대한 기억을 정리하고 체계획하여 우리로 하여금 한 집단 혹은 생물학 종으로서의 인간됨을 일깨워 준다. 철학은 세밀한 관찰, 비판적 반성과 철저한 논리적 분석, 정연한 체계화를 도모하면서 지금까지의 인간의 모든 경험과 사유, 신념들과 아울러 상상해 낼 수 있는 앞으로의 모든 가능한 경험, 사유, 신념들에 대한 총체적이면서도 근본이 된다. 예술교육은 인간의 신체와 감성, 상상력, 창의력을 증진시킴은 물론 매체를 읽거나, 매체를 이용하여 자신의 생각과 느낌을 자유롭게 표현할 수 있는 통합미디어리터러시(Integrated Media Literacy)의 능력을 키우는 교육방법이다(최은희, 2019).

인문학이나 인문교양교육의 개념은 학자마다 조금씩 다르게 정의하고 있다. 손동현(2006)에 의하면, 인문교양교육은 올바른 세계관과 건전한 가치관을 바탕으로 새로운 정보사회에서 비판적·창의적 사고와 원활하고 개방적인 의사소통을 통해 공동체적·문화적 삶을 자율적으로 주도할 수 있는 자질을 함양하는 교육이다. 나일수(2002)는 인문교육은 직업교육과 구별되는 교육이며, 학문과 지식을 이상적인 유용성과는 무관하게 그 자체의 가치 때문에 가르치는 교육활동이라고 정의하고 있다. 정민승(2008)은 인문교육을 직업교육이 아닌 인간의 됨됨이에 꼭 필요한 교육이라고 정의하고 사람으로서 반드시 갖추어야 하는 교육이라고 말하고 있다.

종합해 보면, 인문교양교육은 인간으로서 됨됨이를 가르치는 것이며, 직업교육과는 구별된다. 또한 인간의 사상과 문화를 대상으로 학문을 주로 가르치는 교육을 말한다. 교육의 근본은 인간교육인 인문교육에 있다고 할 수 있다. 이런 의미에서 인문교육은 교육의 핵심적인 사항을 말하는 것이며, 교양이라는 용어에서 알 수 있듯이 일반적으로 알아야 할 상식적인 측면도 포함하고 있음을 알 수 있다(김진화, 고영화, 2009).

이렇듯 지금까지의 인문교육은 좁은 의미에서 주로 직업교육과 대립적인 것으로 이해되어 왔다. 그러나 점차 그 구도는 학교맥락에 대한 인문교육의 좁은 의미로부터 평생교육 맥락으로의 확장을 시도하고 있다. 인간의 삶이라는 전체적 맥락에 초점을 조명한다면 인문교육과 직업교육은 서로 대립되거나 분리될 수 있는 내용이 아니라는 것이다. 적어도 그 내용적 차원에서 보면 이 두 가지를 구분하는 지식의 차원과 영역, 그것이 가르쳐지는 방법 등에 있어서 그리 큰 차이를 발견하기는 어렵다(양은아, 2009). 직업능력은 인문학습의 차원에서 훨씬 그 효과가 극대화될 수 있으며, 반대로 인문학습 역시 직업현장 속에서 그 의미가 보다 구체화되고 풍부해진다고 보는 것이 이들의 관계를 보다 실제적으로 이해하는 방편이라고 할 수 있다. 예컨대 최근 가장 핵심적인 직업능력으로 인식되고 있는 의사소통역량의 경우 사랑, 관계, 헌신, 놀봄, 감성, 영성, 공감 등의 경험을 통해 실제적으로 형성될 수 있다는 주장이 제기되기도 한다(Astin, 2004; Kuh, & Gonyea, 2006; Newby, 1997; Wringe, 2002; Zajonc, 2003). 즉 실제 사태에서의 능력이라는 것은 인문적 사고가 내재하는 다양한 인간 삶의 맥락 속에서 형성되고 강화될 수 있는 것임과 동시에, 인문학적 경험 역시 그 자체가 진공 속에서 형성되는 것이라기보다는 실제적 삶의 맥락 가운데 체화될 수 있는 것이다(Rabuzzi, 2001).

한숭희, 양은아(2007)는 평생교육을 '일생에 걸쳐 삶과 경험을 성장, 회복, 재구성하는 적극적 활동이며, 이 과정에서 이루어지는 학습은 세계 속에 더불어 존재하는 자신의 인간적 존재방식을 성찰하는 구조'라고 바라본다. 이러한 평생교육은 인간 존재에 대해 지속적으로 성찰하고 삶의 의미를 탐색하는 과정으로서 인문학, 인문학습과 맞닿아 있다. 직업능력개발이 강조될수록 인간의 주체적인 인식과 경험의 성장을 보전하는 인문교양교육이 중요하다는 것이다. 이명준(2000)은 과학기술의 발달로 야기된 개인주의와 인간소외, 도덕성 상실 등을 극복하고 비판적 이성을 함양하는데 인문교양교육의 중요성을 언급하면서 인간의 외적인 삶의 조건을 충족시켜주는 직업능략향상을 강조하는 평생교육뿐만 아니라, 인간의 내면과 삶의 의미를 밝혀내는 인문주의적 평생교육이 강조되어야 함을 주장한다.

인문학은 자신을 둘러싸고 있는 의미세계를 탐색하는 학문이다. 인문학교육은 가치와 의미를 추구하는 일이고 스스로의 성찰과 판단으로 구성해가는 자기준거적 교육이다. 평생교육은 노동현장에서 가치를 인정받을 수 있는 직업능력개발과 자신의 내면을 성찰하고 의미화 하는 교육과정이 균형을 유지하며 운영되어야 한다. 평생교육에서의 인문학은 새로운 분화를 통하여 대중 속에 깊게 자리 잡아 가고 있다. 대학을 기반으로 하는 인문학이 위기인 것과는 달리 평생교육에서의 인문학은 사유의 방향이 인간 자신을 향함으로써 구속하고 있던 사회 담론적 의미체계를 해체하는 동시에 소통과 앎의 실천을 통하여 사회를 변화시킬 수 있는 힘을 준다. 우리 삶의 과정을 함께 하는 실천적 의미로서의 인문학은 삶 속에서 부단히 제기하는 의미에 응답할 수 있어야 하며, 현실의 삶에 교감할 수 잇는 가치를 만들어 나갈 수 있어야 한다(최은희, 2019).

장애인 평생교육 현장에서도 최근 인문교양교육의 바람이 점차 거세지고 있고, 프로그램의 비중도 높아지는 추세이다. 장애인 평생교육이 강조되기 이전까지만 하더라도 장애인을 위한 교육의 가장 많은 부분을 차지해 온 것은 '재활교육', 즉 '장애가 있음에도 조건에 맞는 기술을 통해 사회적으로 쓰임받기 위한' 직업교육이었다. 대부분의 장애인들은 저학력, 저취업, 낮은 삶의 질이라는 길을 끝도 없이 걷게 된다. 그동안 장애인들의 정신적 삶을 위한 교육에 대한 요구가 많이 제기되지 않았던 것은 그것이 필요하지 않아서가 아니라 그 이전에 해결해야 할 절박한 과제들이 너무나 많았기 때문일 것이다. 하지만 최근에는 그런 절박한 생존의 요구를 따라가기보다는, 생존의 요구마저 절박하게 만드는 사회구조와 맞서 싸우기 시작하면서 오히려 '그 이상의 배움'에 대한 갈망이 높아지고 있다.

노들 장애인야학에서는 2008년 10월부터 18주 동안 매주 한 번씩의 인문학 강좌를 진행했으며, 이후에도 다양한 형태의 인문학 강좌를 개설하여 제공해 오고 있다. 여러 장애인 평생교육기관에서도 유명 작가를 초대해 인문학 특강을 개최하기도 하고, 장애인권 교육, 인문학 강좌, 철학반 등의 정기교육을 지속적으로 제공하고 있다. 이처럼 장애인 평생교육 현장에서 인문교양교육 프로그램을 늘려 가고 학습자들의 호응을 이끌어내고 있는 것은 인문교양교육 프로그램을 통한 평생교육적 접근이 다음과 같은 장애인 문제 해결에 도움이 되기 때문이다.

장애인 인문교양교육은 장애인을 수동적인 교육의 대상으로 바라보는 것이 아니라, 능동적인 학습의 주체로 바라본다. 평생교육 현장에서 비록 '낯선 학습자'에 불과하지만, 그들은 학습을 멈춘 존재가 아니다. 장애인들은 인문교양교육을 통해 자신의 존재 의의를 묻고 더 나은 삶을 위한 조건을 창조하는 학습 욕구를 가진 존재이자 주체적인 학습자임을 깨닫게 된다. 또한 장애는 상애를 가진 사람의 문제가 아닌 비장애인을 기준으로 설계된 우리 사회의 문제라는 문제의식을 갖게 함으로써 장애인 이동권이나 학습권을 보장받기 위한 투쟁에 나서게 하고 있다. 인문학은 성찰의 학문으로서 학습자에게 존재와 가치에 대한 근본적인 물음을 끊임없이 제기하는 도구이다. 장애인은 인문학의 텍스트들을 통해 삶에 대한 근본적인 물음에 대해 답하면서 스스로 자기의 삶을 성찰하는 학습경험을 하게 된다. 그 과정은 바닥의 삶을 살아가는 그들에게 자기의 정체성과 존재 이유를 찾게 해 준다. 아울러 인문교양교육은 사회적 관계가 단절된 장애인들에게 긍정적인 관계를 회복하는 장으로 기능할 수 있다. 성인 학습자로서 존중받는 경험과 함께 대화와 토론을 통해 적극적으로 자기의 생각을 표현하고 타인의 의견을 경청하는 과정은 타인에 대한 경계심을 허물 수 있는 계기를 제공해 줄 것이다.

6) 시민참여교육

시민참여교육은 시민교육과 시민참여로 나누어 생각해 볼 수 있다. 먼저 사전적 의미에서 시민교육은 급격히 변천하는 사회에 시민들로 하여금 적응할 수 있는 능력과 발전적인 민주사회를 형성하기 위하여 시민으로서의 자질을 기르는데 목적을 둔 교육을 말한다. 즉, 시민들의 시야를 넓혀주어 전형적인 인간으로서의 삶과 가치관을 정립할 수 있는 교육, 국민들로 하여금 미래 삶을 인간답게 영위하기 위한 삶의 오리엔테이션을 주는 교육, 국가의 책임과 의무를 국민들에게 이해시키는 교육, 문화사조현상을 극복하는 교육, 국제적인 안목을 가지고 자주적인 삶을 영위하는 교육, 이론과 실천이 병행하는 교육, 현대사회의 위기를 극복하는 교육 등을 말한다. 이러한 시민교육은 정치교육, 민주시민교육, 공민교육, 시민성교육, 국민교육, 주민교육 등 다양한 용어로 쓰이지만 서로 비슷한 개념이라고 할 수 있다(김두영, 2013).

시민교육을 '국가사회의 존속과 유지 발전을 위해 시민들에게 정치 및 정치

과정에 관한 지식과 가치관을 습득시키고 생활을 통해 훈련시키는 수동적 측면, 그리고 시민들이 스스로 정치생활의 주체적 행위자로서 학습해가는 능동적 과정의 두 측면을 모두 포괄하는 개념'(교육부, 1998)이라고 본다면, 이는 정치교육의 관점에서 민주적 절차에 초점을 둔 것이라 할 수 있다. 또한 시민사회단체의 교육적 활동을 평생교육(김민호, 2000) 또는 사회교육(이해주, 2002)의 개념 속에 포함되는 것으로 보고, 이를 시민교육이라고 한다면 이는 광의의 시민교육 개념이 될 것이다.

시민교육이란 시민으로서의 자질을 구비하여 건전한 시민으로 살아가도록 하는 일이며, 그것은 학교와 가정뿐만 아니라 사회에서도 관심을 가질 수밖에 없는 중요한 일이다. 이와 같이 교육을 '사회화'의 과정으로 이해한다면, 인간을 대상으로 하는 모든 교육은 넓은 의미에서 그 사회의 구성원 즉, 시민으로서 생활하는데 필요한 자질을 갖추도록 준비하는 시민교육이라고 할 수 있다.

그러나 교육은 사회화의 차원뿐 아니라 역사회화(counter-socialization) 또는 개별화의 차원을 동시에 고려해야 한다. 즉, 사회화를 기존 사회의 질서와 가치체계에 순응하는 과정이라면, 개인의 독창성을 중시하고, 새로운 질서와 가치체계를 만들어 낼 수 있도록 하는 역사회화(개별화)가 있어야 하는 것이 교육일 것이다. 시민교육의 경우도 마찬가지로 기존 시민사회에의 순응을 위한 국가주도의 일방적 시민교육뿐만 아니라 문제를 고발하고 새로운 사회를 스스로 일구어 나가기 위한 시민주도의 교육도 포함하는 것이다. 하지만 시민교육을 사회화 또는 역사회화 가운데 어떤 관점에서 보든지 그것을 우열의 문제 또는 양자택일의 문제로 보아서는 곤란하다. 시민은 개인이면서 동시에 국가라는 조직의 구성원이기 때문에 개인의 능력을 존중하는 역사회화도 필요하며, 기존의 관심과 전통, 가치관, 질서를 익히는 사회화의 과정도 필요하기 때문이다(유승우, 2005).

한편, 시민참여의 사전적 의미는 정책 및 행정 과정에 일반 시민이 참여해 정책결정 등에 영향을 미치는 것을 말한다. 시민참여는 현대사회에서 참여 민주주의(Participatory Democracy)의 강조와 더불어 확대되고 있다. 결국 시민참여(Citizen Participation)는 시민에 의한, 또는 지역주민에 의한 정치참여를 말한다. 즉 국가 차원에서는 주권자인 시민이, 지방차원에서는 지역주민이 정치공동체에 관한 권리와 의무를 행사하는 것을 의미한다. 이 때문에 주민참여(Residential Participation)나 공중참여(Public Participation)와도 개념적 혼동은 있으나 실제로 의미상의 큰 차이는 없다. 좀 더 구체적으로 살펴보면, 주민참여는 지방정부 주민으로서의 시민의 참여를 의미하는 것으로서, 시민의 지역자주성을 보다 강조한 개념으로 지방자치 또는 지방행정과 관련하여 특히 빈번히 사용되는 개념이라고 할 수 있다(심익섭, 2001).

시민교육과 시민참여에 관한 다양한 견해를 종합해 볼 때, 시민참여교육은 시민들이 사회구성체로서 갖추어야 할 능력이 있으며, 그러한 능력을 갖출 수 있도록 하는 것이다. 그리고 사회에 참여함으로써 국가의 발전을 꾀한다는 공익적인 차원에서 실시하는 전반적인 교육이라 할 수 있다.

장애인이 지역사회에서 생활하기 위해서는 자기결정, 자기주장, 자기옹호, 자기관리, 자기존중 등의 시민참여교육을 지역사회 내에서 지속적으로 교육받아야 한다(송소현 외, 2011). 시민참여교육은 우리사회의 구성 원리와 평생교육의 관점에서 볼 때, 그 중요성이 매우 특별하다. 왜냐하면, 장애를 가진 시민이 시민으로 살아가기 위해서는 자기를 시민권의 주체로서 인식하는 '눈'과 행위의 주체로 참여할 수 있는 '행동'하는 시민성 형성이 절실한 과제이기 때문이다.

또한 지역사회 내에서 장애인의 통합은 지역 시민으로서의 의식 및 역할 수행과 그 지역 시민사회의 성장과 직접 관련이 있다. 시민참여교육은 이러한 지역사회 시민들의 의식과 참여를 향상시키는데 그 의의가 있다. 시민교육을 통해 일반 지역시민들의 인식 제고뿐만 아니라 장애인의 지역사회 통합과 참여를 보장할 수 있을 것이다. 특히 발달장애성인의 경우 지역사회 내에서 참여가 어렵기 때문에 발달장애성인이 시민으로서 지역사회에 통합되어 생활하기 위해서는 시민참여교육이 반드시 필요하다. 더욱이 장애인을 위한 학령기 교육은 직업교과와 기능적 학업교과, 지역사회 적응기술 등에 치중되어 있으며, 사회의 한 구성원으로서, 시민으로서 갖추어야 할 시민성을 학습할 기회를 충분히 가지지 못하기 쉽다. 따라서 평생교육을 통해 공동체 의식과 공동체에 참여하는 태도, 민주시민으로서의 권리 등에 대하여 개념을 이해하고 지속적으로 생활화할 학습의 기회가 절실히 필요하다.

시민참여교육은 포용사회 실현을 위한 첫걸음이라 할 수 있다. '포용'은 모든 사람들이 사회적 · 문화적으로 조화를 이룰 수 있도록 배제의 원인을 고려한 적극적인 보장적 조치를 의미하는 개념이다. 이러한 맥락에서 포용교육은 '사회적 약자를 포함한 모든 이들이 참여하는 교육체제 속에서 학습자들의 특별한 교육적 필요(educational needs)가 무시되거나 배제되지 않고 존중되면서 학습자들의 다양성에 적극적으로 대응하는 과정'으로 정리될 수 있다(UNESCO, 2009).

경제적, 사회적 배제를 극복하고 사회적 포용의 가치(inclusive value), 즉 함께 사는 사회, 모두가 주인인 사회를 만들어 가기 위해서는 장애인 학습자가 시민으로서의 역할과 자질을 학습하고 실천하는 것이 매우 중요하다. 시민참여교육을 통해 자기결정과 자기주장을 배우고, 돌봄과 배려, 인권과 민주적 시민의식, 자립적 삶을 구현하는 교육의 장을 마련할 수 있을 것이다.

시민참여교육의 목적은 생활밀착 환경 내에서 개인적 주도성의 성취와 공동체적 시민성의 확장으로 요약할 수 있다. 시민참여교육을 통하여 학습자는 개인적 시민성의 주체가 되는 자기존중과 자기주도 능력을 학습하고 시민리더의 역량과 주체성을 학습할 수 있다. 시민참여교육을 통하여 학습자들은 더불어 살아가는 사회에서 해야 할 일과 해서는 안 되는 일, 자기의 권리가 무엇이며 동시에 책임은 무엇인지, 자기 주도적인 결정에 따라 실천적으로 행동하는 것을 배우게 된다. 또한 시민참여교육을 통하여 배양한 자기주도 능력을 근간으로 학습자들은 자기가 주도권을 가지고 웰빙과 궁극적 삶과 향유를 위한 평생교육에 지속적으로 참여할 수 있게 된다. 결국 한 사회의 윤리적 규범을 이해하고 실천하는 능력은 평생교육 6개 영역의 근간이 되며 평생교육의 추진력이 된다.

연구과제

1. 학교 현장의 '교육과정'과 평생교육 현장의 '프로그램'의 차이점을 논의해 봅시다.
2. 여러 학자들의 평생교육 프로그램 분류유형을 살펴보고, 각각의 한계점을 논의해 봅시다.
3. 장애인 문해교육 학력인정제도의 개선 방안에 대하여 토론해 봅시다.
4. 평생교육 현장에서의 학력보완교육과, 직업능력 향상교육 프로그램 방향성에 대하여 논의해 봅시다.
5. 장애인 평생교육 프로그램에서 문화예술교육이 절대적 비중을 차지하고 있는 이유와 향후 방향성에 대하여 논의해 봅시다.
6. 인문교양교육 프로그램을 통한 평생교육적 접근이 장애인 학습자에게 어떤 의미가 있는지 논의해 봅시다.
7. 장애인 평생교육 현장에 필요한 시민참여교육의 형태에 대하여 토론해 봅시다.

CHAPTER

06

평생교육 프로그램 분류체계

학습목표

- 한국 평생교육 프로그램 분류체계를 이해하고, 이를 근거로 프로그램을 분류한다.
- 장애인 평생교육 프로그램의 분류유형과 한계점을 이해하고, 장애인 평생교육 프로그램 분류체계의 필요성을 설명한다.
- 장애인 평생교육 프로그램 분류체계를 활용해 장애인 평생교육 프로그램을 분류한다.
- 한국 평생교육 프로그램 분류체계와 장애인 평생교육 프로그램 분류체계의 차이점을 설명한다.

1 한국 평생교육 프로그램 분류체계

한국 평생교육 프로그램 분류체계는 3차례에 걸쳐 체계적으로 개발되었다. 1차안은 「평생교육법」과 평생교육사업을 토대로 개발한 후, 이에 대한 전문가의 의견을 구한 것이다. 2차안은 1차안에서 개발된 평생교육 프로그램 분류체계와 문헌검토, 전국의 평생교육 프로그램 3,517개를 귀납적으로 검토하여 완성해 현장전문가 5인에게 검토를 받았고, 그 후 현장 적용의 가능성을 탐색하기 위해 평생교육진흥원의 2008년, 2009년도 3,002개의 프로그램 분류를 수행하여 99% 이상의 분류율을 산출한 현재의 한국 평생교육 프로그램 분류체계(김진화, 고영화, 2009)가 개발된 것이다.

한국 평생교육 프로그램 분류체계는 대분류–중분류로 나누어 평생교육 프로그램을 영역별로 범주화시키는 위계적 준거틀로, 평생교육 프로그램 6개 영역에 대한 정의와 각 영역별 하위영역을 규정하고, 각 영역에 해당하는 프로그램을 명시하여 이해하기 쉽도록 제시한 것을 말한다. 평생교육 프로그램 6개 영역은 「평생교육법」 제2조에 근거하여 기초문해교육, 학력보완교육, 직업능력교육, 문화예술교육, 인문교양교육, 시민참여교육으로 체계화시켰으며, 중분류는 프로그램의 공통성을 조사 · 분석하여 대분류 각 영역별로 각각 3개의 프로그램으로 범주화시켜 총 18개 프로그램으로 분류체계를 설계하고 각 영역별 평생교육 프로그램에 6진 코드번호를 부여하여 '한국 평생교육 프로그램 6진 분류표(KLPCS)를 개발하였다.

[그림 6-1] 한국 평생교육 프로그램 6진 분류표(KLPCS)

출처: 김진화, 고영화(2009). 평생교육 프로그램 분류체계 연구.

1) 기초문해교육

기초문해교육 (Literacy Education)은 교육의 가장 기본이 되는 것으로, 성인기초 · 문자해득교육의 명칭을 기초문해교육으로 변경하였다. 기초문해교육의 중분류 영역은 문자해득 프로그램(Primary Literacy Program), 기초생활기술 프로그램(Fundamental Life Skill Program), 문해학습계좌 프로그램(Literacy Learning Account Program)으로 분류된다.

〈표 6-1〉 기초문해교육의 정의

기초문해교육	한글을 읽고 쓸 수 있도록 하는 문자해득능력과 생활 속에서 직면한 문제를 해결하며 주어진 과업을 수행할 수 있는 문해활용능력을 계발하고 초등학력을 인증받을 수 있도록 지원하는 평생교육
문자해득 프로그램	비문해자가 한글을 읽고, 쓸 수 있는 문자해득능력을 갖도록 체계적으로 지도하는 프로그램
기초생활기술 프로그램	문자해득 후 한글을 응용하여 직면한 문제를 해결하고 주어진 과업을 수행할 수 있는 문해활용능력을 개발하도록 지원하는 프로그램
평생학습계좌 프로그램	초등학력인증 문해교육기관에서 문해학습자가 초등학력을 인증받기 위해 이수해야 할 소정의 교육과정 및 프로그램

출처: 김진화, 고영화(2009). 평생교육 프로그램 분류체계 연구.

문자해득 프로그램의 경우 초급 한글교실 프로그램, 중급 한글교실 프로그램, 미인정한글강좌가 해당되며, 기초생활기술 프로그램은 다문화교육, 고급 한글교실, 한글응용교육(예: 한글노래교실, 한글백일장 등), 가족문해교실, 기초영어교육 등이 해당된다. 또한 문해학습계좌 프로그램은 초등학력인정과정, 학습계좌신청문해강좌, 귀화인한국어교육이 해당된다.

그러나 평생교육 실무자들은 기초문해교육의 중분류에 대한 몇 가지 문제점을 지적하고 있다. 프로그램 명치 구분의 모호성, 유사 프로그램이 다양한 영역으로 분류가 가능한 점, 기초문해교육 영역의 문자해득과 기초생활기술 프로그램 경계의 모호성, 문자해득교육과 초등학력보완 프로그램의 모호성 등으로 인해 분류가 명확하지 않거나 분류가 애매한 프로그램이 다수 존재한다는 것이다.

이에 따라 김진화(2010)는 한국 평생교육 프로그램 분류지침(CR 2009-2 수정판)을 통해 기초문해교육 영역의 중분류를 새롭게 시도하였다. 기초문해교육의 중분류를 다시 내국인한글문해 프로그램(Primary Literacy Program), 다문화

한글문해 프로그램(Foreigner Hangul Literacy Program), 한글생활문해 프로그램(Hangul Basic Life Skills Program)으로 분류하여 제시한 것이다.

2) 학력보완교육

학력보완교육(Schooling Certificate and Complementary Education)의 중분류 영역은 초등학력보완 프로그램(Primary Schooling Certificate and Complementary Program), 중등학력보완 프로그램(Secondary Schooling Certificate and Complementary Program), 고등학력보완 프로그램(Advanced Schooling Certificate and Complementary Program)이 있다

〈표 6-2〉 학력보완교육의 정의

학력보완교육	초 · 중등교육법, 고등교육법, 평생교육법에 명시된 소정의 학력을 인정받기 위해 필요한 이수단위 및 학점과 관련된 학력인증 평생교육
초등학력보완 프로그램	초등학력의 보완 및 인증 규정에 의해 평생교육시설 및 기관에서 운영되는 소정의 프로그램
중등학력보완 프로그램	중 · 고등학교 학력의 보완 및 인증 규정에 의해 평생교육시설 및 기관에서 운영되는 소정의 프로그램
고등학력보완 프로그램	전문학사 및 학사 학력의 인증 규정에 의해 평생교육시설 및 기관에서 운영되는 소정의 프로그램

출처: 김진화, 고영화(2009). 평생교육 프로그램 분류체계 연구.

초등학력보완 프로그램은 중입검정고시강좌, 초등학력인증강좌, 초등교과연계강좌, 과학교실이 해당되며, 중등학력보완 프로그램은 고입 · 대입 검정고시강좌, 중고생교과연계강좌, 진로강좌가 있다. 또한 고등학력보완 프로그램은 독학사강좌, 학점은행제과정, 시간제등록강좌, 대학 비학점강좌가 해당된다.

3) 직업능력교육

직업능력교육(Vocation and Workforce Education)의 중분류 영역은 직업준비 프로그램(Vocational Preparation Program), 자격인증 프로그램(Qualification and Certificate Program), 현직직무역량 프로그램(Workforce continuing Education Program)이 있다.

〈표 6-3〉 직업능력교육의 정의

학력보완교육	직업에 필요한 자격과 조건을 체계적으로 준비하고, 주어진 역할과 직무를 효과적으로 수행할 수 있도록 지원하는 평생교육
직업준비 프로그램	특정 직업에 새롭게 취직하기를 희망하며 성공적인 창업에 필요한 지식, 정보, 기술, 기능을 획득하고 관련 조건을 체계적으로 준비할 수 있도록 지원하는 프로그램
자격인증 프로그램	특정 직업의 직무수행에 필요한 전문적인 지식, 기술, 기능이 일정한 수준에 도달하여 소정의 자격을 제도적으로 인증받을 수 있도록 지원하는 프로그램
현직직무역량 프로그램	현직 종사자에게 보다 발전적인 직무수행에 필요한 관련 지식과 정보를 획득하게 하며, 관련 기술과 기능을 습득하고 익힐 수 있도록 지원하는 프로그램

출처: 김진화, 고영화(2009). 평생교육 프로그램 분류체계 연구.

직업준비 프로그램은 인력양성과정, 창업관련과정, 취업준비과정, 재취업 정보교육이 해당되며, 자격인증 프로그램은 외국어자격인증, 지도자양성과정, 자격증취득과정, 자격인증과정, 토익 · 토플강좌 등이 해당된다. 또한 현직직무역량 프로그램은 공통직무연수, 전문직무연수, 평생교육사연수 등의 프로그램이 해당된다.

4) 문화예술교육

문화예술교육(Art and Culture Education)의 중분류 영역은 레저생활스포츠 프로그램(Leisure and Living Sports Program), 생활문화예술 프로그램(Living Art and Culture Program), 문화예술향상 프로그램(Advanced Art and Culture Program)이 있다.

〈표 6-4〉 문화예술교육의 정의

문화예술교육	문화예술적 상상력과 창의력을 촉진하고 문화예술 행위와 기능을 숙련시키는 일련의 과정과 일상생활 속에서 문화예술을 향유하고 접목할 수 있는 능력을 개발하는 평생교육
레저생활스포츠 프로그램	체력증진 및 여가선용을 위하여 일상생활 속에서 지속적으로 행하는 체육활동 및 전문적 스포츠 관련 프로그램
생활문화예술 프로그램	문화예술을 일상생활에 접목하여 생활문화의 질을 향상시키고, 삶의 문화를 보다 풍성하게 향유할 수 있도록 지원하고 인증하는 프로그램
문화예술향상 프로그램	문화예술작품 및 행위를 의미있게 체험하며 문화예술적 가치가 높은 작품을 완성할 수 있도록 체계적으로 지도하고 인증하는 프로그램

출처: 김진화, 고영화(2009). 평생교육 프로그램 분류체계 연구.

레저생활스포츠 프로그램은 육체적으로 운동에 가깝고 힘이 사용되는 활동으로 레저활동강좌(예: 낚시, 롤러브레이드, 스케이트, 활쏘기 등), 생활스포츠강좌(예: 배드민턴, 볼링, 수영, 골프, 축구, 야구 등), 스포츠예술활동(예: 밸리댄스, 댄스스포츠, 피겨스케이팅, 리듬체조 등)이 해당되며, 생활문화예술 프로그램은 풍선아트강좌, 사진예술강좌, 천연염색강좌, 생활공예강좌, 노래교실강좌 등이 해당된다. 또한 문화예술향상 프로그램은 음악 · 무용, 미술 · 서예지도, 문화예술관람, 도자기 · 공예, 연극 · 영화 등이 해당된다.

5) 인문교양교육

인문교양교육(Humanities General Education)의 중분류 영역은 건강심성 프로그램(Health and Mentality Program), 생활소양 프로그램(Life-Based Competency Program), 인문학적 교양 프로그램(Humanities and Liberal Arts Program)이 있다.

〈표 6-5〉 인문교양교육의 정의

인문교양교육	특정 직업에 필요한 전문지식 및 기술 획득을 위한 학습보다는 교양을 갖춘 현대인으로서 전인적인 성품과 다양한 소양을 개발하고, 신체적 · 정신적 건강을 겸비할 수 있도록 지원하는 평생교육
건강심성 프로그램	현대사회에서 건강한 삶과 생활을 위한 심리적 안정을 촉진하며 신체 건강에 필요한 활동과 체험을 체계적으로 지원하고 인증하는 프로그램
생활소양 프로그램	일상생활의 적절한 역할수행과 현대인이 갖추어야할 다양한 소양과 관련된 기능적 자질과 능력을 개발하며 실천하도록 지원하고 인증하는 프로그램
인문학적 교양 프로그램	전인적 품성과 지혜를 갖춘 현대인으로서 인문학적 교양과 상식을 확장하며, 문학 · 역사 · 철학과 관련된 체험과 활동을 체계적으로 지원하고 인증하는 프로그램

출처: 김진화, 고영화(2009). 평생교육 프로그램 분류체계 연구.

건강심성 프로그램은 상담치료, 종교교육, 식생활교육, 생활의료교육(예: 수지침 등), 보건교육(예: 금연교육)이 해당되며, 생활소양 프로그램은 역할수행교육(예: 유아양육상식, 청소년이해, 부모역할교육, 임산부교실, 좋은 아빠 만들기 등), 예절교육, 정보인터넷활용, 생활외국어, 가정생활(예: 생활요리, 예절교육, 환경교육 등), 직장생활, 생활한자 등이 해당된다. 인문학적 교양 프로그램은 일반문학강좌(예: 시, 소설, 수필 등), 과학일반강좌, 역사 · 전통강좌, 철학 · 행복학강좌, 독서강좌 등이 해당된다.

6) 시민참여교육

시민참여교육(Citizen Participatory Education)의 중분류 영역은 시민책무성 프로그램(Citizen Responsibility Program), 시민리더역량 프로그램(Civic Leader's Competency Program), 시민참여활동 프로그램(Citizen Participatory Activity Program)이 있으며, 성숙한 시민으로서 사회의 공익적인 것에 기여하고 참여할 수 있도록 구성된 프로그램이 해당된다.

〈표 6-6〉 시민참여교육의 정의

시민참여교육	현대의 민주시민으로서 갖추어야할 자질과 역량을 개발하며, 사회통합 및 공동체 형성과 관련하여 시민참여를 촉진하고 지원하는 평생교육
시민책무성 프로그램	현대시민으로서 갖추어야할 사회적 책무성을 개발하며 사회통합 및 공동체 형성을 촉진 및 지원하고 인증하는 프로그램
시민리더역량 프로그램	국가 및 지역사회의 공익적 사업을 효과적으로 추진할 수 있는 시민을 발굴 · 육성하며 그들의 자질과 역량을 개발하고 인증하는 프로그램
시민참여활동 프로그램	현대사회의 구성원으로서 지역사회조직 및 공익적 사업에 대한 개인적 · 집단적인 참여를 촉진하며 평생학습 참여기회를 지원하고 인증하는 프로그램

출처: 김진화, 고영화(2009). 평생교육 프로그램 분류체계 연구.

시민책무성 프로그램은 인권교육, 양성평등교육, 다문화이해, 환경생태체험강좌, 주민자치교육(예: 우리고장 바로알기) 등이 해당되며, 시민리더역량 프로그램은 지역리더양성, 평생학습리더양성, NPO지도자과정, 지역문화해설사과정 등으로 인지적 · 당위적인 사항이 해당된다. 또한 시민활동 프로그램은 학습동아리교육, 평생교육자원봉사교육, 환경실천교육, 평생학습네트워크 등이 해당된다.

이상에서 한국 평생교육 프로그램 분류체계(김진화 · 고영화, 2009)의 대분류 및 중분류, 그리고 프로그램 예시들을 살펴보았다. 이러한 분류체계는 학습자 차원에서 평생교육 프로그램이 평생교육법에 근거함으로써 용어와 개념에 대한 혼란을 막을 수 있을 뿐만 아니라 평생교육 영역의 범위와 내용을 명확히 제시해 줌으로써 평생교육 프로그램에 대한 이해에 도움을 준다. 평생교육기관 차원에서는 기관의 평생교육 프로그램을 분류하고 이를 통해 기관의 현황을 파악할 수 있을 뿐만 아니라 학습자들에게 정확한 정보를 제공할 수 있다. 국가 차원에서는 표준화된 분류체계를 통해 국가적인 평생교육통계 및 평생교육정책을 수행하는 데 도움이 된다(고영화, 2011).

2 장애인 평생교육 프로그램 분류체계

1) 장애인 평생교육 프로그램 분류체계의 필요성

2007년 12월에 전면 개정된 「평생교육법」은 평생교육을 '학교의 정규교육과정을 제외한 학력보완교육, 성인 문자해득교육, 직업능력 향상교육, 인문교양교육, 문화예술교육, 시민참여교육 등을 포함하는 모든 형태의 조직적인 교육활동'이라고 정의하면서 평생교육의 내용으로서 6개 분야를 구체적으로 명시하고 있다. 이렇듯 평생교육의 6개 영역을 법률적으로 명시하고 있으나, 각 영역의 범위와 경계에 대한 명확한 규정이 없어 상당히 혼란스러웠던 것이 사실이다. 이러한 혼란을 해소하기 위하여 앞서 살펴본 바와 같이 '한국 평생교육 프로그램 분류체계(김진화, 고영화, 2009)'가 개발되어 평생교육 영역의 범위와 내용을 명확히 제시해 줄 뿐만 아니라 평생교육 프로그램에 대한 이해에 도움을 주고 있다. 그러나 곽지혜(2011)는 한국 평생교육 프로그램 분류체계를 이용하여 2006년~2010년의 소외계층 평생교육 프로그램 지원사업 결과 자료를 토대로 장애인 대상의 평생교육 프로그램 분류를 시도한 결과, 장애인의 장애

영역에 따른 독특한 교육적 요구로 인하여 분류체계에 맞추기 힘든 프로그램이 많았다고 보고하고 있다.

사실 이때까지 장애인 평생교육은 일반 평생교육의 내용 외에 장애인만이 지니고 있는 특별한 가치와 욕구의 충족을 위한 교육이 제공해야 한다는 것이 주된 생각이었다. Ashman & Elkins(1995)는 장애성인 교육은 정보문해교육, 인적자원 개발교육, 시민교육 등과 같은 일반 성인교육의 내용 외에 장애성인만이 지니고 있는 특별한 가치와 욕구의 충족을 위한 내용의 교육도 제공해야 한다고 주장하면서, 장애성인은 심신의 장애로 인해 장애의 경감, 극복 내지 보완에 필요한 특별한 교육을 요구할 뿐만 아니라, 적절한 여가활동에 대한 교육을 요구한다고 밝히고 있다. 또한 박성숙(2005)은 장애인의 가치와 욕구 충족을 위해 요구되는 평생교육의 내용으로는 개인의 역량과 장애정도에 따라 다양하게 나타나고 있는데, 이들은 공통으로 정상적인 생활 조건 즉, 정상화를 위해 필요한 지원을 요구하고 있으므로 장애인 평생교육은 비장애인의 평생교육이 대상으로 하는 일반적이고 보편적인 내용 외에 개인의 삶의 질 제고를 위한 인적자원을 활용 유지, 관리하는데 더 많은 중점을 두고 교육이 이루어져야 한다고 주장하고 있다.

이처럼 장애인 평생교육의 내용이 일반 평생교육의 내용 외에 장애인만의 특성을 고려한 다양한 프로그램이 필요하다는 인식이 지배적이었기에 많은 연구들은 다양한 방법으로 장애인 평생교육 프로그램 분류를 시도해 왔다(김두영, 2013). 교육인적자원부의 정책과제에 의해 추진된 백은희 외(1999)의 연구에서는 장애인 평생교육 프로그램 내용을 장애예방교육, 의료재활, 직업재활, 심리사회재활, 교육재활, 재가복지서비스, 교양교육, 취미 및 여가교육, 가정생활, 지역사회재활의 10개 영역으로 구분하였고, 정인숙 외(2005)의 연구에서는 문해교육, 직업교육, 교양교육, 정보화교육, 여가교육, 기타의 6개 영역으로 구분하였으며, 김정재 외(2009)와 곽승철 외(2010)의 연구에서는 문해교육, 직업교육, 교양교육, 정보화교육, 여가교육, 자립생활교육, 기타의 7개 영역으로 구분하였다. 평생교육백서(국립특수교육원, 2010)에서는 전 생애를 통한 수직적 차원에서 지원을 고려해 볼 때, 학령기 이후의 장애인에게 요구되는 평생학습 내용을 일상생활기술 외에 직업, 여가문화, 예술, 그리고 성의 맥락 속에서 살펴볼 필요가 있다고 주장하고 있다. 윤점룡 외(2010)는 발달장애성인 평생교육 참여 프로그램 내용으로 취업 · 직업(기술직무) 관련 교육, 기초 · 교양 · 문화 관련 교육, 시민 · 안전 · 경제 · 사회참여 관련 교육, 취미 · 오락 · 여가 관련 교육, 건강 · 보건 · 스포츠 관련 교육, 학력인정교육, 기타의 7개 영역으로 나누어 조사한 바 있고, 강순원 외(2011)는 장애인 평생교육의 내용을 문해교육, 직업교육, 교양교육, 정보화교육, 여가교육, 자립교육, 건강교육, 시민참여교육 등 8가지 영역으로 나누어 장애인 평생교육 현황 및 요구를 파악하였으며, 송소현 외(2011)는 장애인 평생교육 프로그램을 학력보완교육 프로그램, 직업 및 취업교육 프로그램, 여가 및 취미생활 프로그램, 사회참여 프로그램 및 기타로 구분한 바 있다. 이 외에도 여러 연구들이 다양한 장애인 평생교육 프로그램 분류를 시도한 바 있다.

하지만 이러한 장애인 평생교육 프로그램 분류는 다분히 연구자의 주관에 의해 분류를 수행함으로써 분류의 오류 가능성이 높고, 「평생교육법」에 기초하지 않음으로써 제도적 연계에 어려움이 있을 뿐만 아니라 국가적인 정책 및 국가 차원의 평생교육 통계를 산출하는데 한계가 있을 수 있다.

〈표 6-7〉 장애인 평생교육 프로그램 분류유형

구분	분류유형	
백은희 외(1999)	① 장애예방교육 ③ 직업재활 ⑤ 교육재활 ⑦ 교양교육 ⑨ 가정생활	② 의료재활 ④ 심리사회재활 ⑥ 재가복지서비스 ⑧ 취미 및 여가교육 ⑩ 지역사회재활

구분	분류유형	
정인숙 외(2005)	① 문해교육 ③ 교양교육 ⑤ 여가교육	② 직업교육 ④ 정보화교육 ⑥ 기타
김정재 외(2009) 곽승철 외(2010)	① 문해교육 ③ 교양교육 ⑤ 여가교육 ⑦ 기타	② 직업교육 ④ 정보화교육 ⑥ 자립생활교육
국립특수교육원 (2010)	① 직업 ③ 예술	② 여가문화 ④ 성
윤점룡 외(2010)	① 취업 · 직업(기술직무) 관련 교육 ③ 시민 · 안전 · 경제 · 사회참여 관련 교육 ⑤ 건강 · 보건 · 스포츠 관련 교육	② 기초 · 교양 · 문화 관련 교육 ④ 취미 · 오락 · 여가 관련 교육 ⑥ 학력인정교육 ⑦ 기타
강순원 외(2011)	① 문해교육 ③ 교양교육 ⑤ 여가교육 ⑦ 건강교육	② 직업교육 ④ 정보화교육 ⑥ 자립교육 ⑧ 시민참여교육
송소현 외(2011)	① 직업 및 취업교육 프로그램 ③ 사회참여 프로그램	② 여가 및 취미생활 프로그램 ④ 기타
김두영(2013)	① 기초문해교육 ③ 직업능력 향상교육 ⑤ 인문교양교육	② 학력보완교육 ④ 문화예술교육 ⑥ 시민참여교육

우수한 프로그램은 장애인의 평생교육 참여 유도에 있어서 가장 기본이 되는 핵심 요인이라 할 수 있다. 따라서 장애인 평생교육 프로그램에 대한 명확한 분류와 규정이 체계적으로 제시되어야 한다. 이것은 장애성인 학습자로 하여금 평생교육 프로그램은 어떤 것이 있는지, 어디에 있는지, 그리고 그것에 어떻게 참여할 수 있는지에 대한 정보를 제공해 줄 수 있는 근거가 될 수 있다. 또한 평생교육사로 하여금 어떠한 학습 프로그램이 장애성인 학습자의 필요와 요구에 적합하며, 그러한 프로그램이 어디에 있는지에 대한 정보를 제공해 줄 것이다.

그러므로 장애성인이 자신이 원하는 장소 및 시점에서 각자의 필요와 요구에 맞게 즉각적으로 활용될 수 있도록 프로그램의 목적과 내용을 고려하여 체계적으로 분류하고 범주화시켜 정보가치를 향상시켜 활용성을 높이기 위한 노력이 필요하다. 특히 이동 및 정보접근이 상대적으로 취약한 장애성인에게 그들의 요구에 맞는 평생교육 프로그램을 보다 쉽고 빠르게 제공하기 위해서 평생교육 프로그램을 분류해야 할 필요성이 요청된다. 이에 김두영(2013)은 「평생교육법」에 근거해 장애인 평생교육 프로그램의 체계적인 분류방안을 제시하였다.

2) 장애인 평생교육 프로그램 분류체계 및 분류표

김두영(2013)은 장애인복지관, 장애인야학, 장애인주간보호시설, 장애인자립생활센터, 점자도서관, 대학부설 장애인 평생교육원, 한국장애인고용공단 산하 장애인 직업훈련기관 등 모두 104개 기관 873개의 평생교육 프로그램을 조사하고, 이를 귀납적으로 적용하여 「평생교육법」 제2조의 평생교육 프로그램 6개 영역을 근거로 장애인 평생교육 프로그램 대분류를 설정하였으며, 기관별 장애인 평생교육 프로그램 데이터의 범주화를 실시함으로써 중분류의 정의 및 각 영역별 장애인 평생교육 프로그램 예시를 간단히 표로 제시하여 장애인 평생교육 프로그램 분류체계 및 분류표를 제시한 바 있다. 이렇게 개발된 장애인 평생교육 프로그램 분류체계는 「평생교육법」에 근거함으로써 용어와 개념의 혼란을 막을 수 있을 뿐만 아니라 장애인 평생교육 영역의 범위와 내용을 구체적으로 제시해 줌으로써 장애인 평생교육 프로그램에 대한 이해에 도움을 준다.

장애인 평생교육 프로그램 6개 대분류는 「평생교육법」 제2조의 평생교육 6개 영역 즉, 학력보완교육, 성인 문자해득교육, 직업능력 향상교육, 인문교양교육, 문화예술교육, 시민참여교육에 근거하여 설정하되, 성인 문자해득교육의 명칭을 기초문해교육으로 변경하였다. 원래 문해의 개념은 1950년대에는 문맹퇴치의 개념으로, 현재에는 수리력, 정보화능력 등 영역별 기능문해(functional literacy)라는 개념으로 변천해 왔다는 점을 감안할 때, '문자해득교육'이라는 용어는 '문해교육' 또는 '성인기초교육' 등의 개념으로 개정되어야 한다는 것이 평생교육학계 및 문해교육학계의 다수의견이다. 이를 반영하여 기초문해교육으로 명칭 변경을 시도한 것이다. 중분류 영역은 한국 평생교육 프로그램 분류체계(김진화, 고영화, 2009)의 준거를 참고하여 설정하되, 장애인 평생교육 프로그램을 분류하기에 적절한 명칭을 사용하여 새롭게 구성하여 장애인 평생교육 프로그램 6진 분류를 개발하였다.

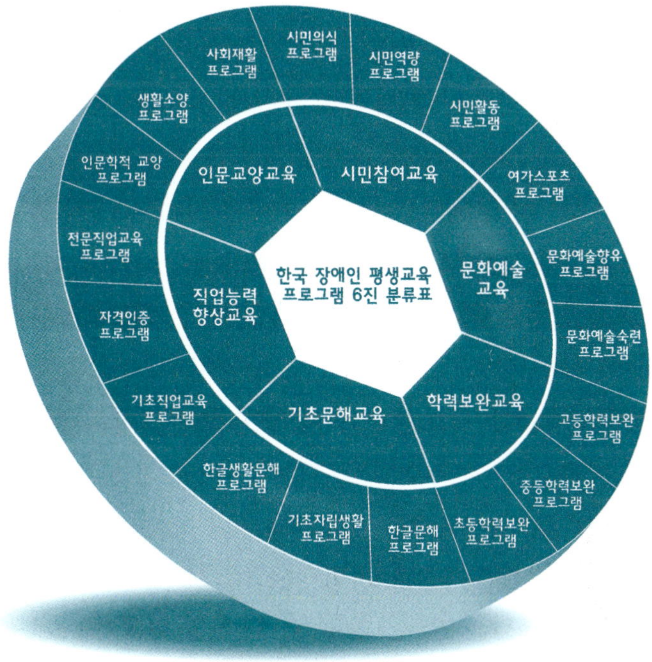

[그림 6-2] 장애인 평생교육 프로그램 6진 분류표

출처: 김두영(2013). 장애인 평생교육 프로그램 분류체계 연구.

(1) 기초문해교육

기초문해교육은 한글을 읽고 쓸 수 있는 문자해득능력과 이를 일상생활에서 활용할 수 있는 문해활용능력을 개발하고, 중증의 발달장애 성인을 대상으로 기초자립생활에 필요한 기술을 익히도록 지원하는 평생교육을 말한다.

기초문해교육의 중분류 영역은 한글문해 프로그램, 한글생활문해 프로그램, 기초자립생활 프로그램으로 분류된다. 한글문해 프로그램은 장애성인들 중 비문해자가 한글을 읽고 쓸 수 있는 문자해득능력을 갖도록 체계적으로 지도하는 프로그램이고, 한글생활문해 프로그램은 일상생활을 영위하는데 필요한 기초능력이 부족하여 가정 · 사회 및 직업생활에서 불편을 느끼는 장애인들을 대상으로 은행이용법, 대중교통수단 이용법, 가전제품 사용 설명서 보기 등 문자를 일상생활 및 직업생활에서 활용할 수 있는 문해활용능력을 개발하도록 지원하는 프로그램이다. 기초자립생활 프로그램은 중증의 발달장애 성인을 대상으로 신변처리기술, 일상생활기술, 사회성 기술 및 지역사회 적응기술을 익히도록 지원하는 프로그램이다.

〈표 6-8〉 장애인 평생교육에서 기초문해교육의 정의

기초문해교육	한글을 읽고 쓸 수 있는 문자해득능력과 이를 일상생활에서 활용할 수 있는 문해활용능력을 개발하고, 중증의 발달장애 성인을 대상으로 기초자립생활에 필요한 기술을 익히도록 지원하는 평생교육
한글문해 프로그램	장애성인 중 비문해자가 한글을 읽고 쓸 수 있는 문자해득능력을 갖도록 체계적으로 지도하는 프로그램
한글생활문해 프로그램	문자를 일상생활 및 직업생활에서 활용할 수 있는 문해활용능력을 개발하도록 지원하는 프로그램
기초자립생활 프로그램	중증의 발달장애 성인을 대상으로 신변처리기술, 일상생활기술, 사회성 기술 및 지역사회 적응 기술을 익히도록 지원하는 프로그램

출처: 김두영(2013). 장애인 평생교육 프로그램 분류체계 연구.

한글문해 프로그램에는 각종 한글교실과 문해교실, 기초부터 중급까지의 한글 교육 프로그램인 늘배움교실, 장애로 인해 잃어버린 한글을 되찾아주는 한사랑 프로그램, 장애인 책 읽어주기 프로그램, 한글 및 문장교육을 내용으로 하는 도전문맹 프로그램, 한글, 수학, 한자 익히기 프로그램인 학문교실 프로그램, 기초한글교육 프로그램인 길빛학당 기초반, 중급한글교육 프로그램인 길빛학당 중급반 등이 해당되며, 한글생활문해 프로그램은 의사소통 및 한글 활용능력 향상을 목적으로 하는 고급문해반, 컴퓨터를 이용하여 간단한 문서를 작성하고 달력을 만드는 발달장애 컴퓨터반, 컴퓨터 문해교육반, 중도장애인들을 대상으로 글쓰기 연습과 수필문학집 발간을 목적으로 하는 한울타리 문학회, 지적장애 성인을 대상으로 연극을 통한 자기주장훈련을 실시하는 푸르메 문화학교 등의 프로그램이 해당된다. 기초자립생활 프로그램은 사회적응력 및 자립생활능력 향상을 목적으로 하는 자립생활기술 프로그램, 지역사회적응 프로그램인 스스로 학교, 자립역량강화 프로그램, 자립지원활동 및 여가문화 프로그램을 통한 사회적응력 향상을 목적으로 하는 행복한 교실 프로그램, 자기관리기술과 문제해결능력 향상을 목적으로 하는 자립생활-발걸음 프로그램, 바른 식습관을 길러주는 식객 프로그램, 올바른 걷기와 자세교정 프로그램인 걷기 교실, 지적, 자폐성 성인 장애인을 대상으로 지역사회 내 다양한 경험을 제공하는 사회적응훈련 프로그램, 재가중증장애 성인을 대상으로 신변자립교육, 감각인지훈련, 신체기능향상 훈련, 대인관계기술 등을 교육하는 바다교실 프로그램, 사회적응 및 자립능력 향상을 목적으로 하는 웰투게더 프로그램 등이 해당된다.

(2) 학력보완교육

학력보완교육은 장애 또는 가정환경 등 불가피한 이유로 학력을 취득하지 못한 장애인들에게 학교 이외의 교육을 통해 초 · 중등교육법과 고등교육법에 명시된 소정의 학력을 인정받을 수 있도록 지원하는 평생교육을 말한다.

학력보완교육은 초등학력보완 프로그램, 중등학력보완 프로그램, 고등학력보완 프로그램의 세 가지 하위영역이 있다. 초등학력보완 프로그램은 초등학력의 보완 및 인증 규정에 의해 평생교육시설 및 기관에서 운영하는 소정의 프로그램이고, 중등학력보완 프로그램은 중 · 고등학교 학력의 보완 및 인증 규정에 의해 평생교육시설 및 기관에서 운영하는 소정의 프로그램을 말한다. 고등학력보완 프로그램은 전문학사 및 학사 학력의 인증 규정에 의해 평생교육시설 및 기관에서 운영되는 소정의 프로그램이다.

〈표 6-9〉 장애인 평생교육에서 학력보완교육의 정의

학력보완교육	장애 또는 가정환경 등 불가피한 이유로 학력을 취득하지 못한 장애인들에게 학교 이외의 교육을 통해 초 · 중등교육법과 고등교육법에 명시된 소정의 학력을 인정을 받을 수 있도록 지원하는 평생교육
초등학력보완 프로그램	초등학력의 보완 및 인증 규정에 의해 평생교육시설 및 기관에서 운영하는 소정의 프로그램
중등학력보완 프로그램	중 · 고등학교 학력의 보완 및 인증 규정에 의해 평생교육시설 및 기관에서 운영되는 소정의 프로그램
고등학력보완 프로그램	전문학사 및 학사 학력의 인증 규정에 의해 평생교육시설 및 기관에서 운영되는 소정의 프로그램

출처: 김두영(2013). 장애인 평생교육 프로그램 분류체계 연구.

장애인 평생교육에서 학력보완교육 프로그램은 주로 장애인복지관이나 장애인야학에서 실시하고 있는 검정고시반이 대부분이며, 초등학력보완 프로그램은 중입검정고시반, 초등교과 연계강좌가 해당되고, 중등학력보완 프로그램은 시각장애인을 위한 고입검정고시 프로그램인 목소리로 배우는 교실, 고입검정고시반, 대입검정고시반, 대학수능 준비반 등이 해당된다. 고등학력보완 프로그램은 장애인 평생교육기관에서 운영되기보다는 일반 평생교육원이나 온라인 강좌 등을 통해 제공되고 있는 학점은행제 과정, 독학사 과정 등이 이에 해당된다.

(3) 직업능력 향상교육

직업능력 향상교육은 다양한 직업에 대한 인식과 직업탐색의 기회를 제공하고, 직장생활에 필요한 기술과 태도, 의사소통 기술, 사회생활기술 등을 익히도록 하고, 자기의 적성, 흥미, 능력에 알맞은 일을 택하여 그것에 필요한 지식, 기능, 태도, 판단, 습관 등을 개발하고 이런 능력을 계속적으로 개선해 나가도록 지원하는 평생교육을 말한다.

직업능력 향상교육의 중분류 영역은 기초직업교육 프로그램, 자격인증 프로그램으로 분류된다. 기초직업교육 프로그램은 직업 생활을 수행하는 데 일반적으로 요구되는 직업의식(직업 흥미, 가치관, 의욕 등)과 작업 태도 및 습관(책임감, 자발성, 안전 수준, 작업의 준비 및 마무리, 출결 등), 그리고 직업 지식 및 정보 등을 습득하도록 돕는 것을 목적으로 하는 포괄적인 교양교육 프로그램이며, 전문직업교육 프로그램은 특정한 직업을 갖기 위하여 준비하거나 현직에 있는 근로자들이 직무 수행상 필요한 능력과 자질을 향상시키기 위하여 실시하는 전문적인 교육 프로그램이다. 또한 자격인증 프로그램은 장애인들이 주로 종사할 수 있는 표본 작업 기능을 익혀 소정의 자격을 제도적으로 인증받을 수 있도록 지원하는 프로그램이다.

〈표 6-10〉 장애인 평생교육에서 직업능력 향상교육의 정의

직업능력 향상교육	직업의 세계를 탐색하고, 자기의 적성, 흥미, 능력에 알맞은 일을 택하여 그것에 필요한 지식, 기능, 태도, 판단, 습관 등을 개발하고 이런 능력을 계속적으로 개선해 나가도록 지원하는 평생교육
기초직업교육 프로그램	직업 생활을 수행하는 데 일반적으로 요구되는 직업의식과 작업 태도 및 습관 그리고 직업 지식 및 정보 등을 습득하도록 지원하는 프로그램
전문직업교육 프로그램	특정한 직업을 갖기 위하여 준비하거나 현직에 있는 근로자들이 직무 수행상 필요한 능력과 자질을 향상시키기 위하여 지원하는 프로그램
자격인증 프로그램	장애인들이 주로 종사할 수 있는 표본 작업 기능을 익혀 소정의 자격을 제도적으로 인증받을 수 있도록 지원하는 프로그램

출처: 김두영(2013). 장애인 평생교육 프로그램 분류체계 연구.

기초직업교육 프로그램은 장애인들의 직업생활에 필요한 기술습득을 목적으로 일상생활기술, 사회기술, 직업 인식 등을 지원하는 직업적응훈련 프로그램, 보조기구를 활용한 직무 수행능력 향상을 목적으로 하는 직업전환서비스 프로그램, 취업준비 프로그램, 직업탐색이나 직종훈련을 내용으로 하는 자립지원 훈련 프로그램, 직업탐색과 신체기능 향상 등의 보호작업훈련 프로그램, 도전! 나의 꿈을 찾아서, 공단산하 직업능력개발원에서 시행하는 인성/사회성 함양 교육, 지적장애인 기본과정 등이 해당되며, 전문직업교육 프로그램은 바리스타 교실, 빵굽는 교실, 쿠키클레이, 수제쿠키반, 시각장애인 대상의 헬스키퍼반, 안마보조업 교육, 점자나 점역 분야의 기능경기대회 준비반, 직업능력개발을 목적으로 매회 새로운 레시피의 샌드위치 만들기를 진행하는 맘's 샌드위치, 장애인 캐리커쳐 디자이너 양성을 위한 하얀 도화지 위에 함께 그리는 희망 이야기, 3차 외식산업분야의 직무능력 향상을 위한 아카데미반, 포토샵/디자인 교육과정, 전문 공예인 양성을 위한 내 손으로 만드는 세상, IT 계열의 직종훈련 프로그램인 더불어 삶, 그리고 공단산하 직업능력개발원에서 시행하는 각종 훈련과정과 지적장애인 직종훈련과정, 일반 평생교육 관계자의 장애인교육 역량 강화 연수, 장애인 평생교육강사 양성과정, 장애인 평생교육 관계자의 평생교육적 소양 역량 강화 연수 등이 해당된다. 또한 자격인증 프로그램은 ITQ 자격증 취득과정, 자격증 취득을 위한 각종 컴퓨터 교육과정, 평생공예교육 지도자 양성과정, 한지공예 지도자 양성과정, 쇼콜라띠에(초콜릿공예가) 양성과정, 국선도 생활지도자 양성과정, 시각장애인을 위한 점역교정사 양성과정, 웃음치료사 자격증반, 장애인 수영심판 양성과정 등이 해당된다.

(4) 문화예술교육

문화예술교육은 장애인 평생교육 분야에서 핵심적인 실천 영역으로서 다양한 교육적 가치와 효과가 여러 연구에 의해 입증되고 있다. 문화예술교육은 체력증진 및 여가선용을 위한 스포츠 활동과 일상생활 속에서 문화예술을 향유하고 문화예술 행위와 기능을 숙련시키는 일련의 교육활동을 말한다.

문화예술교육 중분류 영역은 여가스포츠 프로그램, 문화예술향유 프로그램, 문화예술숙련 프로그램으로 분류된다. 여가스포츠 프로그램은 레저스포츠는 물론, 여가시간에 행할 수 있는 자발적인 신체활동을 모두 포함한다. 한국 평생교육 프로그램 분류체계(김진화, 고영화, 2009)에서는 인문교양교육의 건강심성 프로그램과 문화예술교육의 레저생활스포츠 프로그램을 명확히 구분하기 어렵다는 지적이 제기되어 왔다. 예를 들어, 요가, 국선도, 기체조 등의 경우 주된 목적인 심리적 안정과 건강한 생활에 있다고 하여 인문교양교육의 건강심성 프로그램으로 분류하고 있으나, 장애인 평생교육 프로그램 분류체계에서는 이들 모두 체력증진 및 여가선용을 목적으로 한 자발적인 신체활동으로 보는 것이 합당하다고 보아 문화예술교육의 여가스포츠 프로그램으로 분류하고 있다. 문화예술향유 프로그램은 다양한 문화예술을 체험하고 문화예술을 일상생활에 접목할 수 있도록 지원하는 프로그램으로서, 생활문화의 질 향상과 삶의 문화를 풍성하게 향유할 수 있도록 지원하는 것을 목적으로 한다. 한국 평생교육 프로그램 분류체계에서는 지적장애인들의 자기표현력 향상을 위한 미술교육을 인문교양교육의 생활소양 프로그램으로 분류하고 있으나, 지적장애인들의 미술활동 역시 일상생활 속에서 문화를 보다 풍성하게 향유하는 과정으로 보는 것이 일반적인 견해라고 보아 장애인 평생교육 프로그램 분류체계에서는 문화예술향유 프로그램으로 분류하고 있다. 문화예술숙련 프로그램은 문화예술 행위와 기능 향상을 목적으로 전문적 문화예술 관련 내용으로 구성된 프로그램을 말한다.

〈표 6-11〉 장애인 평생교육에서 문화예술교육의 정의

문화예술교육	체력증진 및 여가선용을 위한 스포츠 활동과 일상생활 속에서 문화예술을 향유하고 문화예술 행위와 기능을 숙련시키는 평생교육
여가스포츠 프로그램	레저스포츠를 포함하여 체력증진과 건강한 생활을 목적으로 여가시간에 행할 수 있는 자발적인 신체활동을 지원하는 프로그램
문화예술향유 프로그램	장애인들의 문화예술 접근 기회를 확충하고, 문화예술을 일상생활에 접목하여 삶의 문화를 보다 풍성하게 향유할 수 있도록 지원하는 프로그램
문화예술숙련 프로그램	문화예술 행위와 기능을 숙련시키는 일련의 과정과 문화예술적 가치가 높은 작품을 완성할 수 있도록 체계적으로 지도하는 프로그램

출처: 김두영(2013). 장애인 평생교육 프로그램 분류체계 연구.

여가스포츠 프로그램은 레저스포츠 강좌(장애인 실내 조정, 파크골프, 텐덤바이크, 스케이트, 인라인스케이트, 승마 등), 생활스포츠 강좌(볼링, 탁구, 보치아, 축구, 풋살, 농구, 게이트볼, 배드민턴, 태권도, 당구, 검도, 수영, 골볼, 론볼링 등), 스포츠예술 활동(밸리댄스, 댄스스포츠, 라틴댄스, 라인댄스, 실버댄스, 에어로빅 등), 건강스포츠 강좌(요가, 필라데스, 한방기공, 국학기공, 국선도, 새천년체조, 스트레칭, 다이어트 교실, 체력단련반 몸살림, 건강걷기 교실, 지적장애인 체육교실 등) 등이 해당되며, 문화예술향유 프로그램은 지적장애인들의 자기표현력 향상을 위한 미술활동, 집단미술활동 행복한 미술 이야기, 웰빙 음악대학 노래교실, 민요교실, 장구교실, 생활 공예(한지공예, 냅킨공예, 천연화장품공예, 손끝으로 말하는 퀼트, 양초공예, 규방공예), 뜨개질 교실, 리본아트, 풍선아트, 포크아트, POP 예쁜 글씨 교실, 클레이아트, DSLR 사진반, 발달장애인 사진동아리인 사진 속 내 마음, 문화예술 관람 프로그램, 영화감상 프로그램인 시네마 천국, 플라워디자인, 좌충우돌 테라코타 도전기, 종이접기, 컬러비즈반 등이 해당된다. 또한 문화예술숙련 프로그램은 서예교실 햇살회, 인물화 교실, 사군자 교실, 수묵산수화교실, 영화제작반, 난타교실 두드림, 기타, 피아노, 오카리나, 드럼, 하모니카 음악대, 트럼펫, 사물놀이교실, 한우리 풍물반, 도자기공예, 풀짚공예, 목공공예, 가죽공예, 컬러비즈공예, 나

누리 중창단, 느티나무 합창교실, 성악교실, 뮤지컬 교실, 참여자들이 연극 내용을 직접 구성하여 극으로 공연하는 동문 STARS, 영상미디어 교실 등이 해당된다.

(5) 인문교양교육

인문교양교육은 장애인이 속한 사회에서 하나의 사회 구성원으로서 기능과 역할을 수행할 수 있도록 신체적 · 감각적 · 지적 · 정서적 · 사회적 기능의 회복을 돕고, 교양을 갖춘 현대인으로서 전인적인 성품과 다양한 소양을 개발하도록 지원하는 평생교육을 말한다.

인문교양교육의 중분류 영역은 사회재활 프로그램, 생활소양 프로그램, 인문학적 교양 프로그램으로 분류된다. 사회재활 프로그램은 장애인들이 지역사회의 생활에 일상적으로 참여할 수 있도록 신체적 · 감각적 · 지적 · 정서적 · 사회적 기능의 회복을 돕고, 수준 높은 자립을 달성할 수 있도록 지원하는 일련의 재활교육을 말한다. 생활소양 프로그램은 건강한 삶과 생활을 위한 심리적 안정을 촉진하며, 현대인이 갖추어야 할 다양한 소양을 갖추도록 지원하는 프로그램이며, 인문학적 교양 프로그램은 현대인으로서 인문학적 교양과 상식을 확장하며 문학 · 역사 · 철학과 관련된 체험과 활동을 체계적으로 지원하는 프로그램이다. 여기에는 문화예술 관련 이론 및 전문지식을 다루는 아카데미형 강좌 프로그램, 예컨대 서양미술사, 클래식 감상과 이해, 영화예술의 이해 등의 프로그램이 포함된다.

〈표 6-12〉 장애인 평생교육에서 인문교양교육의 정의

인문교양교육	장애인이 속한 사회에서 하나의 사회 구성원으로서 기능과 역할을 수행할 수 있도록 돕고, 교양을 갖춘 현대인으로서 전인적인 성품과 다양한 소양을 개발하도록 지원하는 평생교육
사회재활 프로그램	장애인들이 지역사회의 생활에 일상적으로 참여하여 수준 높은 자립을 달성할 수 있도록 지원하는 일련의 재활 교육 프로그램
생활소양 프로그램	건강한 삶과 생활을 위한 심리적 안정을 촉진하며, 현대인이 갖추어야 할 다양한 소양을 갖추도록 지원하는 프로그램
인문학적 교양 프로그램	현대인으로서 인문학적 교양과 상식을 확장하며 문학 · 역사 · 철학과 관련된 체험과 활동을 체계적으로 지원하는 프로그램

출처: 김두영(2013). 장애인 평생교육 프로그램 분류체계 연구.

사회재활 프로그램은 지체장애인 재활프로그램(재활워킹, 재활스트레칭, 재활수영 등), 중도시각장애인을 위한 재활교육 프로그램(점자교육, 보행교육, IT교육 등), 시각장애 여성을 위한 화장법, 헤어스타일링, 패션스타일링 프로그램, 중도장애인 독서치료를 위한 해피타임, 싸이코, 쏘시오 등을 통한 성인 심리재활, 뇌병변장애인 재활프로그램, 언어장애인을 위한 수어교실, 중도장애인을 위한 보조기기 활용교육 등이 해당되며, 생활소양 프로그램은 컴퓨터, 인터넷, 스마트폰 활용 등의 정보화교육, 다양한 농작물 재배 활동의 행복 나눔 광장, 각종 작물의 재배법을 배우는 원예교실 365행복팩토리, 텃밭교실 향기 나는 풀내음, 웃음치료교실, 다도교실, 예절교실, 영어기초교실, 영어동화구연, 일본어교실, 한문(한자)교실, 요리교실 해피쿠키, 식생활 문화 개선을 위한 왕의 밥상 프로그램, 부모역할에 관한 맘스교실, 장애모의 심리적 안정을 도모하기 위한 휴마더 프로그램, 옷수선 및 양재교실, 피부건강 미인 만들기 프로그램, 미용교실, 성인 지적장애인을 위한 성교육 프로그램, 장애인 금연클리닉, 발 관리 건강교실, 자연체험을 통해 정서적 안정을 도모하는 숲속여행 프로그램, 성인장애인 동화구연 프로그램 이야기 속으로 세상 속으로 등이 해당된다. 또한 인문학적 교양 프로그램은 성인 지적장애인을 위한 평생과정 설계 8대 영역에 대한 이해 및 생애주기별 과업 관련 정보를 제공하는 발달장

애인 평생과정 설계 아카데미, 시에 대한 이론 교육 및 창작활동을 통한 시낭송 프로그램, 지역문화탐방, 문학작품의 이해, 유기농법 강좌, 생활과학교실, 건강강좌 등의 늘푸른 대학반, 인문학 및 건강강좌 등의 중장년교육 성민시대, 아름다운 자서전 여행, 인문학 및 생활강좌 등의 교양강좌 프로그램, 수필교실, 정규대학과정과 유사한 형태로 운영되는 수리아카데미, 문예집 제작, 내 안의 나 찾기 및 시 쓰기 등의 독서코칭 프로그램, 타임머신 역사탐방, 자연해설 아카데미 숲 체험 교실, 인문학으로 세상 보기, 강의를 통해 진정한 나를 발견하는 자아 찾기 프로그램, 철학반, 신문을 이용한 토론 강좌 NIE 프로그램, 장애인 평생교육 토론마당 등이 해당된다.

(6) 시민참여교육

시민참여교육은 시민교육과 참여교육의 의미를 내포하고 있다. 시민교육은 현대사회에 적응할 수 있는 능력과 자질을 기르는 데 목적을 둔 교육을 말하며, 참여교육은 사회에 참여함으로써 국가의 발전을 꾀하는 공익적인 활동을 유도하는 교육을 말한다. 따라서 시민참여교육은 현대 민주시민으로서 갖추어야 할 자질과 능력을 개발하며, 국가 및 지역사회 발전을 위하여 시민참여를 촉진하고 지원하는 평생교육을 말한다.

시민참여교육의 중분류 영역은 시민의식 프로그램, 시민역량 프로그램, 시민활동 프로그램으로 분류된다. 시민의식 프로그램은 현대시민으로서 갖추어야 할 사회적 책무성을 개발하고 장애인의 권리를 찾게 하며, 전반적인 사회문제를 비판할 수 있는 능력을 함양하도록 지원하는 프로그램이며, 시민역량 프로그램은 공익적 사업을 효과적으로 추진할 수 있는 시민을 발굴 · 육성하도록 지원하는 프로그램을 말한다. 시민활동 프로그램은 국가 및 지역사회 발전을 위하여 공익적 차원에서 개인 및 집단의 참여를 촉진하는 프로그램을 말한다.

〈표 6-13〉 장애인 평생교육에서 시민참여교육의 정의

시민참여교육	현대 민주시민으로서 갖추어야 할 자질과 능력을 개발하며, 국가 및 지역사회 발전을 위하여 시민참여를 촉진하고 지원하는 평생교육
시민의식 프로그램	현대시민으로서 갖추어야 할 사회적 책무성을 개발하고 장애인의 권리를 찾게 하며, 전반적인 사회문제를 비판할 수 있는 능력을 함양하도록 지원하는 프로그램
시민역량 프로그램	공익적 사업을 효과적으로 추진할 수 있는 시민을 발굴 · 육성하도록 지원하는 프로그램
시민활동 프로그램	국가 및 지역사회 발전을 위하여 공익적 차원에서 개인 및 집단의 참여를 촉진하는 프로그램

출처: 김두영(2013). 장애인 평생교육 프로그램 분류체계 연구.

시민의식 프로그램은 장애인차별금지법의 이해, 장애인이동권 등의 장애 인권교육, 권익 옹호 학교, 장애인 선거참여 교육, 성인 여성장애인을 위한 성희롱 예방 교육, 여성장애인의 성주권 및 인권보장을 위한 성주권 교육, 지역사회를 바라보는 시선을 키우는 지적장애인 기자단 Our Voice, 재해 · 재난 체험반, 장애인 평생교육 토론마당, 비장애인 대상의 장애이해교육 등이 해당되며, 시민역량 프로그램은 장애인활동가 양성과정, 장애인 인권강사 양성과정, 장애인 수영심판 양성과정, 청각장애인의 인권과 사회적 소통을 위한 수어통역사 양성과정, 지역사회 역사 해설가 양성과정, 장애이해교육 강사 양성과정 등이 해당된다. 또한 시민활동 프로그램은 수화교실, 지역 나눔 활동을 실천하는 장애여성 사회교육 프로그램, 교통안전교육, 지역사회 선도활동, 캠페인 활동을 통한 휠체어 지킴이 교육, 장애인 봉사활동 동아리 등이 해당된다.

3) 장애인 평생교육 프로그램 분류기준

장애인 평생교육은 이론이 실천을 안내하였다기보다는 실천이 앞서고 연구가 그 뒤를 따르고 있다고 해도 과언이 아닐 것이다. 그러다 보니 장애인 평생교육 현장에는 무수히 많은 프로그램들이 지속적으로 생성됨으로써 정리되지

않은 채, 무질서하게 펼쳐져 있다. 이와 같이 정리되지 않은 상태의 수많은 프로그램을 분류하기 위해서는 장애인 평생교육 프로그램 분류를 위한 기준 및 방법이 필요하다.

먼저 다양한 평생교육기관에서 실시하고 있는 프로그램 중 어떤 프로그램을 장애인 평생교육 프로그램으로 볼 것인가 하는 문제이다. 장애성인을 대상으로 하는 프로그램의 경우 다음의 조건을 만족하는 프로그램을 장애인 평생교육 프로그램으로 보는 것이 타당할 것이다. 첫째, 「평생교육법」 제2조의 규정에 따라 학교 교육을 제외한 모든 형태의 조직적인 교육활동을 평생교육 프로그램을 보아야 한다. 둘째, 전공과 및 대학교를 포함한 정규교육과정에 참여하고 있지 않은 성인 장애인을 대상으로 하는 프로그램만을 장애인 평생교육 프로그램으로 보아야 한다. 셋째, 성인 장애인을 대상으로 하는 프로그램일지라도 그 교육활동이 반드시 교육적인 활동과 관련된 것만을 장애인 평생교육 프로그램으로 볼 수 있다. 따라서 장애인 복지시설 등에서 실시하고 있는 음악치료, 미술치료, 언어치료, 물리치료 등의 치료교육 프로그램은 장애인 평생교육 프로그램에서 제외해야 한다(김두영, 2013).

치료교육은 1994년에 「특수교육진흥법」(2007년 5월 26일 폐지) 전부 개정과 함께 도입된 개념으로, 장애로 인하여 발생한 결함을 보충함과 동시에 생활 기능을 회복시켜 주는 심리치료 · 언어치료 · 물리치료 · 작업치료 등의 교육활동이다. 2007년 「장애인 등에 대한 특수교육법」 제정과 함께 교과의 개념으로 유지되어 오던 치료교육은 폐지되고 특수교육 관련 서비스의 하나로 치료 지원서비스라는 개념이 등장하게 되었다. 이렇듯 치료교육이 법률적으로 사라지게 된 것은 치료교육에 대한 보다 충분한 학문적 담론이 없었기 때문이다.

평생교육 프로그램이란 학습자와 교수자가 상호 협력하여 일정한 시간 동안 체계화된 교육내용과 학습활동을 전개하여 구체적인 학습결과에 의해 교육목표의 성취 정도를 확인할 수 있도록 구성된 교육적 실체를 말한다. 또한 평생교육의 정의에서 제한하고 있는 바와 같이 그 내용이 반드시 교육적인 활동과 관련된 것이어야만 평생교육 프로그램으로 보고 있다. 따라서 장애성인을 대상으로 실시하는 프로그램 중 치료교육과 관련된 프로그램을 장애인 평생교육 프로그램에서 제외하는 것이 바람직해 보인다.

지금까지 장애인 평생교육 프로그램을 조사·분석한 많은 연구들은 장애 성인 대상의 프로그램만을 장애인 평생교육 프로그램에 포함해 왔다. 하지만 장애인 평생교육 정책과 사업의 범위를 확장하는 측면에서 장애성인을 대상으로 하는 프로그램 외에도 장애인 가족이나 일반/장애인 평생교육 관계자, 비장애인을 대상으로 실시하는 장애인 관련 교육도 장애인 평생교육 프로그램에 포함하는 것이 바람직해 보인다.

다음으로 선정된 장애인 평생교육 프로그램을 어떤 기준과 방법으로 분류하느냐의 문제이다. 평생교육 프로그램을 분류하기 위해서는 프로그램을 분류할 수 있는 분류기준이 있어야 한다. 분류기준이 없이 프로그램을 분류하는 것은 프로그램을 영역별로 명확히 분류하는 데 한계를 가진다. 즉, 무수히 많은 평생교육 프로그램들 속에서 공통성을 발견하고, 그것을 유형화시키기 위해서는 평생교육 프로그램 분류를 위한 프로그램 분류기준 및 요소를 살펴보는 것이 필요하다(김진화, 2010).

체계적인 프로그램 분류를 위해서는 프로그램들 속의 공통성을 가진 프로그램 요소를 추출하는 것이 중요하다. 각각의 평생교육 프로그램에는 프로그램 요소가 존재한다. 그 요소는 명칭, 목적, 내용, 대상, 시간, 형식, 방법, 내용, 주제 등으로 다양하게 존재한다. 이와 같이 다양하게 존재하는 프로그램 요소들은 각각의 프로그램에 존재하며, 프로그램들 속에서 공통성을 추출하여 나온 것이 프로그램 분류기준이다. 즉, 프로그램 분류기준은 각각의 프로그램에서 공통성을 추출하여 선정된 것으로 프로그램 요소들 중 하나 또는 그 이상을 말한다(김진화, 고영화, 2009).

다음의 그림에서 보는 바와 같이 Program A와 Program B가 존재할 경우, Program A와 Program B 각각에는 프로그램 명칭, 목적, 내용, 대상, 형식, 장소 등의 프로그램 요소가 존재한다. 이와 같이 다양한 프로그램 요소 들 중 Program A와 Program B에서 공통적으로 추출되는 프로그램 요소가 존재한다. 이와 같은 프로그램 요소가 프로그램 분류기준으로 작용하는데 다양한 프로그램 요소들 중 명칭이 선정될 수도 있고, 명칭과 장소, 혹은 대상과 내용, 장소 등이 함께 선정될 수도 있다. 즉, 프로그램 요소는 프로그램 분류 기준으로 선정되는 데 있어 하나 또는 그 이상이 될 수 있다.

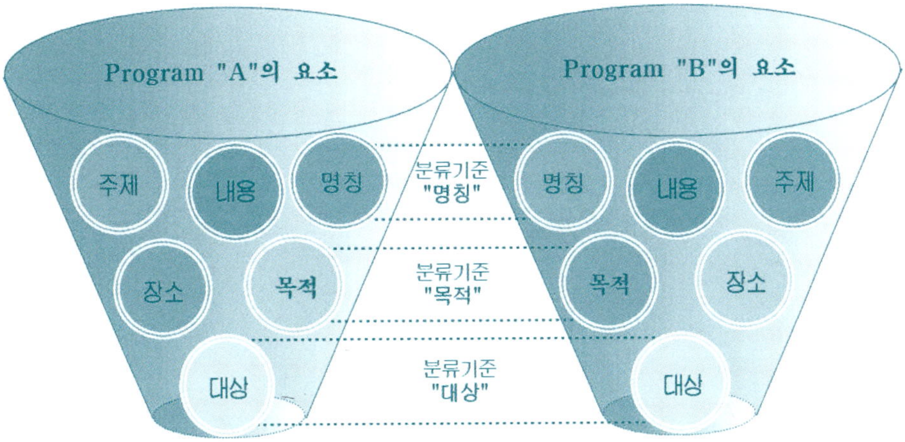

[그림 6-3] 프로그램 요소와 분류기준

출처: 김진화, 고영화(2009). 평생교육 프로그램 분류체계 연구.

프로그램 명칭은 프로그램을 학습고객에게 제공할 때 표면적으로 드러내는 프로그램의 제목을 말하고, 프로그램 대상은 프로그램을 운영할 때 제공받는 직접적인 수혜자를 말하며, 프로그램 목적은 프로그램을 실시하는 담당자가 설정한 목적으로 프로그램을 통해 실현하려는 일이나 나아가는 방향을 뜻하는 것이다. 프로그램 형식은 프로그램의 외형적인 특징을 나타내는 것으로 단일 프로그램이 모여 하나의 사업적인 측면에서 이루어지는 복합 프로그램인지, 단일 프로그램인지를 구분하는 요소를 말하고, 프로그램 내용은 프로그램을 실시할 때, 학습자들에게 제공하는 실질적인 내용을 말하며, 프로그램 장소는 프로그램이 이루어지는 기관을 지칭하는 것이다. 장애인 평생교육 프로그램을 분류할 때에는 이러한 프로그램의 명칭, 목적, 내용, 대상, 형식, 장소 등의 요소들을 복합적으로 적용하여 분류해야 한다.

연구과제

1. 평생학습관 한 곳을 정해 프로그램을 조사한 후, 한국 평생교육 프로그램 분류체계에 의해 프로그램을 분류해 보고 제한점을 논의해 봅시다.
3. 장애인 평생교육기관 한 곳을 정해 프로그램을 조사한 후, 장애인 평생교육 프로그램 분류체계에 의해 프로그램을 분류해 보고 제한점을 논의해 봅시다.
4. 한국 평생교육 프로그램 분류체계와 장애인 평생교육 프로그램 분류체계의 차이점을 논의해 봅시다.
5. 향후 국가적인 차원의 표준화된 장애인 평생교육 프로그램 분류체계 개발의 필요성을 논의해 봅시다.

CHAPTER

07

장애인 평생교육 프로그램 참여 동기, 저해요인, 만족도

학습목표

- 여러 학자의 평생교육 프로그램 참여 동기 이론을 살펴본다.
- 장애성인의 평생교육 프로그램 참여 동기와 비장애성인의 경우와 비교하여 설명한다.
- 여러 학자의 평생교육 프로그램 참여 저해요인 이론을 살펴본다.
- 장애성인의 평생교육 프로그램 참여 저해요인을 비장애성인의 경우와 비교하여 설명한다.
- 여러 학자의 교육만족도 관련 이론을 살펴본다.
- 장애유형별 평생교육 프로그램 만족도 차이를 이해하고, 비장애성인의 경우와 비교하여 설명한다.

I 장애인 평생교육 프로그램 참여 동기

1) 평생교육 프로그램 참여 동기

평생교육이 이루어지는 것은 여러 가지 요인이 있겠지만, 우선적으로 행동을 시작하고 지속하는 동기가 작용한다(윤지현, 김호연, 김두영, 2016). 동기는 한 개인이 학습에 참여하는데 중요한 영향을 미치며, 한 개인이 왜 교육에 참여하게 되는지, 무엇을 배울 것이지, 그러기 위해서는 어떻게 해야 할 것인지를 준비하는 심리적인 상태로 볼 수 있다(이석진, 이승진, 2015). 장애인의 평생교육 프로그램 참여 동기는 장애성인이 어떤 프로그램을 선택하는지에 대한 다양한 이유를 입증하기 때문에 현장에서 가치 있는 공헌을 할 것이다. 이러한 이해는 장애인 학습자의 동기를 고려한 효용성 있는 평생교육 프로그램 개발과 프로그램 만족도 제고에도 중요하며, 장애인 학습자 개인의 행복감에도 직 · 간접적으로 영향을 미칠 수 있다.

동기란 행동을 일으키게 하는 내적인 직접요인의 총칭 또는 인간이 일정한 행동을 유지하고 지속하도록 하는 내적 근원이라고 정의할 수 있지만(두산세계백과사전, 1996), 개개인의 동기의 양상은 매우 다양하여 동기 자체를 명확하게 개념 짓기란 쉽지 않으며, 학자에 따라 그에 대한 정의도 매우 다양하다(류정무, 이강현, 1990). 일반적으로 동기는 행동의 원동력으로 작용하며, 또한 정서적 흥분을 일으키고 목표의 선택과 결과에 작용하게 된다. 이러한 동기의 기능을 학습과 결부시켜 살펴보면, 동기는 학습의 목표를 설정하고 학습활동을 시작하는 결정에 영향을 미치고, 개인이 사용할 학습 전략 및 노력을 선택하고 방향을 설정하는데 영향을 미치며, 학습을 강화시켜 지속적인 학습을 가능하게 한다(김영석, 2012). 이처럼 동기는 개인 학습에 큰 영향을 미치는 요인이며, 특히 자발적인 참여를 전제로 하는 평생교육에서 매우 중요한 의미를 갖는다.

성인은 목적을 가지고 여러 형태의 평생교육 프로그램에 참여하고 있으며, 참여 목적은 성인마다 다양하게 나타나기 마련이다(Merriam & Cafarrella, 1999). 성인학습자의 평생교육 프로그램 참여 동기는 참여목적과 관계되는 요인으로서 성인학습자의 평생교육 프로그램 참여시 교육과정의 편성과 강좌 운영방법, 교육방법 및 평가 등의 요소에 적지 않은 관련성이 있는 요소이기 때문에 중요하게 연구되어야 할 요소이다(Merriam, Caffarella, & Baungartner, 2007). 따라서 성인학습자들에게 적합한 성인교육을 실시하기 위해서는 성인들이 어떠한 동기에 의해 교육에 참여하는가를 우선적으로 밝힐 필요가 있다(김두영 외, 2015).

성인의 교육 참여 동기에 관한 연구는 다양한 형태로 진행되어 왔다. 성인학습자의 참여 동기 유형을 체계적으로 이론화 한 것은 Houle(1961)에 의해서다. 그는 다양한 형태의 계속교육에 참여하고 있는 소규모 성인 집단을 대상으로 심층면접을 실시하여 그들의 교육 참여의 역사, 성인교육에 유인된 요인들, 교육 참여자로서 자신을 바라보는 관점을 탐구하여 성인학습자들이 교육에 참여하는 동기를 목표지향성, 활동지향성, 학습지향성의 세 가지로 밝혀냈다. 목표지향적인 사람들(the goal-oriented)은 직업적인 진보나 외부적인 기대를 달성하기 위해 교육에 참여하고, 활동지향적인 사람들(the activity-oriented)은 사회적 관계나 복지, 도피나 자극을 위하여 학습활동에 참여하며, 학습지향적인 사람들(the learning-oriented)은 단지 학습 자체나 지식을 충족시키기 위하여 학습활동에 참여하는 것이라고 밝히고 있다. 다만, 이상의 서로 다른 세 집단은 서로 별개의 영역이 아니라 서로 중복적인 관계에 있으므로 상호 복잡적인 관련을 가지기도 한다. 그리고 이러한 부분 때문에 Houle의 참여 동기 이론은 평생교육의 참여 동기를 지나치게 단순화시켰다는 지적을 받기도 한다(김미아, 2016).

이에 많은 학자들이 Houle(1961)의 분류를 준거로 평생교육 참여 동기를 세분화된 하위요인들로 제시하였다. Boshier(1971)는 직접 개발한 교육참여척도(EPS: Educational Participation Scale)로 3차에 걸친 요인분식을 실시하여 목표지향을 가족 연대감과 직업적 향상으로 구분하였고, 활동지향을 상호이해 증진, 사회적 교섭, 사회적 자극으로 구분하였으며, 학습지향은 교육적 준비와 인지적 흥미로 세분화하였다. Burgess(1971)는 교육참여이유척도(REPS: Reason for Educational Participation Scale)를 개발하여 목표지향을 개인적 목표성취동기와 사회적 목표성취동기로 구분하였고, 활동지향을 현상 도피 동기와 활동 참여 동기로 구분하였으며, 학습지향을 지적 성취동기와 종교적 목표성취동기, 공식적 자격획득동기로 구분하여 7가지 동기요인을 제시하였다.

한편 Morstain & Smart(1976)는 Boshier가 개발한 교육참여척도에 기초하여 교육 참여와 관련된 여섯 가지 요인을 제시하였는데, Morstain & Smart(1976)가 제시한 참여 동기를 Houle(1961)의 이론과 비교하여 표로 제시하면 다음과 같다.

〈표 7-1〉 Houle과 Morstain & Smart의 참여 동기 유형의 비교

Houle의 유형	Morstain & Smart의 유형
목표지향성 동기	**외부적 기대** 다른 사람의 지식에 따르기 위해 형식적 권위를 지닌 사람의 기대 사항들을 수행하기 위해 다른 권위자가 추천하는 것을 수행하기 위해
	직업적 진보(전문성 향상) 직업에서 더 높은 지위를 차지하기 위해 직업적 진보를 보장하기 위해 경쟁에서 뒤떨어지지 않기 위해
활동지향성 동기	**사회적 관계** 개인적 교제와 우정에 관한 요구를 충족시키기 위해 새로운 친구를 사귀기 위해 이성회원을 만나기 위해
	도피/자극 지루함으로부터 벗어나기 위해 가정이나 일로부터 휴식을 취하기 위해 남은 생애에서는 뚜렷한 차이를 내기 위해

Houle의 유형	Morstain & Smart의 유형
활동지향성 동기	**사회적 복지** 인류에 봉사할 수 있는 능력향상을 위해 공동체에 대한 봉사를 준비하기 위해 공동체 작업에 참여할 수 있는 능력을 향상시키기 위해
학습지향성 동기	**인지적 흥미** 단지 학습 자체를 위해 자신을 위하여 지식을 추구하기 위해 알고 싶어하는 마음을 충족시키기 위해

출처: 권두승, 조아미(2001). 성인학습 및 상담.

표에서 보는 바와 같이 Morstain & Smart(1976)는 Houle(1961)의 목표지향동기를 외부적 기대와 직업적 향상으로 구분하였고, 활동지향을 사회적 관계와 사회적 복지, 도피/자극으로 구분하였으며, 학습지향은 인지적 흥미로 보았다.

이처럼 여러 학자들이 다양한 방식으로 평생교육 동기의 유형화를 시도하고 있지만 대부분 이들 연구들이 출발점 혹은 기본 전제로 삼고 있는 것은 Houle의 성인학습 참여 동기 유형론으로 귀결되고 있음을 알 수 있다.

2) 장애성인의 평생교육 프로그램 참여 동기

장애인 평생교육 연구는 그동안 현장 중심적이고 실천 지향적이며, 프로그램 위주의 현장 의존도가 높았던 반면, 장애성인 학습자 집단에 대한 연구는 상대적으로 미흡했다(김두영, 박원희, 김호연, 2013). 이러한 문제점을 인식하여 최근 능동적인 학습자로서 장애인을 구체화, 현실화하기 위하여 장애성인의 관점과 태도에 중점을 둔 연구들이 진행되고 있으며, 장애성인 학습자의 평생교육 프로그램 참여 동기를 분석하기 위한 시도들이 진행되고 있다.

윤지현, 김호연, 김두영(2016)은 발달장애 자녀의 평생교육 프로그램 참여 동기에 대한 부모의 인식을 조사 · 분석하였고, 김미아, 김두영(2017)은 장애인야학 학습자들이 평생교육 프로그램에 참여하게 된 동기가 무엇인지 조사 ·

분석하였으며, 장철승, 김두영(2017)은 지체장애인 휠체어농구 동호인이 동호회 활동에 참여하는 동기가 무엇인지 조사 · 분석하였다. 윤지현, 김호연, 김두영(2016)의 연구와 김미아, 김두영(2017)의 연구에서는 Houle(1961)의 교육 참여 동기 척도를 사용하였고, 장철승, 김두영(2017)의 연구에서는 Iso-Ahola & Allen(1982)이 개발한 스포츠 참여 동기 척도를 활용하였다.

윤지현, 김호연, 김두영(2016)의 연구에서 발달장애인들이 평생교육 프로그램에 참여하게 된 동기에 대한 부모들의 인식을 알아본 결과, 활동지향성 참여 동기가 가장 높았고, 다음으로 목표지향성 참여 동기가 높았으며, 학습지향성 참여 동기가 가장 낮았다. 이는 발달장애인들이 평생교육 프로그램에 참여하게 된 동기가 주로 사회적 관계나 복지, 여가시간을 활용하고자 하는데 있음을 말해주는 것이라 할 수 있다.

〈표 7-2〉 발달장애인의 평생교육 프로그램 참여 동기(4점 척도)

구분	M	SD
목표지향성 참여 동기	3.07	.58
활동지향성 참여 동기	3.28	.52
학습지향성 참여 동기	2.94	.56
전체	3.10	.45

출처: 윤지현, 김호연, 김두영(2016). 발달장애 자녀의 평생교육 프로그램 참여 동기와 만족도에 대한 부모 인식 분석.

김미아, 김두영(2017)의 연구에서 장애인야학 학습자의 평생교육 프로그램 참여 동기를 알아본 결과, 활동지향성 참여 동기가 가장 높았고, 이어 학습지향성 참여 동기가 높았으며, 목표지향성 참여 동기가 가장 낮았다. 이는 장애인야학 학습자의 평생교육 프로그램 참여 동기가 주로 개인의 당면 과제를 수행하기 위해서라기보다는 모임이나 집단에 소속됨을 더 만족해하고 사람들과의 관계유지에 더 많은 관심을 가지고 있음을 의미한다. 또한 학습지향형 참여 동기도 활동지향성 참여 동기에 비해 다소 낮기는 하지만 전체적으로 높은 점수를 나타내 장애인야학 학습자들 중에는 학습이나 배움 자체를 즐기는데 더 큰 의미를 두는 경우도 상당 부분을 차지하고 있음을 알 수 있다.

〈표 7-3〉 장애인야학 학습자의 평생교육 프로그램 참여 동기(4점 척도)

구분	M	SD
목표지향성 참여 동기	2.42	.77
활동지향성 참여 동기	3.18	.55
학습지향성 참여 동기	3.06	.58
전체	2.86	.45

출처: 김미아, 김두영(2017). 장애인야학 학습자의 평생교육 프로그램 참여 동기 및 저해 요인.

장철승, 김두영(2017)의 연구에서 휠체어농구 동호회에 참여하고 있는 지체장애인의 참여 동기를 알아본 결과, 취미오락형 참여 동기가 가장 높았고, 이어 건강지향형 참여 동기, 사교지향형 참여 동기, 자기개발형 참여 동기의 순으로 나타났으며, 가정지향형 참여 동기가 가장 낮았다. 이는 지체장애인들이 휠체어농구를 통해 새로운 무엇인가를 탐색하고 이해하고 습득하는 과정 속에서 즐거움이나 재미를 느끼고, 이러한 내적 동기가 동호회 활동을 지속하게 함을 의미한다.

〈표 7-4〉 지체장애인의 휠체어농구 동호회 참여 동기(5점 척도)

구분	M	SD
건강지향형	3.97	.564
사교지향형	3.90	.752
자기개발형	3.58	.778
가정지향형	3.12	.806
취미오락형	4.07	.610
전체	3.73	.529

출처: 장철승, 김두영(2017). 지체장애인의 휠체어농구 동호회 참여 동기 및 저해요인.

한편 일반교육학 분야의 평생교육 프로그램 참여 동기 관련 연구를 살펴보면, 성인여성 기혼자들을 대상으로 한 김봉옥(2009)의 연구에서는 학습지향성 참여 동기가 가장 높게 나타났고, 목표지향성 참여 동기가 가장 낮게 나타났다. 대학 평생교육원 프로그램 참여자를 대상으로 한 임영희, 안주영, 권인탁(2012)의 연구에서는 학습지향성 참여 동기가 가장 높게 나타났고, 활동지향성 참여 동기가 가장 낮게 나타났다. 또한 노인 평생교육 프로그램 참여자를 대상으로 한 전명수(2013)의 연구에서는 활동지향성 참여 동기가 가장 높게 나타났고, 목표지향성 참여 동기가 가장 낮게 나타났다.

종합해 보면, 장애성인들의 평생교육 프로그램 참여 동기는 비장애인의 참여 동기와 다소 차이를 보임을 알 수 있다. 따라서 장애인 평생교육기관은 수요자인 장애성인 학습자들이 프로그램을 선택하게 된 동기에 대한 다양한 이유를 분석하고, 참여 동기를 고려한 평생교육 프로그램 개발과 기관 운영 방식을 결정해야 한다.

2 장애인 평생교육 프로그램 참여 저해요인

1) 평생교육 프로그램 참여 저해요인

평생교육 프로그램 참여 저해요인은 학습자의 참여를 방해하는 주요 원인으로 학습에 계속 참여할 것인지, 중도에서 탈락할 것인지를 결정하며, 학습자의 교육 참여에 큰 영향을 주는 변수로 작용한다(김미아, 김두영, 2017). 따라서 성인 학습자들의 지속적인 평생교육 참여를 유도하기 위해서는 학습자들의 교육 참여를 저해하는 요인을 밝히는 것이 학습 참여 동기가 무엇인지를 아는 것 못지않게 중요하다(한은미, 2011).

이러한 평생교육 프로그램 참여 저해요인은 학습자의 참여 동기와 밀접한 관련성이 있다. 평생교육 참여 저해요인은 참여 여부나 참여의 지속에 영향을 미치는 것 외에도 참여 동기의 형성 및 동기의 정도와도 관련성이 크며, 학습 참여 저해요인이 크게 작용할 경우 참여 동기가 형성되지 않거나 미약해지기 쉬우며, 반대로 참여 동기가 강한 경우 학습 참여 저해요인을 적게 인식할 수 있다(최운실, 1986).

이렇듯 성인 학습자들이 평생교육에 참여하지 않는 이유를 밝히기 위해 수행해 오고 있는 참여 저해요인 연구는 성인들이 학습에 참여하는데 장애가 되는 요인들을 구체적으로 밝혀 평생교육 정책 마련에 공헌하는 바가 큰 연구 분야로서 광범위하게 수행되고 있다(박진영, 박분희, 2005). 평생교육 프로그램 참여 저해요인을 체계적으로 분류하려는 시도는 Johnstone & Rivera(1965)를 시작으로 Carp, Peterson, & Roelfs(1974), Cross(1981), Darkenwald & Merriam(1982)에 의해 수행되어 왔다(Wood, 1996).

Johnstone & Rivera(1965)는 성인들이 교육에 참여하지 않는 10가지 저해요인을 제시하고 있다. 이들은 이를 개인의 외부적인 영향들로 개인의 통제를 벗어나는 이른바 환경적(혹은 상황적) 요인과 교육 참여에 대한 개인적인 태도와 성향을 포함하는 개인적(내부적이고 성향적인) 요인의 두 가지로 분류하며 개인 배경별로 어떤 요인에 영향을 받는지를 밝혔다. 이들의 연구는 참여 저해이유를 요인으로 분석한 최초의 연구라는 측면에서 의의가 있지만, 현재의 성인 학습자를 둘러싼 평생교육 참여 저해요인을 포괄적으로 밝히는 데는 한계가 있다는 지적이 있다.

이후 Carp, Peterson, & Roelfs(1974)와 Cross(1981)는 Johnstone & Rivera(1965)의 연구를 한 단계 발전시켜 평생교육 참여자들의 개인특성을 고려한 더욱 세분화된 참여 저해요인을 분석하였다. Carp, Peterson, & Roelfs(1974)는 학습 참여 저해요인을 상황적 저해요인(situational barriers), 성향적 저해요인(dispositional barriers), 기관 및 제도적 저해요인(institutional barriers) 등 세 가지

요인으로 분류하였으며, 이들 요인이 개별적이라기보다는 복합적으로 학습 참여를 저해한다고 밝혔다. 상황적 저해요인은 학습자가 처한 상황적 배경과 관련된 저해요인으로서, 생활과제에서 오는 시간적 문제, 교육비용과 관련된 경제적 문제, 자녀 양육 등의 다중역할 수행, 가족이나 주위 사람들의 지원 부족을 의미하고, 성향적 저해요인은 학습자 자신에 대한 태도 및 자아개념과 관련된 성향에 따른 문제로서 자기 능력에 대한 확신 또는 자신감 부족, 학습에 대한 두려움, 학습에 대한 낮은 흥미도, 학습하기에 너무 늦었다는 망설임 등을 의미하며, 기관 및 제도적 저해요인은 학습자의 내부 상황이나 생각이 아닌 외부의 환경적 요인에 따른 장애로서, 교육기관의 위치, 교육시기 및 시간, 교육 프로그램의 질, 교육 참여 절차상의 복잡성 등으로 참여 동기가 약화되는 것을 의미한다.

Cross(1981)는 성인들의 평생교육 참여 저해요인을 상황적 요인, 제도적 요인, 기질적 요인의 세 가지 유형으로 분류하였는데, 한 개인의 시간과 돈, 가사 일, 회사업무 등 생활상황과 관련된 요소를 상황적 저해요인으로 분류하였고, 학습자에게 학습 참여의 기회를 제한하는 절차, 실무활동, 정책 등을 제도적 저해요인으로 분류하였으며, 학습자의 자신감, 부정적인 과거 경험, 열정 결핍, 참여자의 나이에 대한 인식 등 학습자의 자아와 학습에 대한 태도에서 비롯된 저해요인을 기질적 저해요인으로 분류하였다. Cross의 이러한 연구결과는 참여 저해요인 연구 중 가장 일반적으로 받아들여지고 있는 것으로서, 교육기관과 관련한 제도적 요인까지 포함하고 있다(김미아, 2016). 양적 발전에 비해 질적 발전에 많은 한계를 지적받고 있는 현재의 평생교육 상황을 고려해 볼 때, 성인 학습자의 참여 저해요인으로 기관과 관련한 제도적 요인은 매우 큰 의미를 지닌다고 볼 수 있다(박진영, 박분희, 2005).

Cross(1981)가 분류한 세 가지 참여 저해요인을 기반으로 Darkenwald & Merriam(1982)은 여기에 정보 저해요인을 하나 더 추가하였다. 정보 저해요인은 교육의 시간과 장소 등에 대한 충분한 정보를 얻지 못해 교육에 참여하는 것에 방해받는 것을 의미한다. 특히 정보가 경쟁력인 현 지식기반사회에 있어 평생교육에 대한 정보 부족 또한 참여에 큰 걸림돌로 작용할 수 있기 때문이다. 장애성인 학습자가 평생교육에 참여하지 않는 이유를 조사한 연구들(김기룡 외, 2020; 김학만 외, 2017; 이정미, 배현숙, 2015; 제주특별자치도, 제주평생교육장학진흥원, 2018)에서 장애성인들이 평생교육 프로그램에 참여하지 않는 이유 중 정보제약이 가장 큰 비중을 차지한 결과를 감안해 보면, 정보 저해요인은 장애성인의 평생교육 참여를 가로막는 큰 장애 요인으로 작용하고 있음을 알 수 있다.

2) 장애성인의 평생교육 프로그램 참여 저해요인

전 생애에 걸쳐 이미 갖고 있는 기존의 지식과 기능을 확장할 뿐 아니라 새로운 지식과 기능을 습득하고 확장해 나가야 하는 평생학습사회(Sherron & Lumsden, 1990)의 도래로 누구나 자신이 원하는 시기에, 원하는 학습에 쉽게 접근할 수 있게 되었다(한정란, 김종남, 김향숙, 2010). 이에 따라 우리나라 국민들의 평생학습 참여율도 조금씩 증가하고 있으나, 여전히 장애인의 평생학습 참여율은 매우 저조한 상황이다. 장애인들의 평생교육 참여는 참여율 면에서도 다른 소외계층에 비해 제한적일 뿐 아니라, 프로그램을 제공하는 기관 측면에서도 장애인복지관이나 장애인 직업재활기관, 장애인야학 등으로 매우 제한되어 있는 형편이다. 그럼에도 불구하고 장애인 평생교육 프로그램의 참여를 저해하는 요인에 대한 구체적인 연구는 매우 미흡한 실정이다. 다만, 국가나 지자체 차원에서 실시한 장애인 평생교육 실태조사에서 장애인 평생교육 프로그램에 참여하지 않는 이유를 부분적으로 조사하고 있다.

장애성인의 평생교육 프로그램 참여 저해요인을 체계적으로 분석한 연구는 김미아, 김두영(2017), 장철승, 김두영(2017)의 연구 정도이며, 장애유형별 평생교육 프로그램 참여를 저해하는 이유를 조사·분석한 연구(조창빈, 김두영,

2020)도 있다.

먼저 김미아, 김두영(2017)은 Carp, Peterson, & Roelfs(1974)의 이론을 바탕으로 평생교육 프로그램 참여 저해요인을 상황적 요인, 성향적 요인, 기관적 요인으로 나누어 전국의 장애인야학 학습자 332명을 대상으로 조사 · 분석하였다. 그 결과 기관적 요인이 가장 높게 나타나, 장애인야학 학습자들은 교육기관의 부족, 원하는 시간대의 불일치, 기관 등록 절차의 복잡성 등의 문제로 교육에 참여하는 데 어려움을 겪고 있는 것으로 나타났다.

〈표 7-5〉 장애인야학 학습자의 평생교육 프로그램 참여 저해요인(4점 척도)

구분	M	SD
상황적 요인	2.41	.71
기관적 요인	2.84	.62
성향적 요인	2.35	.65
전체	2.53	.54

출처: 김미아, 김두영(2017). 장애인야학 학습자의 평생교육 프로그램 참여 동기 및 저해 요인.

장철승, 김두영(2017)은 Crawford & Godbey(1987)가 제시한 여가제약 모델을 바탕으로 동호회 참여 저해요인을 내재적 요인, 인간상호간 요인, 구조적 요인으로 나누어 휠체어농구 동호인 180명을 대상으로 조사 · 분석하였다. 그 결과 구조적 요인이 가장 큰 저해요인으로 나타났고, 그 다음으로는 인간상호간 요인, 내재적 요인의 순으로 나타났다. 이는 지체장애인 휠체어농구 동호인들은 동호회에 참여함에 있어 애정이나 자신감의 결여 내지는 동료와의 상호작용 문제보다는 구조적인 결함, 즉 장비, 금전 및 시설의 부족, 날씨 등과 같은 환경적 요인으로 인해 어려움을 겪고 있는 것을 의미한다.

한편 조창빈, 김두영(2020)은 기존 연구의 대다수가 평생교육 프로그램 참여 저해요인을 현재 프로그램에 참여하고 있는 장애인을 대상으로 조사하여 그 신뢰성에 문제가 있음을 지적하고, 평생교육 프로그램에 참여한 경험이 없다고 응답한 장애성인을 대상으로 평생교육 프로그램 참여 저해요인을 장애유형별로 조사 · 분석하였다. 그 결과 시각장애인, 청각장애인, 지체 · 뇌병변장애인은 원하는 시간대에 프로그램이 개설되지 않아서라는 응답이 가장 많았고, 발달장애인은 가까운 거리에 장애인 평생교육기관이 없어서, 희망하는 프로그램이 개설되지 않아서라는 응답이 가장 많은 부분을 차지해, 모두 기관적 요인이 장애성인의 평생교육 참여를 가로막는 가장 큰 저해요인이 되고 있음을 확인했다.

일반적으로 참여 저해요인에 대한 연구는 참여 동기와 저해요인의 관련성 때문에 이 둘을 함께 연구하는 경우가 많다. 장애성인의 경우 활동지향성 참여 동기가 가장 높았던 것과 참여 저해요인에서 기관적 요인이 가장 높게 나타난 것을 고려하여 향후 장애인 평생교육기관에서 프로그램의 내용과 개설 시간대를 조율할 필요가 있어 보인다.

3 장애인 평생교육 프로그램 만족도

1) 평생교육 프로그램 만족도

성인 학습자가 왜 교육에 참여하는지를 설명해 주는 또 다른 요인으로 학습자가 느끼는 만족도를 들 수 있다. 만족도는 학습자가 학습을 함으로써 성취, 인정, 보상 등을 얻을 수 있을 것이라는 기대에 대한 개인의 감정과 프로그램에 대한 전반적인 반응으로 프로그램 참여자의 만족 정도를 평가하는 것이다(최은수, 서순영, 2005). 학습자마다 교육서비스에 대한 인식 정도가 다르기 때문에 평생교육 프로그램 만족도를 분석하는 것은 매우 중요하다. 평생교육기관은 학습자의 이탈이 발생하지 않도록 일정한 성과를 제공하고, 학습을 지속할 수 있는 장치를 마련해야 하며, 교육서비스 질 개선을 통해 기관의 교육경쟁력을 강화해야 하기 때문이다.

그동안 프로그램 만족에 관한 연구는 평생교육에 대한 관심이 높아지면서 지속적으로 이루어져 왔다. 성인 학습자가 프로그램의 어떤 요소에 어느 정도 만족하느냐 하는 것은 참여 동기 및 참여 저해요인과 더불어 프로그램 성과 측면과 참여자의 성장이라는 측면에서 중요한 요인이 되며, 이는 프로그램에 참여한 성인 학습자의 삶의 질 향상과 자아실현 등과도 연계되어 생활에의 안녕감 또는 행복감과 관련된다고 할 수 있기 때문이다(임영희, 안주영, 권인탁, 2012). 프로그램 만족도에 관한 연구는 일정한 척도로 프로그램에 대한 만족의 정도를 평가하는 것으로서, 이는 프로그램의 목적을 유지하게 하고, 프로그램 진행 과정의 의사결정 정보를 제공하며, 프로그램 설계와 학습 활동과정을 개선하고, 실시 과정에 책임감을 높이며, 프로그램의 개선 방향을 제시하는 역할을 한다(성낙돈, 김창엽, 2011).

그러나 만족도는 '학생들의 교육 경험에 대한 주관적 반응을 살펴보는 것'이라는 Astin(1993)의 정의에서도 알 수 있듯이, 객관적인 측정이 어려워 측정을 위한 도구개발에 난해한 점이 많다. 그럼에도 불구하고 교육만족도는 다양한 도구의 개발과 함께 효과적인 교육을 예측하며, 학습자의 주관적인 만족도 수준을 높이기 위한 자료로 활용되고 있는 추세이다(윤영집, 2005).

이에 국내 · 외 많은 학자에 의해 교육만족도 구성요소에 관한 연구들이 진행되어 왔다. Smith & Offerman(1989)은 학습자의 다양한 요구에 초점을 맞추어 교육의 내용과 방법의 만족도뿐만 아니라, 환경, 직원 관계들을 모두 고려해야 한다고 강조하였다. 이들은 학습자는 인간으로서 다양한 요구를 지니고 있으며, 우수한 교육내용과 방법이라 할지라도 이를 뒷받침할 시설, 설비, 직원 서비스, 인간관계 등이 충족되지 않으면 불만족을 느낀다고 하였다.

Astin(1993) 역시 교수, 교육과정과 수업, 학생들의 학교생활, 학생 지원서비스, 시설, 교육 여건, 교과목 이수 기회, 교수의 학생에 대한 태도, 학교의 변화

전망, 행정에 대한 믿음, 다양성 추구, 교육자원과 사회적 평판 등 교육의 거의 모든 영역을 포괄하여 교육만족도를 조사하였다. 또한 그는 이들 영역을 요인 분석을 통하여 교수와의 관계성, 교육과정과 수업, 학생들의 학교생활, 학습자 지원서비스, 교육 시설의 다섯 가지 영역으로 재차 구분하여 만족도를 측정하였다(오요섭, 2006).

Caffarella & O′donnel(1991)은 교육만족도를 교육내용을 통한 만족과 교육방법에 대한 만족도로 구분하였고, Wlodkowski(1993)는 학습 참여 만족 요인을 Maslow의 욕구 단계설에 근거하여 생리적 욕구(교육 시설 측면: 강의실), 안정의 욕구(학습환경: 나이, 문화적, 성적, 사회적 차별 구성요소 해소), 애정 및 소속감의 욕구(사회적 및 인간관계), 존경 및 자아실현의 욕구(프로그램 측면에서 지식과 기술을 성취할 수 있는 주제를 선택할 수 있는 기회 제공)로 구분하였다(한승진, 2005). 이기환(2003)은 관공서의 평생교육 프로그램 학습자의 참여 동기와 만족도 연구에서 만족도를 교육내용, 교육담당자, 교육방법, 이용정도, 교육 시설로 구분하여 측정하였다. 또한 서순영(2005)은 주민자치센터의 평생교육 프로그램에 참여하는 성인학습자들의 프로그램 만족도를 분석하기 위하여 교육과정, 강의, 학습자 지원서비스, 시설, 교육결과 영향력으로 구분하여 측정하였으며, 한승진(2005)은 대학 평생교육 학습자의 학습 참여에 관한 연구에서 참여 만족 영역을 교육내용, 교육방법, 교육환경, 교 · 강사, 직원 서비스로 나누어 학습자들의 프로그램 만족도 차이가 있는지 분석하였다.

이 외에도 많은 학자에 의해 프로그램 만족도에 관한 연구들이 진행되었으며, 이들 연구를 종합하여 살펴보면, 평생교육 프로그램 만족도를 평가하기 위해서는 교육내용 및 만족도의 평가뿐 아니라 교육 시설, 교육서비스, 강사 등의 다양한 준거 영역이 필요하다는 것을 알 수 있다. 이에 평생교육 프로그램 만족도를 분석하려는 많은 연구에서 교육내용, 교육방법, 교육담당자, 이용방법, 교육 시설의 다섯 가지 차원을 교육만족도의 구성요소로 설정하여 탐구하는 경향이 있다. 여기에서 교육내용은 교육 목표를 달성하기 위하여 그 내용을 체계적으로 조직한 교육의 전체 계획을 포함하는 것을 의미하고, 교육방법은 교육내용을 쉽고 흥미 있게 전달하기 위해 사용하는 교육담당자의 모든 교육 수단을 의미하며, 교육담당자는 프로그램의 내용을 잘 이해할 수 있도록 전달하는 강사의 능력을 의미하고, 이용 방법은 직원들의 친절도나 기관의 접근성 등의 편의를 의미하며, 교육 시설은 강의실과 주변 환경의 청결 또는 쾌적함을 의미한다.

하지만 최근의 연구에서는 평생교육 프로그램 만족도를 기관의 교육서비스에 대한 만족도 차원이 아니라 학습자의 변화와 성장에 초점을 맞춘 학습자 자기진단 개념으로 접근하려는 경향이 있다. 예를 들어, 기관에서 제공하는 프로그램의 내용이나 방법, 강사, 시설에 대한 만족 수준을 묻기보다는 '어제보다 나은 나로 성장하였다.', '자신감이 높아졌다.', '앞으로 더 공부하고 싶은 것이 생겼다.', '나 자신을 더 알게 되었다.', '새로 생긴 친구가 있다.', '동네에 인사하고 지내는 이웃이 생겼다.', '동네 주민 모임에 참여하고 있다.', '이 지역에 계속 살고 싶다.', '이웃 주민들이 어떻게 살고 있는지 관심을 갖게 되었다.', '봉사활동에 참여하고 있다.', '동네에서 일어나는 불편한 일들을 알게 되었다.', '동네 문제를 해결하기 위한 학습활동에 참여하고 있다.'와 같이 학습자 스스로 학습을 통해 어떤 변화가 있었는지 진단해 보도록 하는 것이다.

이런 차원에서 경기도평생교육진흥원(2014)은 행복과 학습의 연관성을 모색하고 경기도민의 평생학습을 통한 행복감 측정을 위해 2014년 평생학습 행복의 구성 개념을 도출하고 측정도구를 개발해 평생학습 행복지수화를 시도한 바 있다. 그 결과 '평생학습 행복지수' 도구를 개발하고, 2015년에는 시 · 군별 평생학습 행복지수를 분석하였다. 이 도구는 자아존중감 향상, 내적성장 만족, 부정정서 감소, 의미추구 향상 등 4개 영역의 20문항으로 구성되어 있다. 자아존중감 향상은 학습 경험으로 스스로 유능하고 성공적이며, 가치 있다고 인식하는 정도를 말하고, 내적성장 만족은 학습 자체가 주는 내재적 가치를 인식하는 정도를 말하며, 부정정서 감소는 무지에 대한 불만, 스트레스 조절, 변화의 두려움을 극복하는 정도를 말하고, 의미추구 향상은 자신의 삶을 되풀이하여 음미하고, 보다 나은 삶을 위한 의미를 추구하는 정도를 말한다(김두영, 2021). 경기도평생교육진흥원은 구조방정식 측정모형에 의해 평생학습 행복지수의 가중치를 산출하였으며, 그 결과 자아존중감 향상 요인이 2.6, 내적성장 만족 요인이 2.5, 부정정서 감소 요인이 2.5, 의미 추구 향상 요인이 2.4로 설명력의 차이가 나타남을 확인하였다. 최종적으로 도출된 평생학습 행복지수는 다음과 같다.

평생학습 행복지수=2.6×(H1 원점수 평균×2)+2.5×(H2 원점수 평균×2)
+2.5×(H3 원점수 평균×2)+2.4×(H4 원점수 평균×2)

평생학습 행복지수 요인과 문항은 다음과 같다.

〈표 7-6〉 평생학습 행복지수 요인 및 문항

구성요인/문항수	환산총점(원점수)	세부 문항
		평생교육 프로그램에 참여함으로써
자아존중감 향상(H1) / 7문항	26점(7~35점)	• 내 생활의 주도성을 높이는 데 도움이 되었다. • 다른 생각과 문제해결로 나의 생활에 변화가 생겼다. • 나를 객관적으로 바라보는 데 도움이 되었다. • 내가 원하는 일을 능동적으로 해낼 수 있는 힘이 생겼다. • 다른 사람들의 입장과 생각을 더욱 이해하게 되었다. • 나의 일을 더 잘 하는데 도움이 되었다. • 내가 이웃과 사회에 필요한 사람이라고 느껴진다.
내적성장 만족(H2) / 5문항	25점(5~25점)	• 배우면서 성장하는 내 모습이 좋게 느껴진다. • 더 많은 것을 알게 되어 자신감이 높아졌다. • 새로운 내용을 알게 되어 즐겁다. • 그동안 배우고 싶었던 것을 공부하여 만족스럽다. • 배움으로 나의 부족한 면을 채울 수 있었다.

구성요인/문항수	환산총점 (원점수)	세부 문항
부정정서 감소(H3) / 4문항	25점 (4~20점)	• 일상에서 오는 스트레스가 줄었다. • 일상의 무료함이 줄어들었다. • 새롭거나 낯선 것을 받아들이는데 두려움이 줄어들었다. • 내가 알아야 했던 것을 공부하여 부끄러움이 줄어들었다.
의미추구 향상(H4) / 4문항	24점 (4~20점)	• 봉사, 취업, 이직, 전직, 창업 등 사회참여의 가능성이 높아졌다. • 공동의 일들을 추진하는 사람들과의 유대감이 높아졌다. • 나와 이웃을 위한 의미 있는 삶에 대해 더욱 고민하게 되었다. • 함께 살기 좋은 사회를 만드는데 더욱 기여하게 되었다.

출처: 경기도평생교육진흥원(2015). 경기도 평생학습 행복지수 활용방안 연구.

최근 문화예술교육 프로그램에 참여한 장애성인의 프로그램 만족도가 평생학습 행복지수에 미치는 영향을 분석한 김두영(2021)의 연구에 따르면, 교육방법 만족도가 자아존중감 향상에, 프로그램 내용과 교육방법, 교육시설 만족도가 내적성장 만족에, 프로그램 내용과 교육방법, 교육시설 만족도가 부정정서 감소에, 교육방법 만족도가 의미추구 향상에 긍정적인 영향을 미치는 것으로 나타났다.

2) 장애성인의 평생교육 프로그램 만족도

장애인 평생교육의 필요성을 인지함에도 불구하고 왜 양적 성장에 불균형을 가져오는지, 그리고 어떻게 질적 내실을 도모할 수 있는지 평생학습과 관련된 다양한 요인을 분석하고 관계를 규명하는 관점의 확장이 필요하다(윤지현, 김호연, 김두영, 2016). 이에 장애성인의 평생교육 프로그램 참여 동기 및 저해요인과 더불어 최근 프로그램 만족도 분석을 시도한 연구들이 진행되었다. 장애인야학 학습자의 교육만족도를 분석한 김두영, 김미아(2015)의 연구, 발달장애 자녀의 평생교육 프로그램 만족도에 대한 부모의 인식을 조사한 윤지현, 김호연, 김두영(2016)의 연구, 장애인복지관 및 장애인주간보호시설에서 사진, 음악, 문학 프로그램에 참여한 장애성인의 프로그램 만족도를 조사 · 분석한 김두영, 류재연, 조창빈(2020)의 연구가 그것이다.

김두영, 김미아(2015)는 전라북도 지역 7개 장애인야학을 이용하는 장애성인 학습자 166명의 교육만족도를 조사 · 분석하였는데, 그 결과 이용방법이나 교육 시설에 대한 만족도는 높게 나타난 반면, 교육방법에 대한 만족도는 상대적으로 낮은 만족도를 보였다.

〈표 7-7〉 장애인야학 학습자의 평생교육 프로그램 만족도(4점 척도)

구분	M	SD
교육내용에 대한 만족도	3.12	.56
교육담당자에 대한 만족도	3.12	.53
교육방법에 대한 만족도	3.08	.56
이용방법에 대한 만족도	3.35	.52
교육 시설에 대한 만족도	3.29	.56
전체	3.19	.43

출처: 김미아, 김두영(2015). 장애인야학 교사 및 학습자의 교육만족도 분석 -전라북도 장애인야학을 중심으로-.

윤지현, 김호연, 김두영(2016)은 장애인 평생교육기관을 이용하고 있는 발달장애 자녀를 둔 175명의 부모를 대상으로 자녀들이 참여하고 있는 프로그램의 만족 정도에 대한 인식을 조사 · 분석하였는데, 그 결과 교육담당자에 대한 만족도가 가장 높았고, 이어 교육방법 및 이용방법에 대한 만족도, 교육내용에 대한 만족도의 순으로 높은 만족도를 보였으며, 교육시설에 대한 만족도가 상대적으로 낮은 만족도를 보였다.

〈표 7-8〉 발달장애인 평생교육 프로그램 참여자의 만족도(4점 척도)

구분	M	SD
교육내용에 대한 만족도	2.80	.59
교육담당자에 대한 만족도	2.91	.61
교육방법에 대한 만족도	2.85	.61
이용방법에 대한 만족도	2.85	.53
교육 시설에 대한 만족도	2.71	.58
전체	2.83	.49

출처: 윤지현, 김호연, 김두영(2016). 발달장애 자녀의 평생교육 프로그램 참여 동기와 만족도에 대한 부모 인식 분석.

김두영, 류재연, 조창빈(2020)은 장애인복지관과 장애인주간보호시설에서 사진, 음악, 문학 프로그램을 직접 시범운영해 본 후, 학습자들의 프로그램 만족도를 조사·분석하였다. 전체적인 프로그램 만족도를 하위영역별로 살펴보면, 이용방법에 대한 만족도가 가장 높았고, 이어 교육시설에 대한 만족도가 두 번째로 높았으나 교육방법에 대한 만족도는 상대적으로 낮은 만족도를 보였다. 학습자들이 참여한 프로그램별 만족도를 비교해 보면, 음악과 문학 프로그램 참여자의 만족도가 사진 프로그램 참여자의 만족도에 비해 유의미하게 높았다.

〈표 7-9〉 사진, 음악, 문학 프로그램 참여자의 만족도(5점 척도)

구분	M	SD
프로그램 내용에 대한 만족도	4.47	.614
프로그램 강사에 대한 만족도	4.49	.574
교육방법에 대한 만족도	4.43	.624
이용방법에 대한 만족도	4.55	.555
교육 시설에 대한 만족도	4.51	.623
전체	4.49	.527

출처: 김두영, 류재연, 조창빈(2020). 장애성인의 사진, 음악, 문학 프로그램 만족도 및 요구

한편 김두영(2021)은 최근 1년간 문화예술교육 프로그램에 참여한 장애성인

의 평생학습 행복지수를 측정하고, 이를 경기도민 평생학습 행복지수 측정 결과(경기도평생교육진흥원, 2015)와 비교 · 분석한 바 있다.

〈표 7-10〉 장애성인의 평생학습 행복지수 (달성도: %)

구분	N	행복감	자아존중감 향상(26점)	내적성장 만족(25점)	부정정서 감소(25점)	의미추구 향상(24점)
장애성인	226	77.54	19.85 (76.35)	20.15 (80.60)	20.11 (80.44)	17.43 (72.63)
경기도민	7,725	77.04	19.91 (76.58)	20.25 (81.00)	19.42 (77.68)	17.46 (72.75)

출처: 김두영(2021). 장애성인의 문화예술교육 프로그램 만족도가 평생학습 행복지수에 미치는 영향.

분석 결과, 전반적인 행복감은 77.54점으로 나타났고, 하위요인별로는 자아존중감 향상이 19.85점, 내적성장 만족이 20.15점, 부정정서 감소가 20.11점, 의미추구 향상이 17.43점으로 나타났다. 이를 경기도 평생교육기관을 이용한 학습자와 비교해 보면, 전체 행복감 지수는 유사한 반면, 경기도 학습소외계층 학습자(행복감 75.01)에 비해 유의미하게 높은 행복감을 보였다. 즉, 장애성인들 역시 지속적으로 문화예술교육에 노출되었을 때 비장애인들 못지않은 행복감 상승을 기대할 수 있다는 것이다.

연구과제

1. 장애성인과 비장애성인의 평생교육 프로그램 참여 동기의 차이점을 찾아보고, 그 이유를 논의해 봅시다.
2. 장애성인과 비장애성인의 평생교육 프로그램 참여 저해요인의 차이점을 찾아보고, 그 이유를 논의해 봅시다.
3. 장애성인의 평생교육 프로그램 참여 동기 및 저해요인을 고려한 향후 장애인 평생교육 활성화 방안을 논의해 봅시다.
4. 장애유형별 평생교육 프로그램 만족도 차이를 찾아보고, 그 이유를 논의해 봅시다.

제3부

장애인 평생교육기관

CHAPTER

08

장애인 평생교육기관

학습목표

- 「평생교육법」에서 규정하고 있는 평생교육기관의 범주를 이해하고 설명한다.
- 「평생교육법」 이외의 법령에 의하여 설치된 시설로서 본래의 기능 수행에 덧붙여 평생교육 프로그램을 운영하는 시설의 종류와 주요 평생교육 기능을 설명한다.
- 「장애인복지법」에서 규정한 장애인 복지시설 중 상시 교육 프로그램을 운영하는 기관의 종류를 말한다.
- 우리나라 장애인 평생교육기관 운영 현황을 조사한 지자체 연구 결과를 요약하고 일반 평생교육기관과의 차이점을 이해한다.

I 장애인 평생교육기관의 범주

1) 평생교육기관

평생교육기관은 평생교육단체와 평생교육시설을 포괄하는 개념으로 학교교육을 제외한 모든 형태의 교육활동을 하는 시설과 개인, 법인, 단체가 운영하는 교육기관을 말한다(이병인 외, 2018). 전국에 산재해 있는 수많은 평생교육기관 간의 연계 · 협력을 위해서는 평생교육기관 분류 작업이 선행되어야 한다. 평생교육기관 분류에는 다양한 분류 기준과 방식이 적용되고 있다. 1980년대와 90년대의 연구에서는 교육형태, 기관의 후원 형태, 설립주체, 소관 부처, 교육대상 등을 기준으로 분류하였으나 「평생교육법」 개정 이후의 연구에서는 평생교육법상의 시설 분류체제를 원칙으로 적용하여 기관의 분류 범위를 설정하는 것이 일반적이다(한국교육개발원, 2005).

「평생교육법」에 의한 평생교육기관은 「평생교육법」에서 규정하고 있는 교육기관과 「평생교육법」 조항에서 명시하고 있는 기관, 기타 평생교육 관련 법령에 의한 교육기관을 의미한다(박연숙, 2006). 「평생교육법」 제2조 제2항에 의하면 평생교육기관이란 ① 「평생교육법」에 의하여 인가 · 등록 · 신고된 시설 · 법인 또는 단체, ② 「학원의 설립 · 운영 및 과외교습에 관한 법률」에 따른 학원 중 학교교과교습학원을 제외한 평생직업교육을 실시하는 학원, 그리고 ③ 그 밖에 다른 법령에 따라 평생교육을 주된 목적으로 하는 시설 · 법인 또는 단체를 말한다.

첫째, 현행 「평생교육법」에 의거한 평생교육기관은 평생학습관, 학교의 평생교육, 학교 부설 평생교육시설(대학의 부설 평생교육원 등), 학교형태의 평생교육시설(기술학교, 방송통신대학 등), 사내대학형태의 평생교육시설(사내대학 등), 원격대학형태의 평생교육시설, 사업장 부설 평생교육시설(산업체, 백화점 문화센터 등), 시민사회단체부설 평생교육시설, 언론기관 부설 평생교육

시설, 지식 · 인력개발 관련 평생교육시설, 그리고 2016년 개정법에 따라 명시된 장애인 평생교육시설을 말한다.

둘째, 「학원의 설립 · 운영 및 과외교습에 관한 법률」에 따른 학원 중 학교교과교습학원을 제외한 평생직업교육을 실시하는 기관은 영리를 목적으로 하며 개방된 다수 학습자들에게 평생교육 프로그램을 공급하는 기관으로서 기술계 평생교육직업학원 등을 말한다.

셋째, 그 밖에 다른 법령에 따라 평생교육을 주된 목적으로 하는 시설은 「평생교육법」 이외의 법령에 의하여 설치된 시설로서, 본래의 기능에 덧붙여 평생교육 프로그램을 운영하는 시설을 말한다. 즉, 교육부 관련 법령에 따른 방계학교나 기능대학, 행정안전부 관련 법령에 따른 주민자치센터, 보건복지가족부 관련 법령에 따른 노인복지관이나 장애인복지관, 여성가족부 관련 법령에 따른 여성회관이나 청소년 수련원, 문화체육관광부 관련 법령에 따른 박물관이나 미술관, 문화의 집, 노동부 관련 법령에 따른 각종 직업훈련시설 등을 말한다.

2005년 한국교육개발원에서 실시한 「평생교육 기관 실태 분석 연구」에서는 「평생교육법」과 기존 선행연구들에서 제시된 분류체계를 토대로 기관설립 운영 주체의 유형 및 특성에 따라 기관 분류 체계를 대분류, 중분류, 소분류로 나누어 다음과 같이 제시하고 있다.

〈표 8-1〉 평생교육기관 분류 체계

대분류	중분류	소분류
공공 평생교육 기관	학교형 평생교육 기관	초 · 중등 부설 평생교육기관
		대학 부설 평생교육기관
	평생교육 전담기관	3대 전담 평생교육기관 (평생교육센터, 지역평생교육정보센터, 시 · 군 · 구 평생학습관)
		공공인력개발기관(공무원연수원, 인력개발원 등)
	복합형 평생교육 기관	시 · 군 · 구 구민회관 및 주민자치센터
		여성평생교육기관 및 노인평생교육기관
		도서관 및 박물관
		사회복지기관

<table>
<tr><th>대분류</th><th>중분류</th><th>소분류</th></tr>
<tr><td rowspan="6">민간
평생교육
기관</td><td rowspan="2">비영리형
평생교육
기관</td><td>학력인정시설</td></tr>
<tr><td>시민사회단체 평생교육기관</td></tr>
<tr><td rowspan="4">영리형
평생교육
기관</td><td>문화센터</td></tr>
<tr><td>전문 학원(기술 및 전문영역)</td></tr>
<tr><td>사이버학원 및 사이버교육원</td></tr>
<tr><td>민간산업교육기관 및 기업체 연수원</td></tr>
</table>

출처: 한국교육개발원(2005). 평생교육 기관 실태 분석 연구.

학교형 평생교육기관은 평생교육을 주된 목적으로 하는 기관으로서 초등 · 중등 · 고등 수준에서의 학교 부설 평생교육기관을 포함하고, 평생교육 전담기관은 평생교육을 주된 목적으로 하는 국가 수준의 기관으로서 평생교육법에 근거한 중앙 평생교육센터, 지역평생교육정보센터, 시 · 군 · 구 평생학습관을 포함하며, 이외에 공공 차원에서의 지식 · 인력개발사업 기관인 공공인력개발기관을 포함한다. 복합형 평생교육기관은 평생교육을 주된 목적으로 하는 기관은 아니지만, 정기적인 평생교육의 기능을 수행하는 기관으로서 시 · 군 · 구의 구민회관 및 주민자치센터, 여성 및 노인평생교육기관, 도서관 및 박물관, 사회복지기관을 포함한다.

비영리형 평생교육기관은 정규 학력이 인정되는 학교형태 평생교육시설인 학력인정시설과 시민사회단체가 설립 · 운영하고 있는 시민사회단체 부설 평생교육기관을 포함하고, 영리형 평생교육기관은 백화점, 신문사와 방송사를 포함하는 사업장 및 언론사 부설 평생교육기관으로서의 문화센터가 포함되며, 초 · 중등 학생을 대상으로 하는 보습기능의 학원을 제외한 성인 대상의 기술 및 전문 학원, 원격 평생교육기관으로서의 사이버학원 및 사이버교육원, 지식 · 인력개발사업 관련 민간산업교육기관과 기업체 연수원이 포함된다.

한숭희, 양은아, 이재열(2011)은 평생교육 프로그램을 '평생교육기관이 제공하는 모든 프로그램'이라기보다는, 오히려 '성인을 대상으로 하는 모든 교육 프로그램으로서 특정 회원이나 회사 임직원을 대상으로 하는 것을 제외한 개방적 프로그램의 총체'라고 정의하고, 평생교육 통계조사가 포괄해야 할 평생교육시설의 조사대상 범위를 다음과 같이 5가지 유형으로 제시하고 있다.

〈표 8-2〉 평생교육시설 분류 및 조사대상 범위

<table>
<tr><th>시설 분류</th><th>정의</th><th colspan="2">시설 유형</th></tr>
<tr><td rowspan="10">전담
평생교육
기능시설
(1유형)</td><td rowspan="10">「평생교육법」에 근거하여 설치된 시설로서 평생교육 실천을 주 기능으로 하는 시설</td><td colspan="2">평생학습관</td></tr>
<tr><td colspan="2">학교의 평생교육</td></tr>
<tr><td colspan="2">학교 부설 평생교육시설</td></tr>
<tr><td colspan="2">학교형태의 평생교육시설</td></tr>
<tr><td colspan="2">사내대학형태의 평생교육시설</td></tr>
<tr><td colspan="2">원격대학형태의 평생교육시설</td></tr>
<tr><td colspan="2">사업장 부설 평생교육시설</td></tr>
<tr><td colspan="2">시민사회단체 부설 평생교육시설</td></tr>
<tr><td colspan="2">언론기관 부설 평생교육시설</td></tr>
<tr><td colspan="2">지식 · 인력개발 관련 평생교육시설</td></tr>
<tr><td rowspan="6">복합
평생교육
기능시설
(2유형)</td><td rowspan="6">「평생교육법」 이외의 법령에 의하여 설치된 시설로서 본래의 기능 수행에 덧붙여 평생교육 프로그램을 운영하는 시설</td><td>교육과학기술부 관련 법령에 따른 시설</td><td>방계학교, 기능대학 등</td></tr>
<tr><td>행정안전부 관련 법령에 따른 시설</td><td>주민자치센터 등</td></tr>
<tr><td>보건복지가족부 관련 법령에 따른 시설</td><td>노인복지관, 장애인복지관 등</td></tr>
<tr><td>여성가족부 관련 법령에 따른 시설</td><td>여성회관, 여성능력개발센터, 청소년 수련원 등</td></tr>
<tr><td>문화체육관광부 관련 법령에 따른 시설</td><td>박물관, 미술관, 문화의 집 등</td></tr>
<tr><td>노동부 관련 법령에 따른 시설</td><td>각종 직업훈련시설</td></tr>
</table>

시설 분류	정의	시설 유형
학원 (3유형)	「학원의 설립운영 및 과외교습에 관한 법률」에 따른 학원 중 학교교과 교습학원을 제외한 평생직업교육 실시 기관, 영리를 목적으로 하며 개방된 다수 학습자들에게 프로그램을 공급하는 기관	기술계 평생교육직업학원
직능단체의 특별 연수기관 (4유형)	특정 기관이나 단체의 교육적 목적에 따라 운영되는 시설로서 제한된 교육대상 범위를 가짐	기업체 연수원, 금융연수원, 공무원연수원, 교육연수원 등
비등록기관 (5유형)	평생교육 프로그램을 운영하는 기관으로서 1~4유형 기관유형 분류에 포함되지 않는 기관	종교단체 부설 등

출처: 한숭희, 양은아, 이재열 (2011). 한국 평생교육 프로그램 공급패턴 분석.

한편 2011년 평생교육진흥원에서는 평생교육기관 및 프로그램 정보 등 평생교육 정보를 이용한 대민서비스 시스템을 구축하고 관련 시스템간 호환성 확보를 위해 평생교육기관 분류체계 수립 연구(김진화 외, 2011)를 추진하였다. 이 연구에서는 평생교육기관의 범주를 '평생교육 프로그램을 상시적으로 학습자들에게 개발하여 운영하고 있는 기관'으로 정의하고, 평생교육기관 분류체계를 위한 준거를 설립근거법령과 평생교육기관 정향성 두 가지로 설정하였는데, 여기에서는 설립근거에 따른 분류체계를 살펴보고자 한다. 평생교육 설립 근거 법령에 따른 기관 분류는 가장 먼저 대분류로서 평생교육법과 평생교육법 이외의 타법령에 대한 분류를 두고, 중분류의 기준으로는 평생학습자들이 일상적으로 인식하는 기관의 속성별로 중분류를 두었으며, 소분류로는 설립근거법령에 따른 세부적인 기관유형을 별도로 구분하였다.

〈표 8-3〉 설립근거 법령에 따른 평생교육기관 분류체계

구분	기관 유형	기관 세부 유형
평생교육법(1)	① 국가 및 지자체	① 평생교육진흥원
		② 시 · 도 평생교육진흥원
		③ 시 · 군 · 구 평생학습관
		④ 지역평생교육정보센터
		⑤ 자치단체(광역 · 기초)
		⑥ 교육청
	② 학교, 학교 부설, 학교형태, 사내대학, 원격대학	① 학교의 평생교육
		② 학교 부설 평생교육시설
		③ 학교형태의 평생교육시설
		④ 사내대학형태의 평생교육시설
		⑤ 원격대학형태의 평생교육시설
	③ 문화센터	① 사업장 부설 평생교육시설
		② 언론기관부설 평생교육시설
	④ 시민사회단체(NGO, NPO)	① 시민사회단체 부설 평생교육시설
	⑤ 교육산업 관련 시설	① 지식인력개발 평생교육시설
	⑥ 사이버학습 관련 시설	① 원격평생교육시설
기타 법령(2)	① 도서관	① 공공도서관
		② 학교도서관
		③ 전문도서관
	② 박물관 · 미술관	① 국립 박물관 및 미술관
		② 공립 박물관 및 미술관
		③ 사립 박물관 및 미술관
		④ 대학 박물관 및 미술관
	③ 문화예술 관련 시설 및 단체	① 지역문화복지시설
		② 문화 보급 · 전수시설
		③ 한국문화예술교육진흥원
	④ 문화예술 관련 시설 및 단체	① 종합사회복지관
		② 노인여가복지시설
		③ 장애인복지 · 평생교육 · 지원시설
		④ 아동복지시설

구분	기관 유형	기관 세부 유형
기타 법령 (2)	⑤ 청소년 관련 시설 및 단체	① 청소년 시설
		② 청소년 단체
	⑥ 직업훈련 관련 기관 및 시설	① 직업능력개발훈련시설
		② 평생직업교육학원
		③ 산업교육기관
		④ 공무원연수원
		⑤ 기업체연수원
	⑦ 여성 관련 기관 및 시설	① 여성인력개발센터
		② 여성관련시설
	⑧ 주민자치기관	① 주민자치센터
		② 시 · 군 · 구민회관
	⑨ 다문화 관련 시설 및 단체	① 다문화가족지원센터
		② 다문화 관련 시설 및 단체
	⑩ 시민사회단체(NGO, NPO)	① 비영리민간단체
		② 비영리사(재)단법인
		③ 시민단체
	⑪ 기타	① 국방부
		② 보건소
		③ 상담 시설 및 기관
		④ 자원봉사단체 및 기관
		⑤ 그 외 관련 시설 및 기관

출처: 김진화 외 (2011). 평생교육기관 분류체계 수립 연구.

이상의 선행연구들을 종합해 볼 때, 평생교육기관이라 함은 협의적으로는 평생교육법과 다른 법령에 의거하여 평생교육을 주된 목적으로 하는 시설을 의미하나, 광의적으로는 평생교육을 주된 목적으로 하는 법인 · 단체와 시설을 모두 포괄하는 것으로 해석된다.

2) 장애인 평생교육기관

장애성인을 대상으로 평생교육 프로그램을 제공하고 있는 기관은 매우 다양하고 광범위하다. 위에서 언급한 평생교육기관은 모두 장애인들이 이용할 수 있는 평생교육기관임에 틀림없다. 여기에 아직 평생교육법상 장애인 평생교육시설로 등록하지 못한 장애인야학이나 각종 장애인단체, 그리고 장애인 복지시설 등이 모두 장애인 평생교육기관에 포함된다. 특히 장애인 복지시설은 장애성인을 대상으로 다양한 평생교육 프로그램을 제공하고 있으며, 최근 장애인 평생교육시설로서의 역할이 강조되고 있는 추세이다(김두영, 박애스더, 이경준, 2018).

장애성인 평생교육기관의 운영 실태를 조사한 임경원, 이유리, 곽승철(2010)의 연구에 따르면, 장애성인이 평생교육을 위해 이용한 운영기관의 종류를 '평생학습관, 주민자치센터, 문화센터 등의 일반 평생교육기관', '학교형태의 장애성인 평생교육시설(장애인야학, 장애인공부방 등)', '대학 부설 평생교육원', '온라인 평생교육기관 등의 프로그램', '장애인 자립생활센터, 장애인 복지시설에서 운영하는 평생교육 프로그램', '학원 또는 학원에서 운영하는 평생교육기관', '기업체에서 운영하는 평생교육기관', '종교기관에서 운영하는 평생교육기관', '시민사회단체, 장애인단체 등에서 운영하는 평생교육기관 또는 평생교육 프로그램', '일반 초 · 중 · 고 또는 특수학교에서 운영하는 평생교육 프로그램', '언론사에서 운영하는 평생교육기관' 등으로 제시하고 있다.

또한 발달장애성인 평생교육 관련 모형을 개발한 연구(윤점룡 외, 2010)에 따르면, 발달장애성인이 이용하는 기관의 종류를 '일반인을 위한 평생교육기관', '장애인 전용 평생교육 전담기관', '대학에서 운영하는 장애성인 교육프로그램', '사회복지관', '장애인복지관', '일반 학원', '장애성인 학원' 등으로 분류하였다. 이러한 연구들을 종합하여 송소현 외(2011)의 연구에서는 다음과 같이 장애인 평생교육 관련 기관의 범주를 도식화하였다.

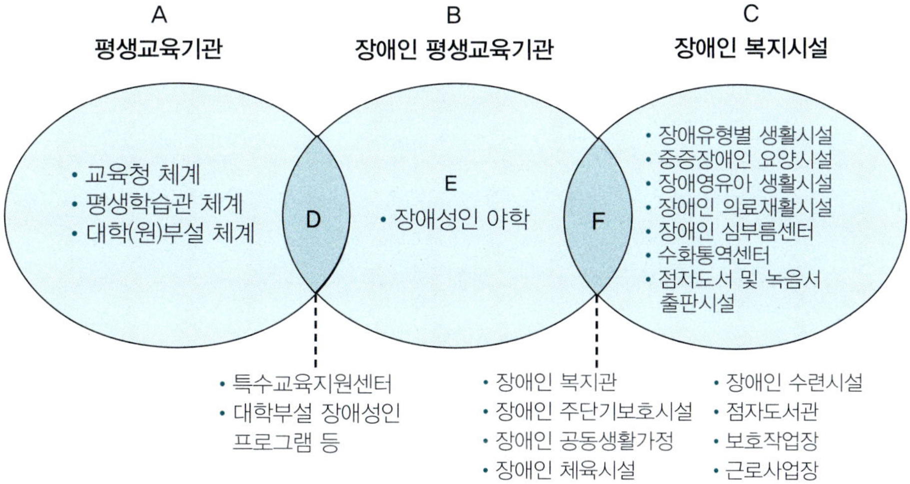

[그림 8-1] 장애인 평생교육 관련 기관의 범주에 대한 개념도

출처: 송소현 외(2011). 특수학교 기반 발달장애성인 평생교육 지원 모형 개발.

여기에서 장애인 복지시설 중 장애인 요양시설이나 장애인 의료재활시설까지 평생교육기관으로 볼 것인가에 대해서는 의문을 제기하는 이들이 있다. 이에 김두영 외(2021)는 비장애성인을 주요 대상으로 평생교육 프로그램을 제공하는 기관을 일반 평생교육기관, 장애성인을 주요 대상으로 평생교육 프로그램을 제공하는 기관을 장애인 평생교육기관이라고 정의하고, 「평생교육법」, 「장애인복지법」, 「발달장애인 권리보장 및 지원에 관한 법률」 및 지방자치단체 조례 등의 법적 근거와 평생교육기관 실태조사 자료(제주평생교육장학진흥원, 2019 등)를 분석하여 다음과 같이 장애인 평생교육기관의 범주를 설정하였다.

첫째, 2016년 이전 「장애인 등에 대한 특수교육법」에 근거해 설립된 학교형태의 장애인 평생교육시설과 2016년 개정된「평생교육법」 제20조의2(장애인 평생교육시설 등의 설치)에 의해 등록된 장애인 평생교육시설은 장애인 평생교육기관에 포함된다.

평생교육법

제20조의 2(장애인 평생교육시설 등의 설치) ① 국가 · 지방자치단체 및 시 · 도교육감은 관할 구역 안의 장애인을 대상으로 평생교육 프로그램 운영과 평생교육 기회를 제공하기 위하여 장애인 평생교육시설을 설치 또는 지정 · 운영할 수 있다.
② 국가 · 지방자치단체 및 시 · 도교육감 외의 자가 제1항에 따른 장애인 평생교육시설을 설치하고자 하는 때에는 대통령령으로 정하는 시설과 설비를 갖추어 교육감에게 등록하여야 한다.
③ 국가 및 지방자치단체는 장애인 평생교육시설의 운영에 필요한 경비를 예산의 범위에서 지원할 수 있다.

출처: 법제처국가법령정보센터(www.law.go.kr)

또한 아직 지방자치단체에서 장애인 평생교육시설 등록에 관한 지침이 마련되어 있지 않아 장애인 평생교육시설로 등록하지 못한 장애인야학이나 장애인 관련 단체 등도 장애인 평생교육기관에 포함해야 할 것이다.

둘째, 「평생교육법」이나 「발달장애인 권리보장 및 지원에 관한 법률」 제26조(평생교육 지원)에 근거해 제정한 지방자치단체의 장애인 평생교육 지원조례, 발달장애인 지원에 관한 조례 등에 따라 설치된 발달장애인평생교육센터는 장애인 평생교육기관에 포함된다.

발달장애인 권리보장 및 지원에 관한 법률

제26조(평생교육 지원) ① 국가와 지방자치단체는 발달장애인에게 「교육기본법」 제3조 및 제4조에 따른 평생교육의 기회가 충분히 부여될 수 있도록 특별자치시 · 시 · 군 · 구((자치구를 말한다. 이와 같다)별로 「평생교육법」 제2조제2호의 평생교육기관을 지정하여 발달장애인을 위한 교육과정을 적절하게 운영하도록 조치하여야 한다.
② 제1항에 따른 평생교육기관의 기준과 절차, 발달장애인을 위한 교육과정의 기준, 교육 제공인력의 요건 등은 교육부장관이 보건복지가족부장관과 협의하여 정한다.
③ 국가와 지방자치단체는 제1항에 따라 지정된 평생교육기관에 대하여 예산의 범위에서 발달장애인을 위한 교육과정의 운영에 필요한 경비의 전부 또는 일부를 지원할 수 있다.

출처: 법제처국가법령정보센터(www.law.go.kr)

서울시는 2016년 노원, 은평을 시작으로 2017년 동작, 마포, 성동, 2018년 관악, 도봉, 강동, 성북, 종로, 2019년 양천, 광진, 강북, 중랑, 송파, 서대문, 2020년 강남, 구로, 영등포, 금천 등 21개의 발달장애인평생교육센터를 지정하여 운영하고 있고, 경기도도 2021년「경기도 발달장애인 지원 조례」를 근거로 구리시, 의정부시, 시흥시 등 3곳에 발달장애인평생교육센터를 시범적으로 운영하고 있으며, 전국적으로 계속해서 발달장애인평생교육센터가 증가하고 있는 추세이다. 현재 서울특별시 노원구와 종로구, 인천광역시 남동구와 서구는 발달장애인 평생교육센터 설치와 운영에 관한 조례를 별도로 제정하여 시행하고 있다.

셋째,「장애인복지법」제58조(장애인 복지시설) 및「장애인복지법 시행규칙」제41조(장애인 복지시설의 종류와 사업)에 따른 장애인 복지시설 중 상시 교육 프로그램을 제공하고 있는 장애인 지역재활시설과 장애인 직업재활시설, 기타 장애인단체 및 장애인 관련 협회 등도 장애인 평생교육기관에 포함된다. 장애인 복지시설의 종류와 구체적인 사업을「장애인복지법」제58조(장애인 복지시설)와「장애인복지법 시행규칙」제41조(장애인 복지시설의 종류와 사업)를 통해 살펴보면 다음과 같다.

장애인복지법

제58조(장애인 복지시설) ① 장애인 복지시설의 종류는 다음 각 호와 같다.
장애인 거주시설: 거주공간을 활용하여 일반가정에서 생활하기 어려운 장애인에게 일정 기간 동안 거주 · 요양 · 지원 등의 서비스를 제공하는 동시에 지역사회생활을 지원하는 시설
장애인 지역재활시설: 장애인을 전문적으로 상담 · 치료 · 훈련하거나 장애인의 일상생활, 여가활동 및 사회참여활동 등을 지원하는 시설
장애인 직업재활시설: 일반 작업환경에서는 일하기 어려운 장애인이 특별히 준비된 작업환경에서 직업훈련을 받거나 직업 생활을 할 수 있도록 하는 시설
장애인 의료재활시설: 장애인을 입원 또는 통원하게 하여 상담, 진단 · 판정, 치료 등의 의료재활서비스를 제공하는 시설
그 밖에 대통령령으로 정하는 시설
② 제1항 각 호에 따른 장애인 복지시설의 구체적인 종류와 사업 등에 관한 사항은 보건복지가족부령으로 정한다.

출처: 법제처국가법령정보센터(www.law.go.kr)

장애인복지법 시행규칙
제41조(장애인 복지시설의 종류와 사업) ② 법 제58조제2항에 따른 장애인 장애인 복지시설의 구체적인 종류는 별표 4와 같이 구분하고, 장애인 복지시설의 종류별 사업은 별표 5에서 정하는 바에 따른다.

출처: 법제처국가법령정보센터(www.law.go.kr)

〈표 8-4〉 장애인복지법 시행규칙 [별표 4] 장애인 복지시설의 종류

구분	시설의 종류 및 기능
1. 장애인 거주시설	가. 장애유형별 거주시설: 장애유형이 같거나 유사한 장애를 가진 사람들을 이용하게 하여 그들의 장애유형에 적합한 주거지원 · 일상생활지원 · 지역사회생활지원 등의 서비스를 제공하는 시설 나. 중증장애인 거주시설: 장애의 정도가 심하여 항상 도움이 필요한 장애인에게 주거지원 · 일상생활지원 · 지역사회생활지원 · 요양서비스를 제공하는 시설 다. 장애영유아 거주시설: 6세 미만의 장애영유아를 보호하고 재활에 필요한 주거지원 · 일상생활지원 · 지역사회생활지원 · 요양서비스를 제공하는 시설 라. 장애인 단기거주시설: 보호자의 일시적 부재 등으로 도움이 필요한 장애인에게 단기간 주거서비스, 일상생활지원서비스, 지역사회재활서비스를 제공하는 시설 마. 장애인 공동생활가정: 장애인들이 스스로 사회에 적응하기 위하여 전문 인력의 지도를 받으며 공동으로 생활하는 지역사회 내의 소규모 주거시설
2. 장애인 지역사회 재활시설	가. 장애인복지관: 장애인에 대한 각종 상담 및 사회심리 · 교육 · 직업 · 의료재활 등 장애인의 지역사회생활에 필요한 종합적인 재활서비스를 제공하고 장애에 대한 사회적 인식 개선사업을 수행하는 시설 나. 삭제 〈2012.4.10.〉 다. 장애인 주간보호시설: 장애인을 주간에 일시 보호하여 장애인에게 필요한 재활서비스를 제공하는 시설 라. 삭제 〈2012.4.10.〉 마. 삭제 〈2012.4.10.〉 바. 장애인 체육시설: 장애인의 체력증진 또는 신체기능 회복활동을 지원하고 이와 관련된 편의를 제공하는 시설 사. 장애인 수련시설: 장애인의 문화 · 취미 · 오락활동 등을 통한 심신수련을 조장 · 지원하고 이와 관련된 편의를 제공하는 시설 아. 장애인 생활이동지원센터: 이동에 상당한 제약이 있는 장애인에게 차량 운행을 통한 직장 출퇴근 및 외출 보조나 그 밖의 이동서비스를 제공하는 시설

구분	시설의 종류 및 기능
2. 장애인 지역사회 재활시설	자. 한국수어 통역센터: 의사소통에 지장이 있는 청각 · 언어장애인에게 한국수어 통역 및 상담서비스를 제공하는 시설 차. 점자도서관: 시각장애인이 점자간행물 및 녹음서를 열람할 수 있는 시설 카. 점자도서 및 녹음서 출판시설: 시각장애인을 위한 점자간행물 및 녹음서를 출판하는 시설 타. 장애인 재활치료시설: 장애아동을 포함한 장애인에게 언어 · 미술 · 음악 등 재활치료에 필요한 치료, 상담, 훈련 등의 서비스를 제공하고 서비스를 이용한 자로부터 비용을 수납하여 운영하는 시설
3. 장애인 직업재활 시설	가. 장애인 보호작업장: 직업능력이 낮은 장애인에게 직업적응능력 및 직무기능 향상훈련 등 직업재활훈련 프로그램을 제공하고, 보호가 가능한 조건에서 근로의 기회를 제공하며, 이에 상응하는 노동의 대가로 임금을 지급하며, 장애인 근로사업장이나 그 밖의 경쟁적인 고용시장으로 옮겨갈 수 있도록 돕는 역할을 하는 시설 나. 장애인 근로사업장: 직업능력은 있으나 이동 및 접근성이나 사회적 제약 등으로 취업이 어려운 장애인에게 근로의 기회를 제공하고, 최저임금 이상의 임금을 지급하며, 경쟁적인 고용시장으로 옮겨갈 수 있도록 돕는 역할을 하는 시설 다. 장애인 직업적응훈련시설: 작업능력이 극히 낮은 장애인에게 작업활동, 일상생활훈련 등을 제공하여 기초작업능력을 습득시키고, 작업평가 및 사회적응훈련 등을 실시하여 장애인 보호작업장 또는 장애인 근로사업장이나 그 밖의 경쟁적인 고용시장으로 옮겨갈 수 있도록 돕는 역할을 하는 시설
4. 장애인 의료재활 시설	장애인 의료재활시설: 장애인을 입원 또는 통원하게 하여 상담, 진단 · 판정, 치료 등 의료재활서비스를 제공하는 시설
5. 장애인 생산품 판매시설	장애인 생산품의 판매활동 및 유통을 대행하고, 장애인 생산품이나 서비스 · 용역에 관한 상담, 홍보, 판로 개척 및 정보제공 등 마케팅을 지원하는 시설

출처: 법제처국가법령정보센터(www.law.go.kr)

이상 장애인 복지시설의 종류와 사업을 고려해 볼 때, 장애인 거주시설, 장애인 의료재활시설, 장애인 생산품 판매시설은 상시 교육 프로그램을 제공하는 기관이라고 보기 어려워 보인다. 따라서 장애인 복지시설 중에서 상시 교육 프로그램을 제공하는 기관이라 할 수 있는 장애인복지관, 장애인 주간보호시설, 장애인 체육시설, 장애인 수련시설, 한국수어 통역센터, 점자도서관 등의 장애인 지역사회재활시설과 장애인 보호작업장, 장애인 근로사업장, 장애인 직업적응훈련시설 등의 장애인 직업재활시설에서 제공하고 있는 일반적인 사회교육 서비스는 평생교육의 범주에서 명시하고 있는 평생교육의 내용과 대부분 일치하고 있어, 이들 장애인 복지시설은 장애인 평생교육기관으로 보는 것이 타당해 보인다. 이들 장애인 복지시설에서 제공하는 평생교육 프로그램은 평생교육과 복지적 접근이 동시에 제공된다는 점에서 일반 문화센터나 동사무소 주민자치센터에서 제공되는 것과 차별성이 있으며, 평생교육을 매개로 지역사회 장애인들과의 관계를 형성하고 지역사회 장애인복지사업을 전개하는 발판으로 활용한다는 점에서 다른 시설의 평생교육과 차이가 있다.

이 외에도 장애인가족지원센터, 여성장애인인력개발센터, 장애유형별 협회 · 연합회, 장애인부모회 등 장애인 가족 단체 등 각종 장애인 단체 중 상시교육 프로그램을 제공하고 있는 기관이나 특수교육지원센터와 같은 공적기관 모두 장애인 평생교육기관에 포함된다.

우리나라의 장애인 평생교육 기반이 척박한 이유는 여러 가지가 있겠지만, 통합교육이 강조되는 학령기 특수교육과 달리 장애인과 비장애인을 철저하게 분리하여 교육하고 있는 평생교육 현장이 큰 원인으로 지목받고 있다(김두영, 김호연, 2017). 우리나라와 달리 미국이나 호주, 독일, 캐나다 등 서구 국가에서는 통합과 지역사회 참여라는 가치 아래 장애인만을 위한 교육기관이나 프로그램을 개설하기보다는 지역사회 내의 다양한 평생교육기관과 연계하여 이루어지고 있다(강순원 외, 2011; 곽승철 외, 2010; 김두영 외, 2019; 김윤태 외, 2009; 김정재 외, 2009; 김호연 외, 2014; 정인숙 외, 2005 등). 하지만 우리나라에서는 장애인이 일반 평생교육기관을 자유롭게 이용할 수 있는 사회적 여건이 마련되어 있지 않은 것이 사실이다. 향후 장애인의 평생교육 기회를 보다 확대하기 위해서는 장애인들이 일반 평생교육기관을 이용할 수 있는 여건을 개선하는 것이 무엇보다 중요한 과제라 할 것이다.

2 장애인 평생교육기관의 운영 현황

1) 장애인 평생교육기관 현황

장애인 평생교육에 대한 국가와 지자체의 책무를 규정한 「평생교육법」 개정 이후 각 광역자치단체별로 장애인 평생교육 실태를 조사하고 장애인 평생교육 정책 방향을 모색하기 위해 다양한 연구들이 진행되었다. 지자체 차원에서 진행한 연구들은 많은 예산을 투입하고 다양한 관계자들을 대상으로 조사를 실시했을 뿐 아니라 각 분야의 전문가들이 연구를 진행함으로써 조사의 신뢰성이 높다고 할 수 있다(김두영, 2015). 이에 이번 장에서는 광역자치단체 차원에서 진행한 장애인 평생교육 실태조사나 정책 방향 연구 결과를 토대로 장애인 평생교육기관의 현황과 장애인 평생교육 프로그램 운영 현황을 정리해 보고자 한다.

그동안 대구시, 경기도, 울산시, 세종시, 서울시, 광주시, 제주도, 인천시, 충청남도 등에서 장애인 평생교육 실태조사나 정책 방향 연구를 진행하였으나, 이번 장에서는 이 중에서 장애인 평생교육기관을 대상으로 설문 조사를 진행하였고, 장애인 평생교육 운영 현황과 관련된 문항을 포함한 울산, 경기, 제주, 서울, 부산, 충남의 연구들을 분석하여 장애인 평생교육기관 현황 및 프로그램 운영 현황을 살펴보고자 한다.

(1) 조사 대상 기관

지자체별 연구에서 조사 대상 기관에 다소 차이를 있다. 경기도, 제주특별자치도의 경우 장애인 평생교육기관만을 대상으로 조사를 진행하였고, 서울도 2기관을 제외한 60기관 모두 장애인 평생교육기관을 대상으로 조사를 실시하였다. 하지만 울산은 일반 평생교육기관을 17기관(24.3%), 충남은 34기관(53.1%), 부산은 35기관(85.4%) 포함하여 이후 조사 결과를 해석함에 있어 조사 대상에 따른 차이를 감안해야 할 것이다.

〈표 8-5〉 조사 대상 기관 유형

지역	장애인 평생교육기관	일반 평생교육기관	전체
울산광역시	53(75.7)	17(24.3)	70(100.0)
경기도	81(100.0)	0(0.0)	81(100.0)
제주특별자치도	61(100.0)	0(0.0)	61(100.0)
서울특별시	60(96.8)	2(3.2)	62(100.0)
부산광역시	6(14.6)	35(85.4)	41(100.0)
충청남도	30(46.9)	34(53.1)	64(100.0)

(2) 직원 현황

장애인 평생교육기관의 직원 현황을 조사한 지자체별로 연구에 따라 제시 방법에 다소 차이가 있으나, 대체로 여성 직원이 남성 직원보다 상당히 많은 비중을 차지하고 있고, 서울에 비해 다른 지역의 직원 수가 상대적으로 적은 것을 알 수 있다.

〈표 8-6〉 직원 현황

지역	장애인 평생교육기관의 직원 현황
울산광역시	• 남성 직원: 173명(23.4%) • 여성 직원: 565명(76.6%) • 전체 직원: 738명(100.0%)
경기도	• 남성 직원: 569명(평균 7.0명) • 여성 직원: 848명(평균 10.5명) • 전체 직원: 1,417명(평균 17.5명)

지역	장애인 평생교육기관의 직원 현황
제주특별자치도	• 남성 직원: 55명(평균 6.8명) • 여성 직원: 59명(평균 8.7명) • 전체 직원: 61명(평균 14.0명)
서울특별시	• 남성 직원: 723명(평균 11.7명) • 여성 직원: 1,054명(평균 17.0명) • 전체 직원: 1,777명(평균 28.7명)
부산광역시	• 남성 직원: 196명(평균 5.0명) • 여성 직원: 464명(평균 12.0명) • 전체 직원: 660명(평균 16.9명)
충청남도	• 1명: 4개 기관(6.8%) • 3~5명: 16개 기관(27.1%) • 6~9명: 19개 기관(32.2%) • 10~19명: 9개 기관(15.3) • 20명 이상: 11개 기관(18.6%)

(3) 평생교육사 배치 현황

2016년 개정된 「평생교육법」 제26조에서는 시 · 도평생교육진흥원, 장애인 평생교육시설, 시 · 군 · 구평생학습관에 평생교육사를 반드시 배치하도록 강제하고 있으나, 장애인 복지시설이 대부분을 차지하고 있는 장애인 평생교육기관에는 평생교육사를 배치한 기관보다 그렇지 않은 기관이 더 많은 현실이다. 특히 울산광역시의 경우 평생교육사가 배치되지 않은 기관이 97.6%로 대부분을 차지하고 있다.

〈표 8-7〉 평생교육사 배치 현황

지역	평생교육사 있음	평생교육사 없음	전체
울산광역시	8(2.4)	62(97.6)	70(100.0)
경기도	13(16.0)	68(84.0)	81(100.0)
제주특별자치도	12(19.7)	49(80.3)	61(100.0)
서울특별시	27(43.5)	35(56.5)	62(100.0)
부산광역시	14(34.1)	27(65.9)	41(100.0)
충청남도	45(70.3)	19(29.7)	64(100.0)

(4) 강의실 보유 현황

대부분의 장애인 평생교육기관은 프로그램 운영을 위한 별도의 강의실을 보유하고 있으며, 특히 서울시와 부산시의 경우 강의실을 보유한 기관이 90% 이상을 차지하였다. 하지만 경기도의 경우 평생교육 프로그램 운영을 위한 강의실을 보유한 기관이 51.9%로 절반을 겨우 넘었다. 이는 지역적 차이라기보다는 조사 대상 기관의 유형에 따른 차이일 수 있다. 일반 평생교육기관이나 장애인 복지시설의 경우 정부의 지원을 받아 비교적 프로그램 운영을 위한 시설을 갖추고 있는 경우가 많으나, 민간 차원에서 출발하여 최근 장애인 평생교육시설로 등록한 많은 장애인야학 등은 여전히 심각한 경제적 어려움을 호소하고 있으며, 프로그램 운영을 위한 기본적인 시설도 부족한 상황이다.

(5) 이용자 장애유형 현황

울산과 경기, 충남의 경우 장애인 평생교육기관 이용자 중 발달장애인의 비중이 가장 높았고, 부산광역시는 지체 · 뇌병변장애인의 비중이 가장 높았다.

〈표 8-8〉 이용자 장애유형 현황

지역	장애인 평생교육기관 이용자 장애유형 현황
울산광역시	① 발달장애 : 15,518명(52.7%) ② 기타장애 : 10,804명(36.7%) ③ 시각장애 : 1,817명(6.2%) ④ 지체장애 : 936명(3.2%) ⑤ 청각장애 : 345명(1.2%)
경기도	① 발달장애 : 13,850명(80.8%) ② 지체 · 뇌병변장애 : 2,416명(14.1%) ③ 시각 · 청각장애 : 455명(2.7%) ④ 정신장애 : 272명(1.6) ⑤ 기타장애 : 105명(0.6%) ⑥ 언어 · 안면장애 : 54명(0.3%)

지역	장애인 평생교육기관 이용자 장애유형 현황
부산광역시	① 지체 · 뇌병변장애 : 평균 47명 ② 시각 · 청각장애 : 평균 37명 ③ 발달장애 : 평균 34명 ④ 기타장애 : 평균 13명 ⑤ 정신장애 : 평균 7명 ⑥ 언어장애 : 평균 2명
충청남도	① 발달장애 : 631명(45.2%) ② 시각 · 청각장애 : 419명(30.0%) ③ 지체 · 뇌병변장애 : 275명(19.8%) ④ 기타장애 : 70명(5.0%)

2) 장애인 평생교육기관의 프로그램 운영 현황

(1) 영역별 프로그램 공급 현황

평생교육 프로그램의 6개 영역별 공급 현황을 조사한 결과에서는 대체로 문화예술교육 영역의 프로그램을 가장 많이 운영한 것을 알 수 있다.

〈표 8-9〉 영역별 프로그램 공급 현황[단위: 개(%)]

지역	기초문해	학력보완	직업능력	문화예술	인문교양	시민참여	기타	전체
울산광역시	42 (5.1)	6 (0.7)	94 (11.4)	418 (50.9)	89 (10.8)	43 (5.2)	129 (15.7)	821 (100.0)
경기도	115 (18.7)	19 (3.1)	51 (8.3)	284 (46.3)	115 (18.7)	30 (4.9)	0 (0.0)	614 (100.0)
제주특별자치도	17 (1.47)	4 (1.5)	19 (7.05)	40 (5.13)	21 (2.14)	16 (2.63)	29 (2.97)	146 (2.39)
서울특별시	84 (9.9)	22 (2.6)	107 (12.6)	472 (55.7)	121 (14.3)	42 (5.0)	0 (0.0)	848 (100.0)
부산광역시	14 (16.5)	7 (8.2)	16 (18.8)	28 (32.9)	18 (21.2)	2 (2.4)	0 (0.0)	85 (100.0)
충청남도	7 (12.5)	2 (3.6)	10 (17.9)	19 (33.9)	5 (8.9)	3 (5.4)	10 (17.9)	56 (100.0)

(2) 프로그램 운영 기간

장애인 평생교육기관에서 공급한 프로그램의 운영 기간을 조사한 지자체별 연구 결과 모두 6개월 이상의 장기간 운영 프로그램이 가장 많았다. 이는 단기 프로그램보다 장기 프로그램을 선호하는 장애성인들의 요구(김두영 외, 2017; 조창빈, 김두영, 2016; 조창빈, 정해동, 김두영, 2018)와 일치한다.

〈표 8-10〉 프로그램 운영 기간

지역	프로그램 운영 기간
경기도	① 6개월 이상 : 538개(87.6%) ② 1개월 미만 : 30개(4.9%) ③ 4~6개월 미만 : 24개(3.9%) ④ 1~3개월 : 22개(3.6%)
제주특별자치도	① 6개월 이상 : 69개(81.2%) ② 1개월 이상~6개월 미만 : 13개(15.3%) ③ 1개월 미만 : 3개(3.5%)
서울특별시	① 7개월 이상 : 681개(80.3%) ② 1~6개월 : 121개(14.3%) ③ 1개월 미만 : 46개(5.4%)
부산광역시	① 6개월 이상 : 69(81.2%) ② 1~6개월 미만 : 13개(15.3%) ③ 1개월 미만 : 3개(3.5%)

(3) 프로그램 수강료

경기, 제주, 부산 모두 수강료가 무료인 프로그램이 더 많았으나 서울은 유료 프로그램이 65.6%로 절반 이상의 비중을 차지했다.

〈표 8-11〉 프로그램 수강료

지역	유료	무료	전체
경기도	223(36.3)	391(63.7)	614(100.0)
제주특별자치도	11(14.8)	122(85.2)	143(100.0)
서울특별시	556(65.6)	292(34.4)	848(100.0)
부산광역시	25(29.4)	60(70.6)	85(100.0)

(4) 재정지원

경기, 서울, 충남의 경우 기관 자체 예산으로 운영한 프로그램이 더 많았으나, 제주와 부산은 국가 및 지자체 보조금으로 운영한 프로그램이 대부분을 차지했다.

〈표 8-12〉 평생교육사 배치 현황

지역	기관 자체 예산	국가 및 지자체 보조금	기타	전체
경기도 (다중응답)	279(45.4)	301(37.5)	105(17.1)	685(100.0)
제주특별자치도 (다중응답)	20(14.0)	114(79.7)	48(33.6)	143(100.0)
서울특별시	417(49.2)	260(30.7)	171(20.2)	848(100.0)
부산광역시 (다중응답)	9(22.0)	36(87.8)	10(24.4)	41(100.0)
충청남도	48(75.0)	16(25.0)	0(0.0)	64(100.0)

연구과제

1. 우리나라 평생교육통계조사의 대상기관을 조사해 보고, 조사의 개선방안을 논의해 봅시다.
2. 장애인들이 선호하는 평생교육기관을 조사해 보고, 그 이유와 개선 방향을 논의해 봅시다.
3. 지자체별 장애인 평생교육기관 현황 조사 결과를 토대로 장애인 평생교육기관의 기능을 활성화하기 위한 정책 대안을 토론해 봅시다.
4. 지자체별 장애인 평생교육기관의 프로그램 공급 현황 조사 결과를 토대로 장애인 평생교육기관의 프로그램 운영 개선 방안을 토론해 봅시다.
5. 우리나라와 외국에서 장애인들이 이용할 수 있는 평생교육기관의 차이점을 알아보고, 장애인 평생교육 기회를 확대하기 위한 방안을 논의해 봅시다.

CHAPTER 09

장애인 평생교육기관의 연계

학습목표

- 평생교육기관 간 연계의 개념 및 필요성을 이해한다.
- 평생교육기관 간 가능한 연계의 영역을 이해하고, 영역별 구체적인 연계 내용을 설명한다.
- 평생교육기관 간 연계의 구성요소를 설명하고, 각각의 필요성과 구체적인 예를 제시한다.
- 평생교육기관 간 연계를 활성화하기 위해 필요한 절차와 내용을 설명한다.
- 장애인 평생교육기관과 일반 평생교육기관 간 연계의 우수사례를 살펴보고, 그 시사점을 정리한다.

Ⅰ 평생교육기관 간 연계의 개념 및 필요성

1) 평생교육기관 간 연계의 개념

연계의 사전적 의미는 어떤 일이나 사람과 관련하여 관계를 맺음 또는 그 관계를 말하며, 행정학에서는 거버넌스를, 사회학에서는 사회적 자본을, 평생교육에서는 파트너십을, IT 및 경영에서는 네트워크라는 용어로 대체하여 사용하기도 한다. 따라서 평생교육기관 간 연계체제를 구축한다는 것은 평생교육기관들이 서로 대상자 혹은 프로그램과 관련하여 관계를 공고히 함을 의미한다(이병인 외, 2018).

우리가 살아가고 있는 21세기 글로벌 시대는 학교만이 지식 · 정보와 경쟁력을 위한 교육을 제공하는 기관이 아니라 사회의 다양한 기관들이 모두 이러한 기능의 제공을 담당하고 있으며, 학습자 중심의 교육, 교육의 다양화, 교육의 세계화, 교육의 정보화를 통하여 삶의 질 향상 및 자아실현을 극대화할 수 있는 교육복지 국가 형성을 제안하고 있다(교육과학기술부, 평생교육진흥원, 2012). 이와 같은 시대적 과업에 부응하고 학습자들의 다양한 특성과 요구를 반영하기 위해서는 여러 평생교육기관들이 서로 협력하고 연계할 수 있는 기반을 조성할 필요가 있다.

조직이론 분야에서 연계(linkages)란 조직과 관련 있는 사회부문과의 상호 의존관계를 설정하는 상호작용의 과정을 말하며, 통상적으로 연계는 수직적 연계와 수평적 연계로 구분하는 것이 일반적이다(이지연, 한상근, 최동선, 2003). 수직적 연계(articulation)는 학습의 누락이나 중복 없이 한 수준의 교육기관이나 프로그램에서 상급 수준의 교육기관이나 프로그램으로 학습자들이 옮겨갈 수 있도록 도와주는 둘 이상의 교육기관을 연결하는 계획적인 과정을 의미하며, 수평적 연계란 동급의 교육기관이나 프로그램이 인적, 물적, 정보자원을 공유하는 것으로 교육훈련 프로그램, 교원 및 시설 등의 교류를 통하여 이루어진다. 여기에서는 평생교육기관들 상호간의 수평적 연계를 의미한다.

현대사회에는 많은 평생교육시설과 자원이 존재한다. 평생학습관을 비롯하여 도서관, 박물관, 지역의 문화원, 여성회관, 청소년회관, 사회복지관, 시민회관, 농촌기술센터 등의 공공 평생교육기관과 대학의 평생교육원, 문화센터, 기업체 연수원, 학원 등과 같은 민간 평생교육기관 등이 있다. 뿐만 아니라 본래 교육기관은 아니지만 기능적으로는 교육기관의 성격을 갖는 시설도 있다. 지방자치단체와 같은 행정 당국이 운영하고 있는 보건소나 소방서, 경찰서 등의 공적 시설을 비롯하여 영화관이나 극장, 음악시설 등의 문화시설, 방송국과 신문사 등의 정보 관련 시설 등이 이에 속한다고 할 수 있다(박연숙, 2006). 평생교육의 기본 이념인 '누구나, 언제나 어디서나 교육받을 수 있는 평생학습사회'를 구축하기 위해서는 이같이 여러 종류의 평생교육기관들이 유기적인 관계를 유지하며 학습자의 요구에 적절하게 대응하는 것이 필요하다(장혜경, 2010).

평생교육기관 간 연계는 교육기능의 확산과 시설의 효율성을 극대화하기 위해 하나의 시설을 한 시내에서 혹은 시와 시, 시와 도 상호간에 공유하거나 사회교육시설과 직업훈련시설, 스포츠시설, 문화시설, 도서관 등의 목적 중심의 시설 혹은 노인, 성인, 청년, 여성, 유아 등과 같은 대상 중심의 시설을 복합화하는 것을 의미한다. 결과적으로 지역사회에 있는 다른 기능을 갖고 있는 평생교육기관 간의 상호 보완 이용을 촉진하고, 학교나 기업시설 등을 사회교육시설로 공동 사용한다든지, 학습자원의 총체적 활용을 위해 다양한 시설의 복합화를 이루게 된다(양병찬, 2000). 최근에는 하나의 시스템 안에서 구성 요소들 간의 연계 · 협력 · 제휴 등의 개념으로 네트워크라는 용어가 즐겨 사용되고 있으며, 평생교육기관 간 연계 혹은 협력을 보다 규모가 크며 한 지역의 토탈 시스템을 전제로 한 지속성을 가지는 개념으로서 평생교육기관 간 네트워크 형성이라는 표현으로 대체하여 사용하기도 한다. OECD는 네트워크를 '참여자들 간의 공동의 이해와 목적을 추구하기 위한 연계의 형식'이라고 보면서 연계는 다수의 참여자들 간의 소통, 상호작용, 협력을 동반하는 것으로 역동적이고 가변적이라고 지적하였다(이희수, 2005). 또한 강창현(2001)은 사회복지서비스 전달에 있어 네트워크 구축이 중요한 이유로 조직간 연계관계 형성을 통해 자원 활동을 극대화함으로써 클라이언트의 복합적 욕구를 보다 효과적으로 충족시키는 데에 있다고 제시하였다(문정수, 2010).

평생학습관, 대학원 평생교육원, 기업체 연수원, 직업훈련시설, 문화센터 등 다양한 지역사회 평생교육기관 간 연계는 다양한 영역에서 가능하게 된다. 강사의 교류와 같은 부문에서부터 사업연계, 정보 교류, 공간의 공유 등과 같이 다양한 영역과 국면에서 논의될 수 있다(양병찬, 2000).

첫째, 인적 교류와 관련하여 평생교육기관 간 강사 교류를 비롯해 자원봉사자와 같은 인적 자원을 상호 교류함으로써 협력이 가능하다. 평생교육과 관련된 사업을 교류할 경우, 특히 인적 자원의 교류는 그 핵심 내용이 될 것이며, 따라서 협의체를 구성하는 것이 무엇보다 중요하다.

둘째, 사업 연계와 관련하여 지역 단위의 사업이나 프로그램을 연계·협력함으로써 보다 효율적으로 평생교육 사업을 추진·운영할 수 있다. 지역의 평생교육 사업을 통하여 지역의 종합적인 학습 프로그램 제공과 그 이용 체제를 정비함으로써 평생교육기관의 합리적이고 효율적 활용을 촉진하게 된다. 장애인 평생교육기관을 포함하여 지역에 있는 모든 평생교육기관들이 평생학습 사업 및 프로그램을 공유하고 상호 이해를 도모하여 학습자의 특성과 요구를 반영한 사업을 추진할 수 있게 되고 아울러 학습자의 만족도를 제고하게 된다. 또한 지방의 문화 축제라든가 평생학습 축제, 열린 음악회 등과 같은 문화 및 교육 관련 이벤트 사업을 계획·운영함에 있어 상호간의 협력 지원 체제가 가동될 것이며, 이를 통해 장애인들에게 다양한 평생교육 경험을 제공함과 동시에 지역사회 비장애인들에게 장애인 문화를 경험할 수 있는 기회를 제공할 수 있을 것이다.

셋째, 정보의 교류는 평생교육기관 간 연계체세의 가장 기본이 되는 영역이다. 무엇이 어디에 있는지를 알지 못하는 한, 인적 자원도 물적 자원도 활용할 수가 없기 때문이다. 그래서 평생교육 연계는 정보의 연계라고 해도 과언이 아니다. 그러나 장애인들은 정보 접근에 많은 장애를 경험하게 된다. 우리나라의 평생교육은 현재 국가적인 차원에서 대민서비스 시스템을 구축하고, 관련 시스템 간 호환성 확보를 위한 정보의 저장 및 유통의 기술 표준을 개발하기 위해 '다모아 평생교육정보망'을 구축하고 있다. 이는 궁극적으로 학습자가 산재된 평생교육정보를 공유 · 유통 · 활용할 수 있도록 함으로써 언제나, 어디서나, 한 번(one click)에 원하는 정보를 검색할 수 있도록 지원하기 위한 것이다(교육부, 국가평생교육진흥원, 2013). 이와 같은 시스템에 장애성인 학습자들이 장애유형별, 정도별, 연령별, 영역별 프로그램이 어떤 것이 있는지, 어디에 있는지, 그리고 그것에 어떻게 참여할 수 있는지에 대한 정보를 함께 제공해 준다면, 장애인 평생교육 선택 지원체제를 확립하는데 큰 역할을 하게 될 것이다(김두영, 2015).

넷째, 공간의 교류는 지역사회의 다양한 평생교육기관이 보유하고 있는 물적 자원을 교류하는 것으로, 여기에서 말하는 물적 자원이란 시설, 설비, 교재, 교구 등이 포함된다. 물적 자원의 교류는 자원의 효율적인 활용이라는 문제와 관련되는 것이다. 예컨대, 일반 평생교육기관에서 장애인 학습자들이 수강하는 경우 장애인들이 보조공학기기를 사용할 수 없어 어려움을 경험하게 된다. 장애인 평생교육기관에서 보유하고 있는 다양한 보조공학기기의 공유는 일반 평생교육기관에서의 장애인 평생교육 프로그램을 더 촉진할 수 있는 중요한 자원이 될 것이다.

2) 평생교육기관 간 연계의 필요성

정보의 지식화, 지식의 정보화 시대에 인적자원의 개발을 위해 요구되는 교육의 구조는 종전의 교육체제와 같은 엘리트주의와 교사 중심의 학습체제 구축이 아니라, 학생이 창의성을 발휘하며 자기주도적 탐구자가 되고, 공동의 조직자와 형성자가 되는 교육체제의 구축을 요구한다(김기룡 외, 2014). 이를 위해 교육은 학습자의 다양성을 인정하고 학습과정과 학습방법의 다양화를 모색해야 한다. 이는 학교교육을 중심으로 하던 이전 교육 패러다임이 아니라 학교를 떠난 후에도 평생 동안 학습할 수 있는 교육체제의 구축을 요구한다는 의미이며, 학습자 개개인의 다양한 요구와 특성을 충족시켜야 한다는 의미이다(정동영, 정동일, 정인숙, 2003). 이런 평생교육체제의 구축은 단일 기관만의 노력으로는 부족하며, 관련 기관들의 긴밀한 연계체제 구축을 통해 이루어질 수 있다.

평생교육기관 간 연계는 분야별 또는 기관별로 제공되는 서비스의 중복이나 누락을 방지하고 서비스를 통합 제공하는 이점을 지닌다. 이는 재정의 낭비를 예방하고, 수혜자들이 요구하는 서비스를 종합적으로 제공한다는 것을 의미한다. 실제 평생교육기관 간 연계는 다양화 · 세분화 · 전문화된 현대사회의 조직구조에서 다른 조직이나 기관을 고려하지 않고 특정 조직이나 기관들이 독립적으로 결정하는 정책이나 그러한 정책의 집행에 의해 유발될 수 있는 오류를 줄여준다(정동영, 정동일, 정인숙, 2003). 특히 산업의 발달과 지식의 팽창으로 하루가 다르게 변화하는 사회의 구조적 특징을 필수적으로 관련 분야의 기관 간 연계를 요구한다.

평생교육기관 간 연계가 강조되는 보다 큰 이유는 학습자들의 다양한 특성과 요구에 적합한 프로그램 제공이 중요하기 때문이다. 평생학습자는 성별이나, 학력, 경제 수준, 거주 지역은 물론 생애주기에 따라 다양한 특성을 가지며, 평생교육에 참여하는 동기나 목적도 나르다. 2007년부터 교육부와 한국교육개발원이 실시하고 있는 한국성인의 평생학습 실태조사에 따르면, 많은 학습자들이 직업과 관련된 이유에서 평생학습에 참여하고 있으나 일부 학습자들은 직업과 무관한 이유로 평생학습에 참여하고 있다. 어떤 이들은 교양 함양이나 지식 습득 등 자기계발을 위해, 어떤 이들은 심리적 만족 및 행복감을 얻기 위해, 그리고 어떤 이들은 시민의식 증진 및 사회 참여를 위해 평생학습에 참여한다. 또한 평생학습자들은 각자의 적성이나 학습 이력에 따라 희망하는 평생교육 프로그램에도 차이가 있으며, 희망하는 학습매체 혹은 학습방식도 다양하게 나타나고 있어 어떤 특정 기관이 이들 모두의 요구를 충족시키는 것은 쉽지 않은 일이다. 따라서 학습자들의 다양한 특성과 요구에 적합한 평생교육 프로그램을 제공하고 학습자들의 만족도를 제고하여 그들을 다시 평생교육의 장으로 유도하기 위해서는 무엇보다도 여러 평생교육기관들 사이의 연계가 필수적이라 할 수 있다.

평생교육기관 간 연계는 심신의 장애로 인해 특별한 지원을 요구하는 장애인 평생교육의 경우 더 확장되고 강화될 필요가 있다. 장애인들의 평생교육 요구는 장애의 종류와 정도, 생애주기 등에 따라 매우 다양하게 나타나고 있는데, 이들의 특성에 맞는 평생교육 프로그램을 제공해야 할 뿐 아니라, 급변하는 사회에 적응하는 사회적응능력 향상을 위한 프로그램도 제공해야 하며, 장애인 학습자 개인의 선호도에 따른 평생교육 프로그램도 제공해야 하기 때문이다. 또한 장애인 학습자가 요구하는 다양한 분야의 프로그램은 점점 전문화되고 세분화되어 평생교육기관 간 연계체제 구축의 필요성은 더욱 확장되고 있다고 할 수 있다(김성희 외, 2011). 구체적으로 장애인 평생교육은 교육의 욕구와 목적을 진단하고, 그에 적절한 지원을 공동으로 계획하며, 성과를 공동으로 평가하는 등 관련 기관들의 협력에 의해 이루어져야 한다. 이러한 연계를 통해서만 장애인의 요구에 적합하고 강력하며 집중적이고 유의미한 서비스를 제공할 수 있기 때문이다.

한편 장애인들 중에는 별도의 장애인 평생교육기관에서 프로그램에 참여하기를 원하는 사람들도 있으나 비장애인과 함께 교육받기를 희망하는 사람들도 있다(조창빈, 정해동, 김두영, 2018). 우리나라의 학령기 특수교육은 통합교육을 기본 정책으로 추진하고 있음에도 불구하고 성인기 장애인교육은 철저하게 분리되어 이루어지고 있는 실정이다. 국가나 지자체가 별도의 예산을 마련하여 장애인을 위한 평생교육 프로그램을 제공하는 데에는 분명히 한계가 있을 것이며, 바람직한 대안이 될 수도 없다. 일반적으로 장애인들은 장애유형과 정도에 따라 명확한 견해 차이가 존재하기 때문이다. 오히려 장애인복지관과 같은 전문 기관에서 중증의 장애성인 교육을 담당하고 일반 평생교육기관에서 경증의 장애성인을 위한 프로그램을 운영할 수 있도록 연계하는 것이 향후 장애인 평생교육 기회 확대를 위한 현명한 방법이 될 수 있을 것이다(김호연 외, 2014).

따라서 장애인 평생교육은 평생학습관, 도서관, 주민센터 등 일반성인을 주요 대상으로 하는 일반 평생교육기관과 장애인 평생교육시설, 장애인복지관, 발달장애인평생교육센터 등 장애성인을 주요 대상으로 하는 장애인 평생교육기관 사이의 효과적 연계방안을 마련할 필요성이 더욱 강조되고 있는 상황이다. 뿐만 아니라 장애인의 다양한 평생교육 욕구를 충족시키고 지원하기 위해서는 장애인교육을 담당하는 부처와 기관, 장애인의 직업훈련과 복지서비스를 제공하는 부처와 기관, 장애인 가족 및 장애인 단체 뿐 아니라 다양한 평생교육기관들이 서로 협력하여 기관의 취약점을 보완하고 장점을 강조할 수 있는 연계체제 방안 모색이 절실히 필요하다. 이러한 기관 간 연계체제 구축은 향후 기관 간 협력의 촉진, 지역사회의 요구 사정, 비장애인의 장애인에 대한 인식 개선, 실행계획의 개발, 장애인의 교육 및 고용 기회 확대 등을 이루어나가는 초석이 될 것이다.

2 평생교육기관 간 연계의 구성요소 및 활성화 요인

1) 평생교육기관 간 연계의 구성요소

이번 장에서는 그동안 간헐적으로 실시되어 온 평생교육기관 또는 장애인 관련 기관의 연계체제 관련 연구(고영상 외, 2011; 장병원, 2010; 정동영, 정동일, 정인숙, 2003)에서 제시하는 평생교육기관 간 연계의 구성요소를 기관 간 정보망, 기관 간 업무협력, 기관 간 자원 공유 등 세 가지의 요소로 구분하여 살펴보고자 한다.

첫째, 기관 간 정보망 구축은 평생교육기관이 지니고 있는 기관에 대한 기본 정보 뿐 아니라 기관이 운영했거나 운영하고 있는 평생교육 프로그램에 대한 정보, 기관의 시설에 대한 정보, 기관에서 보유하고 있는 인적자원에 대한 정보 등을 기관 간 공유하는 시스템을 의미한다. 이를 위해 교육부는 2011년부터 '다모아 평생교육정보망 구축 사업'을 시행하여 시 · 도 단위의 평생교육정보시스템을 구축하고 이를 통해 지역 주민에게 프로그램 및 기관, 강사에 대한 정보를 제공하도록 지원하고 있다. 하지만 이 정보망을 통해 공유되는 프로그램 중 장애인을 주요 대상으로 하는 프로그램은 그 수도 극히 적을 뿐 아니라 별도의 분류체계를 갖고 있지 않아 성인 장애인이 참여할 만한 프로그램을 검색하는 것도 쉽지 않다. 또한 장애인 평생교육기관은 기관의 특수성 때문에 다양한 평생교육 프로그램을 운영하는 것에 어려움이 있는데(조창빈, 김두영, 2016), 해당 기관 이용자들에게 적합한 프로그램을 제공하지 못할 경우 타 기관과 연계해 주는 방법을 고려해야 하지만 타 장애인 평생교육기관과의 정보교류 시스템이 구축되어 있지 않기 때문에 타 기관과의 연계체제를 구축하는 것에 큰 어려움이 있다. 이뿐 아니라 장애인 평생교육기관이 평생교육 프로그램을 운영하려 할 때, 시설기반이 구비되었어도 프로그램을 운영하는 강사의 섭외가 어려운 경우에 타 기관과의 정보망이 구축되어 있다면 타 기관에 종사하는 강사를 섭외하거나 강사 파견을 요청하는 등 다양하고 효율적인 방법을 동원하여 장애인 학습자들에게 평생교육 프로그램을 제공할 수 있을 것이다.

이와 같은 장애인 평생교육기관 간 정보망은 장애인 학습자들이 장애유형별, 정도별, 연령별, 영역별 프로그램이 어떤 것이 있는지, 어느 기관에 방문하여 프로그램에 참여할 수 있는지 등을 제공해줄 뿐 아니라, 기관을 운영하고 프로그램을 제공하는 장애인 평생교육기관에게도 학습자의 관리와 질 높은 프로그램 운영, 전문성 있는 평생교육 강사 확보 등의 행정적 처리 과정에 큰 도움이 되어 궁극적으로 장애인 평생교육 참여율 증진과 질 높은 프로그램 제공이라는 목표를 달성하는 데 큰 역할을 할 것이다.

둘째, 평생교육기관 간 업무협력은 연계체제 운영을 위해 추가된 업무 뿐 아니라 연계 체제를 통해 지원받을 수 있는 업무 분야의 협력 체제를 의미한다. 장애인 평생교육기관의 업무는 크게 운영지원 업무, 교육실행 업무, 기획홍보 업무, 대외협력 업무 등 네 가지 유형으로 구분된다. 연계체제가 구축되어 운영될 경우 특정 분야의 업무만 연계되는 것이 아니라 모든 분야의 업무가 유기적으로 연계되어야 한다(장병원, 2010). 일반 평생교육기관의 경우, 평생교육 프로그램 개발 및 운영에 대한 전문성을 확보하고 있으나 장애인 학습자에 대한 이해, 장애인 학습자 모집 및 교수방법에 대한 전문성 부족 등의 약점을 지닐 수 있으며, 장애인 평생교육기관은 반대로 평생교육에 대한 전문성 부족, 시설 및 인적자원 부족 등의 약점을 지닐 수 있다. 이와 같은 상황 속에서 장애인 평생교육기관 간 연계 구축이 이루어져 업무협력이 이루어진다면 각 기관의 약점에 대한 보완이 가능해지고 이에 따라 어느 기관에서든지 수준 높은 장애인 평생교육 프로그램을 운영할 수 있게 되어, 장애인 학습자들에게 효율적이고 질 높은 프로그램을 제공할 수 있는 기반을 마련할 수 있다.

장애인 평생교육기관 간 연계에는 장애인 관련 기관 뿐 아니라 지역사회 내에 존재하는 모든 평생교육기관이 대상에 포함된다. 각 기관은 고유한 업무 특성을 지니고 있으며, 기관별 특색사업 또는 주 사업을 운영함에 따라 자체적인 전문성을 확보하고 있다. 따라서 장애인 평생교육기관 간 연계체제 구축이 실현될 경우, 연계체제에 포함된 기관별 정보를 공유하는 차원을 넘어서, 기관별 업무 수행에 있어서 발생하는 문제들을 예방할 수 있으며, 장애인 학습자에게 평생교육 프로그램 공급 시 발생하는 문제들에 빠르게 대처할 수 있는 후속 방안과 장애인 평생교육 프로그램 운영에 대한 맹목적인 부담을 제거하여 궁극적인 지역사회 장애인 평생교육 공동체 형성에 기여할 수 있을 것이다.

셋째, 평생교육기관 간 자원공유는 연계체제에 포함되는 기관이 지니고 있는 인적 자원과 물적 자원 현황을 연계체제 정보망을 통해 공개하고 평생교육 프로그램 운영 또는 기관 관리의 효율성과 예산의 절감을 위해 상호간에 공유하는 체제를 의미한다. 평생교육 프로그램 개발 및 운영은 인적 자원과 물적 자원에 대한 설계관리를 포함하고 있다. 자원 확보는 프로그램의 성패를 좌우하는 중요한 요소로서 아무리 훌륭한 프로그램도 자원이 확보되지 않으면 실현될 수 없다(기영화, 2001). 여기에서 이야기하는 인적 자원은 프로그램 개발자, 프로그램 운영자, 프로그램 강사, 자원봉사자, 프로그램 평가자 등을 의미한다. 물적 자원은 기관 차원에서 이미 확보하고 있는 자원과 새롭게 구비해야 할 자원을 의미한다. 이미 확보된 자원은 가용성 여부를 확인하고, 확보되지 않은 물적 자원은 구매 또는 타 기관을 통한 임대 등을 고려해야 한다.

특히 평생교육기관에서의 인적 자원은 프로그램 개발의 핵심 주체로 전문성과 능력을 겸비한 자질 있는 전문가이어야 한다. 평생교육기관에서의 대표적인 인적 자원으로는 '평생교육사'가 있다. 평생교육사의 역할은 「평생교육법」 제24조에 구체적으로 명시되어 있는데, ① 평생교육 프로그램의 요구를 분석하고 설계해서 개발하는 프로그램 개발자로서의 역할, ② 개발한 프로그램을 효과적으로 진행 · 운영하는 운영자로서의 역할, ③ 프로그램의 효과를 분석하고 평가하는 평가자로서의 역할, ④ 개발된 프로그램을 학습자에게 전달하고 강의하는 교수자로서의 역할 등이 대표적인 역할이다(김진화, 2001). 2016년 개정된 「평생교육법」에서는 장애인 평생교육시설에도 반드시 평생교육사를 배치하도록 하는 조항을 신설하였으며, 이에 따라 경기도는 경기도 내 장애인 평생교육시설에 평생교육사 1명을 배치할 수 있도록 인건비를 지원하고 있다.

하지만 장애인 평생교육 프로그램을 운영하는 대부분의 기관들, 특히 장애인 복지시설의 평생교육사 배치율은 30%를 밑도는 수준이다. 장애인 평생교육기관의 다수를 차지하고 있는 장애인 복지시설의 경우 평생교육을 주목적으로 운영하는 기관이 아니라는 점과 예산상의 문제, 평생교육에 대한 인식 부족 등으로 인해 평생교육 프로그램을 운영하고 있음에도 불구하고 평생교육사를 직원으로 채용하고 있지 않은 실정이다. 향후 장애인 평생교육 프로그램의 질적 수준을 담보하고 장애인 학습자의 프로그램 만족도를 제고하기 위해서는 장애인 평생교육 프로그램의 개발 · 보급 · 운영 등의 교육지원 업무를 지원할 평생교육사를 배치하기 위한 대안을 모색할 필요가 있다.

한편 평생교육 프로그램을 운영하기 위해서는 적절한 시설과 설비를 필요로 한다. 물리적인 교육시설은 프로그램의 효과에 직접적인 영향을 미치며 시설물은 참여자의 학습결과에 영향을 미친다. 예컨대 성인 학습자를 대상으로 하는 프로그램이 초등학교 교실에서 진행된다면 참여율은 매우 낮아질 것이다(기영화, 2001). 물적 자원은 프로그램의 주제나 대상에 따라 달라진다. 프로그램의 기간과 참여자 수, 내용과 교수방법에 따라 물적 자원의 종류나 범위가 달라질 수도 있다. 따라서 프로그램 개발자는 프로그램이 이루어지는 기관의 물적 시설에 대한 점검과정 즉, 프로그램과 기관에 대한 상황분석이 이루어진 후 프로그램의 개발 방향을 설정해야 한다(김진화, 2001).

장애인 학습자의 평생교육 프로그램에 대한 요구는 시간이 지날수록 강해지며, 또한 다양해진다(조창빈, 2017). 그러나 대다수의 장애인 평생교육기관은 모든 장애인 학습자의 다양한 요구를 충족시킬 수 있는 물적 자원을 보유하고 있지 못하기 때문에 장애인 학습자의 요구보다는 해당 기관이 보유하고 있는 물적 자원의 범위 내에서 평생교육 프로그램을 개발 · 운영하고 있는 실정이다.

이와 같은 상황을 극복하기 위해서는 무엇보다도 장애인 평생교육기관 간 물적 자원 공유가 필요하다. 예를 들어, 발달장애인 대학 프로그램을 운영 중인 장애인복지관이 지역사회 내 대학과 연계하여 1주일에 1~2일은 직접 대학 캠퍼스에서 프로그램을 운영할 수 있다. 한편 지역사회 내 장애인 평생교육기관은 각 기관별 고유의 특성 사업을 운영하고 있기 때문에 타 기관이 보유하지 못한 다양한 물적 자원을 보유하고 있다. 연계체제 구축을 통해 기관 간 물적 자원 공유가 가능해진다면, 연계체제에 포함된 기관들은 평생교육 프로그램의 주제 선택에 있어 한층 더 넓은 선택 범위를 지닐 수 있으며, 궁극적으로 장애인 학습자들에게 다양한 평생교육 프로그램을 제공할 수 있는 기반을 마련할 수 있을 것이다.

2) 평생교육기관 간 연계의 활성화 관련 요인

최근 평생교육 분야에서는 중단 없는 프로그램 제공, 부족한 자원의 문제 극복, 프로그램의 중복과 누락 방지, 소속감, 공동체 의식 증진 등의 목적을 달성하기 위해 다양한 시도를 하고 있으며, 이에 대한 방안으로 평생교육기관 간 연계체제를 구축하는 정책의 중요성이 날로 커지고 있다. 1970년대부터 사회학자들을 중심으로 사회적 서비스 기관들 간의 자원교환, 정보교환, 정서교환, 공동사업, 공식적 의사전달, 네트워크 활동의 필요성이 강조되었으며, 1980년대 이후로는 사회복지분야에서 먼저 개별단위 기관의 한계를 극복하려는 노력으로 연계 혹은 네트워크에 관한 연구가 이루어졌다(배은영, 2007). 1990년대에 이르러서는 동종 기관 간의 연계에서 벗어나 의료, 공공기관, 시민단체, 지역 내 자생단체, 교육기관 등 지역사회 내에서 가용 가능한 모든 자원들이 횡적으로 연결되는 지역사회보호를 위한 네트워크 구축이 가능해지면서 본격적인 기관 간 연계체제의 구축이 시작되었다.

특히 장애인 평생교육 영역에서의 연계체제는 장애인 학습자의 학습권 보장과 복지 서비스 제공이라는 서로 다른 개념의 지원 체제가 복합적으로 제공되는 것을 의미한다. 그러나 장애인복지관, 장애인 주간보호시설 등 기존의 장애인 복지시설들은 평생교육 프로그램 운영이 주목적이 아니라는 점과 시설 고유의 업무 및 사업이 존재한다는 점 등으로 인해 평생교육 사업을 추진하는데 여러 가지 한계를 드러내고 있다. 따라서 장애인 평생교육기관들은 타 기관과의 협력 및 자원 공유 등을 통해 다양한 평생교육 사업을 추진할 필요가 있다.

이에 장애인 평생교육기관들이 타 기관과의 연계를 활성화하기 위한 방안을 모색한 연구들(장병원, 2010; 정동영, 정동일, 정인숙, 2003)이 진행되어 왔다. 이번 장에서는 그 결과를 바탕으로 연계기관 간 협의회 구성, 연계체제 거점 부처 설치, 연계체제 기관 관계자 연수 등 장애인 평생교육기관 간 연계체제 구축을 활성화하기 위한 요인들에 대해 알아보고자 한다.

첫째, 연계기관 간 협의회는 장애인 평생교육기관 간 원활한 연계사업 운영을 위해 필수적으로 설치 · 운영되어야 하는 소기구라고 할 수 있다. 연계기관 간 협의회는 연계사업에 관한 사항을 협의하고 결정하는 기능을 하고, 장애인 평생교육기관에 파견할 인적 · 물적 자원의 범위, 일반 평생교육기관에 파견할 인적 · 물적 자원의 범위 등의 사항을 심의하며, 동시에 연계체제에서 운영하는 사업에 대한 평가를 주도하는 기능을 갖추어야 한다.

연계기관 간 협의회는 각 기관의 관리자 뿐 아니라 실무자들이 당연직으로 구성되어야 한다. 각 기관의 사회복지사, 평생교육사 등 실무를 담당하는 직원들이 협의회를 구성해야 원활한 운영이 이루어질 수 있다. 이와 같은 협의회 구성은 기관 간 상호 동등한 동반자의 관계 속에서 협의를 가능하게 할 것이다. 또한 평생교육기관은 아니나 지역사회 내 존재하는 의료기관이나 체육시설, 문화시설 등의 대표자들을 연계기관 간 협의회의 인적자원으로 활용할 수 있다면, 연계체제 활성화를 더욱 지원할 수 있을 것이다(장병원, 2010).

둘째, 평생교육기관 간 연계체제 거점 부처는 연계체제 관련 업무의 총괄진행과 연계체제 운영에 대한 지원 및 평가를 책임지는 기구라 할 수 있다. 장애인 평생교육기관은 해당 기관의 업무 이외의 사업에 대한 정보, 체계, 예산, 인력이 부족할 수밖에 없다. 타 기관에 대한 지원뿐 아니라 연계체제 내 기관 간의 공동 사업 추진 등 연계체제가 구축된 다음에는 다양한 사업과 업무가 추가될 수밖에 없는 상황에서 연계체제 거점 부처는 반드시 존재해야 하는 기구이다.

2007년 「평생교육법」의 개정으로 시도 행정부의 평생교육에 관한 새로운 업무가 부여되었고, 2016년 「평생교육법」 개정으로 인해 국가장애인평생교육진흥센터의 구체적인 업무가 부여되었다. 특히 제19조의 2항에서는 국가장애인평생교육진흥센터의 업무 중 하나로 '장애인 평생교육기관 간의 연계체제 구축'이라는 임무가 구체적으로 명시되어 있다. 이는 국가장애인평생교육진흥센터가 장애인 평생교육기관 간 연계체제의 구심점이 되어야 한다는 의미로 해석할 수 있다. 그러나 장애인 평생교육기관 간 연계체제는 지역사회의 특수성을 고려하여 구축 · 운영되어야 하는 만큼, 국가장애인평생교육진흥센터가 전국의 모든 장애인 평생교육기관 간 연계체제를 총괄하는 것에는 다소 무리가 있어 보인다. 따라서 장애인 평생교육기관 간 연계체제의 거점 부처는 지역의 특수성을 고려하여 지역사회의 현황과 특성을 파악하고 이를 활용할 수 있는 지역사회 안에서 형성되는 것이 바람직할 것이다.

장애인 평생교육기관 간 연계체제 거점 부처는 연계체제 내 기관 간의 네트워크 강화, 지역 내 장애인 학습자의 참여율 증대와 평생교육 프로그램 및 관련 사업을 효율적이고 체계적으로 추진하고 평생교육기관 운영에 대한 지원 및 평가를 수행하는 다양한 업무를 수행해야 한다(장병원, 2010). 이와 같은 다양한 업무를 개별 단위의 평생교육기관에 일임하여 수행하는 것은 물리적인 한계가 따를 수밖에 없다. 개별 단위의 평생교육기관은 해당 기관의 업무 수행에 집중하여야 평생교육 프로그램의 질적 수준을 확보할 수 있다는 것은 지극히 당연한 이치이기 때문에 반드시 장애인 평생교육기관 간 연계체제 업무를 총괄하는 거점 부처가 별도로 신설되어야 할 것이다.

셋째, 장애인 평생교육기관 간 연계체제를 활성화하기 위해서는 장애인 평생교육기관 관계자 대상의 연수가 반드시 필요하다. 장애인 학습자는 장애의 유형과 정도가 다양할 뿐 아니라, 그에 따라 특수한 교육적 요구가 존재하기 때문에 장애인 평생교육 프로그램 운영을 위해서는 장애인 학습자에 대한 이해와 장애인 학습자 대상 교수방법에 대한 전문성이 있는 인력을 요구한다. 또한 평생교육 프로그램 개발에 관한 이론과 운영에 대한 실무경력, 평가에 대한 전문성이 갖추어진 인력이 필요하다. 즉, 장애인 평생교육 프로그램을 효과적으로 운영하기 위해서는 장애인 학습자에 대한 이해와 전문성을 갖춘 인력, 평생교육 프로그램에 대한 이해 및 전문성을 갖춘 인력이 필요하다. 그러나 현재 우리나라의 장애인 평생교육 현장은 장애인 학습자에 대한 이해와 평생교육에 대한 전문성을 모두 확보한 전문인력을 찾아보기 어려운 실정이다.

장애인 평생교육기관에는 주로 사회복지사가 배치되어 있지만, 이들이 장애인 평생교육 사례관리자로서 업무를 감당하기에는 여러 가지 어려움이 많다. 이와는 반대로 일반 평생교육기관에는 주로 평생교육사가 배치되어 있지만, 이들이 장애인 학습자 관리 업무를 감당하기에는 여러 가지 한계점이 존재한다(정동영, 정동일, 정인숙, 2004). 이와 같은 구조적 한계를 극복하기 위해서는 각 기관이 보유하고 있는 인적 자원을 해당 자원이 필요한 기관에 파견하는 등 자원 공유가 활발하게 이루어져야 할 것이다. 그러나 장애인 평생교육기관이나 일반 평생교육기관 모두 인적 자원의 포화보다는 부족한 상태인 경우가 더 많을 것이다. 따라서 인적 자원에 대한 지원 파견이 상시로 이루어지기에는 다소 무리가 따른다. 이에 대한 근본적인 해결방안으로 각 기관 실무자들의 전문성 향상을 위한 전문연수 과정을 고려해 볼 수 있다. 일반 평생교육기관의 실무자들은 평생교육 프로그램 개발 · 운영 · 평가에 대한 전문성을 지니고 있으나, 장애인 학습자 상담이나 학습 지원에 대한 전문성이 다소 부족하다. 따라서 일반 평생교육기관 실무자를 대상으로 장애인 학습자에 대한 이해, 관리, 상담, 교육지원 방법 등에 관한 연수를 주기적으로 실시하여 이에 대한 전문성을 확보해야 할 것이다. 또한 장애인 평생교육기관 실무자의 경우에는 장애인 학습자에 대한 이해, 관리, 상담, 교육지원 방법에 대한 전문성을 지니고 있으나, 상대적으로 평생교육 프로그램 개발 · 운영 · 평가에 대한 전문성은 부족하다고 할 수 있다. 따라서 장애인 평생교육기관 실무자를 대상으로 평생교육 사업과 프로그램 관련 연수를 주기적으로 실시하여, 이에 대한 전문성을 확보할 필요가 있다(장병원, 2010; 정동영, 정동일, 정인숙, 2003).

3 장애인 평생교육기관 간 연계의 우수사례

1) 고양시 원당종합사회복지관의 '1강좌 1자리 나눔운동'

고양시 원당종합사회복지관은 경기도 고양시 평생교육과의 지원을 받아 '고양시 성인장애인 평생교육지원센터'를 운영하고 있다. 센터에서는 성인 장애인의 평생교육 기회 확대를 목적으로 지역사회 내 평생교육 인프라 구축, 다양한 평생교육 프로그램 지원, 장애인 평생교육 정보 컨트롤 타워 운영 등 다양한 사업을 추진하고 있다. '1강좌 1자리 나눔운동'은 '고양시 성인장애인 평생교육지원센터' 사업의 일환으로 2013년부터 진행된 평생교육 나눔 캠페인이다. 본 캠페인은 장애성인이 지역사회 내에서 희망하는 평생교육 서비스를 이용할 수 있도록 지역 내 다양한 평생교육기관과 협약 · 결연을 통해 장애인을 위한 평생교육 1자리 혹은 1강좌 나눔을 실천하는 연계사업으로 장애인 평생교육기관과 일반 평생교육기관 간 연계사업의 대표적인 사례라 할 수 있다.

원당종합사회복지관은 사업을 위해 고양시 내 평생교육기관을 방문하여 캠페인의 운영취지를 전달하고 협약을 맺어 왔다. 2013년 20개 기관과 협약을 맺었고, 해마다 협약기관을 늘려가 2016년에는 35개 기관이 장애인 평생교육 나눔에 동참했다. 원당종합사회복지관은 다양한 평생교육기관과의 협약을 확대해 가며 장애인 학습자들이 평생교육 프로그램을 선택할 때, 복지시설에 국한하지 않고 폭넓은 기관과 프로그램을 선택할 수 있도록 지원하고 있다.

'1자리 1강좌 나눔운동'은 1자리 나눔, 1강좌 나눔, 교육실 나눔 등 3가지 형태로 진행하고 있다. 1자리 나눔(개별참여)은 특정 강좌의 1자리를 장애인 학습자를 위해 우선접수 기회를 제공하거나 교육비 감면혜택을 제공하는 것이고, 1강좌 나눔(집단참여)은 집단참여자(단체, 시설 등)를 위해 장애인을 위한 일일 또는 단기강좌를 개설하는 형태이며, 교육실 나눔은 장애인 평생교육 프로그램 진행을 위한 교육실을 공유하는 형태이다. 원당종합사회복지관은 나눔운동의 활성화를 위해 1강좌 1자리 나눔운동 협약기관 간담회, 평생교육 나눔 관련 정기소식 서신 발송 등을 추진하면서 협약기관과의 네트워크를 유지 · 관리하고 있으며, 장애인 평생교육 참여관련 상담을 통해 장애인과 기관을 연결하는 역할을 수행하고 있다. 개별 장애인 연결 외에도 관내 장애유관기관과 강좌 나눔 협약기관 간 결연을 추진하여 지역 내 평생교육기관을 통한 장애인 평생교육 실천이 지속적으로 운영될 수 있도록 지원하고 있다.

이렇듯 장애인 평생교육기관과 일반 평생교육기관 간 연계는 각각의 기관이 가지고 있는 고민을 해소해 줄 수 있다. 장애인 평생교육 프로그램을 운영하고자 하는 일반 평생교육기관은 장애인 학습자를 어떻게 모집해야 할지 고민이 많다. 반대로 장애인 평생교육기관은 교육장소나 프로그램의 다양성 부족 등으로 고민이 많기 마련이다. 이러한 문제는 양 기관 간 연계를 통해 충분히 해결할 수 있다. 최근 장애인복지관에서 발달장애인의 학령기 이후 계속교육을 위해 발달장애인 대학 프로그램을 운영하는 곳들이 종종 있다. 이러한 대학 프로그램을 복지관에서 내내 운영하기보다는 인근의 대학과 연계하여 1주일에 2~3일은 직접 대학 캠퍼스에서 운영하게 된다면 그 효과는 배가 될 것이다.

2) 대구평생교육진흥원의 '배달 강좌'

대구평생교육진흥원에서는 「소외계층 평생학습 지원 사업」의 일환으로 장애인 기관 및 시설에 강사를 파견하는 '배달강좌'를 진행한 바 있다. 사업을 위해 먼저 사업에 참여할 평생교육강사와 보조강사를 모집하고, 강사들을 대상으로 장애인 인권교육, 장애유형별 특성 및 교수방법 등에 관한 보수교육을 진행하였다. 이후 강사 파견을 희망하는 장애인 평생교육 관련 복지시설이나 기관의 수요 조사를 거쳐 15개 기관에 강사와 보조강사를 파견하여 3개월 간 프로그램 운영을 지원했다. 본 사업을 통해 프로그램에 참여한 장애인은 모두 165명이며, 모두 높은 프로그램 만족도를 보였다.

대구평생교육진흥원에서 진행한 '배달강좌'는 일종의 '찾아가는 장애인 평생교육 프로그램'이라 할 수 있다. 찾아가는 장애인 평생교육 프로그램은 매우 적극적인 형태의 장애인 평생교육 지원 사업이라 할 수 있다. 찾아가는 장애인 평생교육 프로그램은 생활 시설에 거주하는 장애인, 읍 · 면 · 농어촌 지역이나 도서 지역 등 소외지역에 거주하는 장애인, 신체적 제약으로 가정에서 대부분의 시간을 보내는 중증장애인 등을 전문 강사가 직접 찾아가 운영하는 프로그램을 말한다(김두영 외, 2021).

찾아가는 장애인 평생교육 프로그램은 평생교육 수혜를 누리지 못하는 이들에게 문화적 향유 및 학습의 기회를 제공함으로써 학습으로부터 소외된 장애인들을 평생교육 현장으로 유도하고 이들의 심리적 만족감 및 행복감을 증진하고 삶의 질을 향상하는 데 목적이 있다. 특히 학습자의 대부분이 생활 시설이나 소외지역, 혹은 가정에서 온종일 방치되어 무료한 시간을 보내기 쉽고, 외출의 제한으로 인한 외부와의 소통 단절, 지역사회의 이해 부족과 무관심으로 인해 다양한 문화 · 여가활동 프로그램에 쉽게 참여하지 못하는 형편이다. 오랜 시간 반복적이고 변화 없는 일상생활에서 만성적인 무료감과 무기력감 등, 자기 삶의 활력을 찾지 못하는 삶을 살아가는 장애인의 실상을 고려할 때, 찾아가는 장애인 평생교육 프로그램은 이들의 삶의 의미와 행복 찾기를 돕고, 주변인들과의 융통성 있는 교류로 원만한 관계 형성을 유도할 수 있는 대안이 될 수 있을 것이다.

따라서 찾아가는 장애인 평생교육 프로그램의 내용은 심리적 안정과 행복감을 증진할 수 있는 심리지원 프로그램이나 가족관계 개선을 위한 가족지원 프로그램, 무료한 생활을 건강하고 의미 있는 시간으로 전환할 수 있는 여가생활 지원 프로그램 등을 포함하는 것이 좋다. 하지만 일반적인 프로그램도 찾아가는 평생교육 프로그램 형태로 운영될 때 뜻밖의 성과를 거두는 경우도 있다. 한 복지관에서는 장애인 대상의 요리 프로그램을 진행한 후, 배운 요리를 집에서 많이 활용하는지 조사한 결과, 각 가정에 프로그램에서 사용한 조리도구가 비치되어 있지 않아 활용도가 떨어진다는 것을 알게 되었다. 이에 장애인 요리 수업을 각 가정에 찾아가 운영하였으며, 그 결과는 매우 만족스러웠다.

찾아가는 장애인 평생교육 프로그램은 강사의 방문 형태에 따라 시설 방문형, 지역 방문형, 가정 방문형으로 구분할 수 있으며, 지역사회 통합을 위해 장애인과 비장애인의 통합형 프로그램으로 운영할 수도 있고, 생활 시설이나 가정을 방문하여 소수의 장애인을 대상으로 운영할 수 있으며, 장애인과 가족을 통합 대상으로 하여 운영할 수도 있다.

연구과제

1. 평생교육기관 간 연계의 개념을 설명하고, 장애인 평생교육기관 간 연계의 필요성을 구체적인 예를 들어 발표해 봅시다.
2. 장애인 평생교육기관과 일반 평생교육기관 간 정보망 구축, 기관 간 업무협력, 기관 간 자원 공유를 추진할 수 있는 방안을 구체적인 예를 들어 발표해 봅시다.
3. 일반 평생교육기관과 장애인 평생교육기관 간 연계체제 구축 방안과 효과에 대하여 논의해 봅시다.
4. 주변에서 장애인 평생교육기관과 일반 평생교육기관 간 연계사업을 추진하고 있는 사례를 찾아보고 발표해 봅시다.

CHAPTER

10

장애인 학습자의 교수·학습 지원

학습목표

- 「장애인 차별금지법」에서 규정한 차별행위의 범위를 이해하고, 각 차별행위의 구체적인 예를 제시한다.
- 「장애인 차별금지법」에서 규정한 정당한 편의 제공의 내용을 이해하고, 장애유형별로 필요한 편의 제공 방법에 대하여 토론한다.
- 정당한 편의 제공의 예외가 될 수 있는 상황을 예를 들어 구체적으로 설명한다.
- 장애인 학습자를 위한 교수 · 학습 지원의 방향을 설명하고, 프로그램 운영계획서 작성, 강의실 배정, 교재 및 교수 · 학습 기자재 마련, 프로그램 운영 시 유의할 점에 대하여 토론한다.
- 장애유형별로 지켜야 할 예절을 이해하고, 프로그램 운영 시 유의해야 할 점에 대하여 이야기 나눈다.

1 「장애인 차별금지법」의 이해

1) 차별행위의 범위

평생교육기관은 장애인 학습자가 프로그램에 참여함에 있어 장애를 이유로 불이익을 받지 않도록 적극적으로 대책을 강구하고 편의를 제공해야 할 의무가 있다. 「장애인 차별금지법」에서는 장애인에게 제공해야 할 교육 편의 제공 사항들을 구체적으로 명시하고 있다. 또한 장애인 학습자는 자신의 교육권과 관련해 불이익이 초래된다고 생각되는 사항에 대해 불만을 제기할 수 있다. 따라서 평생교육기관과 강사는 장애인 학습자의 교육권에 불이익이 초래되지 않도록 교수 · 학습 상황과 관련한 정당한 편의 제공을 해야 한다.

「장애인 차별금지법」은 「장애인 차별금지 및 권리구제 등에 관한 법률」의 약칭으로, 장애를 이유로 차별받지 않을 평등권과 인간으로서의 존엄을 실질적으로 구현하기 위해 2007년 제정되었다. 이 법은 장애인에 대한 차별행위를 정의하고, 생활영역별로 장애를 이유로 한 차별을 금지하고 있으며, 차별받은 장애인의 권리구제 방법을 명시하여 장애인에 대한 차별의 문제를 다루는 표준을 제공하고 있다(보건복지가족부, 2008).

「장애인 차별금지법」은 직접차별, 간접차별, 정당한 편의 제공 거부에 의한 차별, 광고에 의한 차별, 장애인 관련자에 대한 차별, 보조견 또는 장애인보조기구 등의 정당한 사용을 방해하는 것을 차별행위로 규정하여 금지대상 차별행위의 범위를 비교적 폭넓게 규정하였다. 법률에서 규정하고 있는 차별의 범위를 구체적으로 살펴보면 다음과 같다.

(1) 직접차별

직접차별은 장애인을 장애를 사유로 정당한 사유 없이 제한 · 배제 · 분리 · 거부 등에 의하여 불리하게 대하는 경우를 말한다. 직접차별은 장애인이 가지고 있는 개인적 능력이나 해당 장애인의 장애 특성이 가져오는 효과를 고려하는 대신 장애를 가졌다는 이유만으로 혹은 장애인에 대한 전반적인 선입견이나 왜곡된 가정을 하는데서 비롯된 것이라 할 수 있다.

예를 들어, 식당에 빈 좌석이 있음에도 불구하고 빈자리가 없다는 이유로 장애인의 출입을 제한한다거나, 시각장애를 가진 사람은 사무실 업무를 수행할 수 없다는 가정 하에 면접 명단에서 시각장애인을 제외시켰다면, 이는 직접차별에 해당한다. 여기에서 제한이란 정당한 이유 없이 장애인의 도서관 이용 시간이나 장소 등을 제한하는 경우를 말하고, 배제란 정당한 이유 없이 승진심사 시 장애인을 심사대상에서 배제하고 심사를 진행하는 경우를 말하며, 분리란 평생교육 프로그램 운영 시 정당한 이유 없이 장애인을 별도의 공간에서 지도하는 경우를 말하고, 거부란 뇌병변장애인이 찜질방에 가려고 하는데, 입구에서 장애인은 병을 옮길 수 있다며 출입을 거부하는 경우가 말한다.

(2) 간접차별

간접차별은 장애인에 대하여 형식상으로는 제한 · 배제 · 분리 · 거부 등에 의하여 불리하게 대하지 아니하지만 정당한 사유 없이 장애를 고려하지 아니하는 기준을 적용함으로써 장애인에게 불리한 결과를 초래하는 경우를 의미한다. 장애를 가진 사람에게 비장애인의 다수가 따르거나 따를 수 있는 조건이지만 장애인에게 상황 상 불리한 조건 등을 따를 것을 요구한다면, 이는 장애를 이유로 한 간접차별이다. 이는 장애가 있든 없든 동일한 규칙과 조건, 요구 사항, 그리고 실천을 적용하지만, 그 차별 효과가 부당하게 장애인을 소외시키거나 그들에게 불이익을 줄 경우에 일어난다. 이러한 간접차별은 '형식적인 평등'에서 '실질적인 평등'을 지향하는 조치이다.

예를 들어, 체육시간 실기 평가에서 지체장애인에게 똑같이 줄넘기 시험을 치르는 경우나 공무원 시험에 시각장애인과 비장애인에게 동일한 평가 조건을 제공한다는 이유로 동일한 시험시간을 적용하는 경우가 간접차별에 해당된다. 만약 시험이 필요한 경우라면, 장애인 학습자의 특성을 감안하여 적절한 평가 조정이 필요하다. 평가조정이란 평가의 본래 목적을 해치지 않는 범위 내에서 문항의 제시형태, 반응형태, 검사시간, 검사환경 등을 조정하는 것을 말한다(국립특수교육원, 2016). 예를 들어 시각장애인 학습자의 평가 시간에 적정 조도(밝기)를 위해 별도의 조명을 설치하고, 시험시간을 연장하여 시행하며, 점자나 확대/축소 문제지를 제작하여 배포하고, 화면확대독서기나 점자정보단말기의 사용을 허락하는 등의 조정이 필요하다. 이는 정당한 편의 제공과도 연관되어 있다.

(3) 정당한 편의 제공 거부에 의한 차별

정당한 편의 제공 거부에 의한 차별은 정당한 사유 없이 장애인에게 필요한 정당한 편의 제공을 거부하는 경우를 말한다. 정당한 편의란 '장애인이 장애가 없는 사람과 동등하게 같은 활동에 참여할 수 있도록 장애인의 성별, 장애의 유형 및 정도, 특성 등을 고려한 편의시설 · 설비 · 도구 · 서비스 등 인적 · 물적 제반 수단과 조치'를 말한다. 정당한 편의 제공은 장애인이 비장애인과 동등하게 사회활동에 참여할 수 있는 기회를 부여하기 위한 것으로서 장애인의 사회 참여와 활동 및 접근 · 이동 등을 위한 시설, 서비스 등의 제반 조치를 말한다. 이러한·정당한 편의 제공은 간접차별과 마찬가지로 '형식적 평등'에서 '사실상의 평등'을 위한 조치로 간접차별과 동전의 양면을 이루는 것이라 할 수 있으며, 장애인을 위한 사회적 인프라 구축을 위한 적극적 행위라 할 수 있다(국가인권위원회, 2009).

정당한 편의 제공의 거부에 의한 차별이 발생하였는가의 여부는 상황적 조건에 근거하여 판단한다. 일반적으로 과도한 부담이나 현저히 곤란한 사정, 특정

직무나 사업 수행의 성질상 불가피한 경우 등 정당한 사유가 있는 경우를 제외하고는 이 법에 규정된 정당한 편의를 제공하지 않는 경우 장애인 차별에 해당한다. 장애인이 요청하는 편의를 제공하지 않는 데 대한 정당한 사유란 편의를 제공하지 않아도 되는 상황, 또는 제공할 수 없는 상황이 상식적 · 객관적 · 합리적인 이유를 가져야 한다는 것을 의미한다. 여기에서 '상식적'이란 그 사회의 보편타당하고 일반적인 사고의 범주를 의미하지만 보편타당하고 상식적인 사고가 장애인에 대한 차별을 인정하지 않는다는 전제가 동반되어야 한다는 것이고, '객관적'이란 논리적이며 증명 가능한 수단을 동반해야 한다는 것이며, '합리적'이란 편의를 요구하는 자와 정당한 편의를 제공하는 자 모두의 권리가 동등한 수준에서 보호받고 인정받아야 한다는 것이다.

정당한 편의 제공 거부의 사례로 다음과 같은 상황을 생각해 볼 수 있다. A는 장애로 인한 손목 관절염을 앓고 있어서 워드 작업을 하는데 속도가 느리다. 인터뷰에서 장애인 A는 타이핑 테스트도 채용 심사의 한 과정이라는 말을 듣고, 이후에 있을 테스트에 자신이 필요로 하는 특수키보드를 가져다 줄 것을 요구하였다. 그러나 테스트 당일 고용주가 특수키보드를 준비하지 않아 A는 테스트를 통과할 수 없었고, 결국 고용되지 못했다. 이 경우 고용주는 A에 대해 직접차별을 행하지는 않았다. 즉, 고용하지 않는 이유는 장애가 아니라 테스트의 결과이다. 그러나 고용주가 정당한 편의 제공을 하지 않았기 때문에 이는 '정당한 편의 제공 거부에 의한 차별'이다(보건복지가족부, 2008).

(4) 광고에 의한 차별

「장애인 차별금지법」에서는 정당한 사유 없이 장애인에 대한 제한 · 배제 · 분리 · 거부 등 불리한 대우를 표시 · 조장하는 광고를 직접 행하거나 그러한 광고를 허용 · 조장하는 경우와 광고 효과가 있다고 인정되는 행위도 차별행위에 포함하고 있다. 광고에 의한 차별을 금지하는 취지는 불특정 다수에 대해 게시성이 있는 알림행위를 통해 장애인의 이미지를 비하하는 것을 방지하려는 것으로 개념적으로는 직접차별의 개념을 좀 더 확장한 것이다(국가인권위원회, 2009).

예를 들어, 신문 광고 일부분에 "죄송하지만, 우리 사무실은 2층에 위치한 관계로 신체장애인은 접근이 불가능합니다."라는 문구를 삽입한 경우, 이는 장애인에 대한 차별이다. 이를 피하기 위해서는 "우리 사무실이 2층에 위치해 있지만 장애를 가지신 분의 방문을 환영합니다. 필요시 적절한 편의를 제공할 것입니다."라고 광고할 필요가 있다. 영어 수강생을 모집하는 학원이 지면에 "벙어리 영어, 귀머거리 영어는 이제 가라"라는 광고를 실은 경우도 광고에 의한 차별행위이다.

(5) 장애인 관련자에 대한 차별

「장애인 차별금지법」에서는 장애인 당사자뿐 아니라 장애아동의 보호자 또는 후견인, 그 밖에 장애인을 돕기 위해 대리 · 동행하는 자 등 장애인 관련자를 차별하는 행위도 차별행위에 포함하고 있다. 예를 들어, 장애인과 동반한 수어통역사를 들어오지 못하게 한다든지, 들어오게 하더라도 수어통역사를 장애인과 지나치게 멀리 떨어지게 한다든지 하는 행위나 수어통역사의 존재를 소재로 하여 장애인을 비방하거나 수어통역사를 비방하는 광고행위를 하는 등의 행위는 차별에 해당할 수 있다. 이는 어떤 유자격자가 장애가 있든 없든 그 사람이 장애를 가진 어떤 개인과 관련이나 관계가 있다고 알려져 있기 때문에 차별받는 것으로부터 그 사람을 보호할 의도를 가지고 있다.

(6) 보조견 또는 장애인보조기구의 정당한 사용 방해

보조견 및 장애인보조기구는 장애인의 활동을 실질적으로 가능하게 도와주는 정당한 편의로 이에 대한 사용을 방해하는 것은 차별에 해당된다. 예컨대 시각장애인 안내견과 함께 식사를 하기 위해 식당을 찾은 시각장애인 손님에게 위생상 안내견을 식당 옆 공터에 묶어 놓고 오도록 주문하거나 그렇게 대리하는 경우는 차별행위라 할 수 있다.

2) 정당한 편의 제공 의무

「장애인 차별금지법」은 고용, 교육, 재화와 용역의 제공 및 이용, 사법 · 행정 절차 및 서비스와 참정권, 모 · 부성권 및 성, 가족 · 가정 · 복지시설 및 건강권 등의 각 영역에서 장애를 이유로 한 차별을 금지하고 있다. 또한 차별받은 장애인은 국가인권위원회와 법무부, 민사상 손해배상, 법원을 통해 권리를 구제받을 수 있도록 규정하고 있다. 여기에서는 평생교육 현장에서 기관이나 강사가 장애인 학습자의 교수 · 학습을 지원하기 위해 반드시 알아야 할 교육기관의 정당한 편의제공 의무에 대해 알아보고자 한다.

(1) 정당한 편의 제공

「장애인 차별금지법」은 장애인이 장애로 인해 교육을 받는데 불이익이 없도록 교육책임자(교육기관의 장 또는 운영책임자)가 적극적인 수단을 제공하도록 규정하고 있다. 구체적인 내용을 살펴보면 다음과 같다.

첫째, 교육책임자는 장애인의 통학과 교육기관 내에서의 이동 및 접근을 위한 각종 이동용 보장구의 대여와 수리를 보장하도록 규정하고 있다. 시행령에 따라 통학과 관련된 교통편의와 교실, 화장실, 식당 등 교육기관 내 공간에서 이동하거나 그에 접근하기 위하여 필요한 이동용 보장구의 대여 및 수리를 지원하도록 하고 있다. 따라서 평생교육기관에서는 장애로 인한 학습 참여의 불이익을 해소하기 위해 확대독서기, 보청기기, 높낮이 조절용 책상 능 보조기기, 의사소통 보조도구 등의 대여, 보조견의 배치나 휠체어 접근을 위한 여유 공간 확보 등 필요한 시설 · 설비 및 이동수단을 제공하기 위한 방안을 마련해야 한다.

둘째, 교육책임자는 장애인 및 장애인 관련자가 요청하는 경우 교육보조인력을 배치하도록 하고 있다.

셋째, 교육책임자는 시각 및 청각장애인의 학습에 필요한 수어통역, 문자통역(속기), 점자자료, 자막, 큰 문자자료, 화면낭독 · 확대프로그램, 보청기기, 무지점자단말기, 인쇄물음성변환출력기 등 각종 의사소통 보조기구를 제공하도록 하고 있다.

넷째, 교육책임자는 학습진단을 통한 적절한 교육의 제공 및 평가방법을 제공하도록 하고 있다.

다섯째, 교육책임자는 장애인 학습자에게 정당한 편의를 제공하는 데 필요한 업무를 수행하기 위하여 장애인지원부서 또는 담당자를 두도록 하고 있다. 시행령 제10조는 ①「초 · 중등교육법」 및 「고등교육법」에 따른 각급 학교에는 독립된 장애지원부서 또는 담당자, ②「영유아보육법」에 따른 보육시설과 「유아교육법」에 따른 유치원에는 장애아동을 위한 담당자, ③「평생교육법」에 따른 평생교육시설, 「학점인정 등에 관한 법률」에 따른 교육훈련기관, 「직업교육훈련촉진법」에 따른 직업교육훈련기관 및 시행령 제4조에 따른 교육기관에 장애학생을 위한 담당자를 두도록 하고 있다.

정당한 편의는 장애인과 비장애인이 동일한 출발선 상에서 경쟁할 수 없는 현실에 기초하여 장애인과 비장애인이 동일한 출발선에 설 수 있도록 장애인에 대한 차별을 실질적으로 해소하기 위해 도입된 개념이다. 국가인권위원회(2009)에서는 다음과 같이 정당한 편의 제공의 기본 원칙을 제시하고 있다.

- 정당한 편의는 장애인의 인간으로서의 존엄과 가치를 존중하고 보호하는 방법으로 제공되어야 한다.
- 정당한 편의는 장애인이 원하는 방법과 수단 그리고 시기를 고려하여 제공되어야 한다.
- 정당한 편의는 장애인의 유형 · 정도 · 성별 · 특성이 고려되어야 한다.
- 정당한 편의는 필요한 경우 장애인 및 장애인 관련자에게 함께 제공되어야 한다.
- 정당한 편의는 불가피한 경우를 제외하고는 장애인과 비장애인을 분리하지 않는 방식으로 제공되어야 한다.
- 정당한 편의는 안전하고 편리한 방법으로 제공되어야 한다.
- 정당한 편의는 장애인이 다른 사람의 도움 없이도 이용할 수 있는 방법과 수단이 우선 고려되어야 하며, 가능하면 다른 사람의 도움을 최소화 할 수 있는 방법과 수단이어야 한다.
- 정당한 편의는 목적달성을 위하여 효과적이고 적절한 수단이어야 한다.

(2) 교육기관의 범위

「장애인 차별금지법」은 정당한 편의를 제공해야 하는 교육기관의 범위를 단계적으로 확대하고 있으며, 시행령 [별표2]에서 교육기관의 단계적 범위를 구체적으로 제시하고 있다.

「장애인 차별금지법」 시행령 [별표2] 〈개정 2011. 12. 8.〉

교육기관의 단계적 범위(제9조 관련)

다음 각 목의 시설: 2009년 4월 11일부터 적용
가. 국 · 공 · 사립 특수학교
나. 「유아교육법」에 따른 국 · 공립 유치원 중 특수반이 설치된 유치원
다. 「초 · 중등교육법」에 따른 각급 학교 중 특수학급이 설치된 국 · 공립 각급 학교
라. 「영유아보육법」에 따라 장애아를 전담하는 보육시설
다음 각 목의 시설: 2011년 4월 11일부터 적용
가. 제1호나목 외의 「유아교육법」에 따른 국 · 공립 유치원
나. 「초 · 중등교육법」에 따른 국 · 공 · 사립 각급 학교(제1호다목의 학교는 제외한다)
다. 「고등교육법」에 따른 국 · 공 · 사립 각급 학교
라. 보육하는 영유아의 수가 100명 이상인 국 · 공립어린이집 및 법인어린이집(제1호라목의 시설은 제외한다)
마. 「영재교육진흥법」 제2조에 따른 영재학교 및 영재교육원
다음 각 목의 시설: 2013년 4월 11 · 부터 적용
가. 「유아교육법」에 따른 사립 유치원
나. 「평생교육법」 제31조에 따른 학교형태의 평생교육시설 및 같은 법 제30조에 따른 학교부설 평생교육시설
다. 나목 외의 평생교육시설, 「학점인정 등에 관한 법률」에서 정한 평가인정을 받은 교육훈련기관 및 「직업교육훈련 촉진법」에 따른 직업교육훈련기관 중 연면적 1,000제곱미터 이상 교모의 교육기관. 다만, 원격대학형태의 평생교육시설은 연면적 2,500제곱미터 이상 규모의 평생교육시설만 해당한다.
라. 국 · 공립어린이집 및 법인어린이집
마. 「교원 등의 연수에 관한 규정」 제2조제1항에 다른 연수기관
바. 「공무원교육훈련법」제3조제1항에 따른 중앙공무원교육원 및 같은 법 제4조제1항에 따른 전문교육훈련기관

(3) 정당한 편의 제공의 예외

「장애인 차별금지법」에서는 장애인을 비장애인과 달리 대우하여 불리한 결과를 초래한 차별행위가 있다 하더라도 정당한 사유가 있는 경우에는 차별로 보지 않는다. 정당한 사유로 과도한 부담이나 현저히 곤란한 사정 그리고 특정직무나 사업수행의 성질상 불가피한 경우를 예로 들고 있으나, 이러한 정당한 사유의 내용을 일률적으로 정의할 수는 없으며, 구체적인 상황마다 개별적인 평가에 근거하여 판단해야 한다(국가인권위원회, 2009).

이러한 차별의 예외는 첫째, 해당 의무자의 성격, 재정 능력 등과 해당 장애인이 처한 상황과 특성, 둘째, 차별로 인하여 발생하는 기본권의 침해, 셋째, 이를 통해 달성하려는 정당한 목적 등을 고려하여 결정된다. 통상적으로 비용절감이나 해당 의무자의 단순한 불편 등은 이에 해당하지 아니하며, 차별로 인하여 발생하는 장애인의 기본권 침해 및 피해가 클수록 정당한 사유로서의 차별의 예외가 적용될 여지는 줄어든다고 할 수 있다.

국가인권위원회의 차별판단지침에 근거해 정당한 사유의 구체적인 사례를 제시하면 다음과 같다.

첫째, 장애인의 장애유형 및 정도, 성별, 특성에 맞지 않거나 불필요한 경우에는 편의를 제공할 의무가 없다. 예컨대 지체장애인에게 시각장애인을 위한 편의를 제공할 의무는 없으며, 시각장애인에게 청각장애인에게 필요한 편의를 제공할 의무는 없다. 다음은 장애 특성에 맞지 않는 편의를 제공할 의무가 없다는 1982년 미국 뉴욕의 판례이다.

Rowley는 일반학교에 다니고 있는 청각장애 학생으로, 학교에 입학하기 전 부모와 학교 관계자는 그녀에게 어떤 지원 서비스가 필요한지 논의한 결과, 보청기를 제공하였고, 별다른 어려움 없이 학교를 다니고 있었다. 하지만 부모는 수어통역사가 배치되기를 희망하였고, 학교는 학생의 학업을 입증할 수 있는 관련자들의 증언을 토대로 수어통역사가 필요 없다고 하였다. 이에 대해 법원은 학교가 학생에게 보청기를 지급하였고, 그에 따라 학생이 학교에서 학업을 적절한 수준으로 수행하고 있기 때문에 학교에서 제공받은 서비스가 부적절하다는 주장은 성립되지 않는다고 하며, 수어통역사 제공을 거부한 학교의 손을 들어주었다.

둘째, 편의 제공으로 인해 과도한 경제적 부담 등 경영상 곤경에 처할 경우는 정당한 사유에 해당한다. 편의 제공자가 해당 편의를 제공함으로써 경제적으로 심각한 타격을 입어 더 이상 사업을 유지하기가 여러운 경우, 대상 시설이 신축건물인데 정당한 편의를 제공하기 위해서는 신축비용에 버금가는 비용이 추가되는 경우처럼 막대한 비용을 재부담해야 하는 때에는 과도한 경제적 부담이 발생하는 것으로 볼 수 있다. 하지만 단순한 편의 제공으로 인한 비용의 부담은 이에 해당하지 않는다. 이러한 과도한 부담 여부는 장애인에게 발생하는 기본권의 침해와 비교하여 결정된다. 다음은 미국 EEOC의 편의 제공에 대한 시행지침에서 제시한 관련 예이다.

어떤 기중기 기사가 장애를 이유로 근무시간을 오전 7시에서 8시로 한 시간 늦추어 시작할 수 있게 해달라고 요청하였다. 그런데 그 기중기 기사는 본인이 없이는 업무를 수행할 수 없는 다른 3명의 근로자와 함께 일하고 있었다. 따라서 고용주가 기중기 기사의 편의 제공 요청을 받아들인다면 다른 3명의 근로자들의 근무시간도 조정하거나 오전 7시부터 8시까지는 다른 일을 찾도록 하는 등의 조치를 취해야만 했다. 이러한 조치들은 사업운영에 현저한 지장을 주기 때문에 고용주가 기중기 기사가 요청한 편의 제공을 거부하더라도 차별로 간주되지 않는다. 그러나 과도한 부담을 초래하지 않는 다른 가능한 편의 제공 방법이 있는지에 대해 해당 근로자와 논의해야 한다.

셋째, 대상 시설 등의 구조변경 또는 시설의 설치가 불가능한 경우는 정당한 사유에 해당한다. 예를 들어, 대상 시설이 노후하여 엘리베이터 설치가 구조적으로 불가능하거나 엘리베이터를 설치할 공간이 부족한 경우처럼 구조적인 변경이 불가능하거나 기존의 대상 시설을 부수고 새로 신축을 하기 전에는 구조변경이 불가능한 경우에는 정당한 사유로 본다. 다음은 미국 EEOC의 편의 제공에 대한 시행지침에서 제시한 관련 예이다.

건설회사에 근무하는 휠체어를 사용하는 장애인이 자신의 관할구역 건설현장에 접근할 수 있도록 조치해 달라고 요구하였다. 그러나 건설현장의 지형 및 구조가 건설작업이 진행되면서 지속적으로 변하는 것일 때에는 휠체어를 사용하는 사람이 접근 가능하도록 조치하는 것이 임시적인 건설현장의 속성을 완전히 바꾸는 것이며, 과중한 비용이 들어가는 것일 수 있다. 따라서 요청한 조치에 응하지 않더라도, 이는 정당한 사유에 해당한다.

넷째, 구조변경이나 시설의 설치가 위험을 초래하는 경우도 정당한 사유에 해당한다. 예를 들어 편의를 제공하기 위해 대상 시설의 구조를 변경할 경우 붕괴, 시설의 심각한 훼손 등으로 인해 위험이 예상될 경우 객관적인 증빙자료를 갖춘다면 정당한 사유로 본다.

다섯째, 구조변경이나 시설 설치를 시설주가 동의하지 않는 경우는 정당한 사유에 해당한다. 고용주가 시설을 임차하여 사용하는 경우 시설주의 동의가 없어 정당한 편의를 제공하지 못하는 경우가 있다. 이 경우 시설주, 고용주 모두에게 편의 제공의 의무가 있으며, 가능하면 시설주는 편의 제공에 동의해야 한다.

여섯째, 정당한 편의를 제공함으로써 본래의 목적을 훼손하거나 상실할 경우는 정당한 사유에 해당한다. 예술작품 혹은 역사적으로 보존가치가 있는 시설이나 건물의 경우, 여기에 편의를 위한 시설물 등을 설치 또는 제공하여 본래의 목적을 훼손하거나 상실할 수 있으며, 이 경우에는 정당한 사유가 있는 것으로 본다. 다만, 이는 엄격하게 제한되어야 한다.

일곱째, 해당 시점에 정당한 편의가 존재하지 않을 경우는 정당한 사유에 해당한다. 시각과 청각 장애를 동시에 가지고 있는 중복장애의 경우 편의를 제공해야 할 시점에 정당한 편의가 없어 제공하지 못한다면, 이는 정당한 사유가 있는 것으로 간주한다. 우리나라에는 없고 해외에만 있는 시설이나 설비가 필요하고 그러한 시설이나 설비를 구입하거나 설치하는 것이 현실적으로 어렵거나 불가능한 경우에는 정당한 사유가 있는 것으로 간주한다.

한편 장애인의 실질적 평등권을 실현하고 장애인에 대한 차별을 시정하기 위하여 장애인차별금지법이나 다른 법령 등에서 취하는 적극적 조치는 장애인차별금지법에 따른 차별로 보지 아니한다. 예를 들어, 지방자치단체가 공무원을 신규 채용하면서 장애인 공무원이 한 명도 없다는 이유로 비장애인보다 점수가 낮은 장애인을 합격자로 결정하였을 때, 이것이 역차별이라며 비장애인이 문제를 제기할 수 있을 것이다. 그러나 이 조치로 인하여 비장애인은 최소한의 침해를 받을 뿐이고 여전히 소속 공무원 정원의 94%는 비장애인이 차지하고 있으므로 역차별이 아니며, 그 지방자치단체가 취한 적극적 조치는 타당하고 그로부터 얻는 것이 잃는 것보다 크다고 볼 수 있다.

2 장애인 학습자를 위한 교수 · 학습 지원방법

1) 교수 · 학습 지원의 방향

(1) 평생교육기관은 장애인 학습자 지원의 의무를 지닌다.

프로그램 수강을 허가하였다면 평생교육기관은 장애인 학습자가 비장애인 학습자와 동등한 조건에서 학습할 수 있도록 제반 여건을 마련해야 할 의무가 있다.

(2) 장애인 학습자의 효율적 프로그램 참여를 위한 계획서를 작성해야 한다.

장애인 학습자가 수강할 경우, 어떤 지원이 가능한지 사전에 알 수 있도록 장애인 학습자를 위한 지원 내용을 명시하여 줄 필요가 있다.

(3) 동등한 학습권을 보장해야 한다.

장애인 학습자는 비장애인 학습자들과 같은 시간, 같은 장소에서 강의 자료와 정보 등을 획득하고 프로그램에 참여할 권리가 있다. 따라서 강사는 기본적으로 적절한 시기에 해당 장애인 학습자가 이해하고 수용할 수 있는 강의 이외의 대체 형태의 자료(예: 강의노트, 강의 PPT 파일, 텍스트 파일 등)를 제공해야 한다. 단, 텍스트 파일 제공 시 장애인 학습자가 텍스트 파일을 수업 목적 이외의 다른 목적으로 사용할 수 없음에 대한 사용 동의서를 받아 저작권이 보호될 수 있도록 관리해야 한다.

(4) 성실한 상담 및 지도가 이루어져야 한다.

장애인 학습자는 프로그램 수강에 있어서 자기의 문제를 해결하기 위하여 강사와 개별적으로 만날 권리를 가지고 있다. 만약 장애인 학습자가 수강 과정에서 장애와 관련된 지원을 요청할 경우 충분한 시간과 인내를 갖고 성실히 대해주어야 하며, 필요한 지원에 대한 정보는 기관의 담당자에게 문의하거나 가까운 특수교육지원센터에 문의해 얻을 수 있다.

(5) 학습자의 개인 신상에 대한 비밀을 보장해야 한다.

장애인 학습자는 자신의 장애와 관련한 개인 신상에 대한 비밀의 노출에 매우 민감할 수 있다. 따라서 개인적으로 밝히고 싶어 하지 않는 사항은 신중히 보호해야 하고, 장애와 관련된 상담 또한 공개되지 않은 장소에서 이루어질 수 있도록 고려해야 한다.

(6) 장애인 학습자의 개별 특성과 능력을 고려하여 맞춤형 프로그램을 운영해야 한다.

장애인 학습자의 특성과 요구는 장애유형에 따라 다르며, 장애유형이 같다고 하더라도 그 기능적 제한의 정도에 따라 요구가 다르므로 장애인 학습자의 개인별 지원 요구는 다양하기 마련이다. 따라서 적절한 교수방법 또한 개인에 맞춰 지원하는 것이 필요하다.

(7) 학습 결과에 대해 동일한 기대를 가지고 교수학습을 수행한다.

장애인 학습자들이 특별한 지원을 필요로 한다고 해서 학습 결과에 대한 기대치를 낮게 설정하는 것은 바람직하지 않다. 장애인 학습자들 역시 비장애인 학습자와 같은 수준에서 프로그램에 참여하고 성과를 낼 것으로 기대해야 한다. 학습능력이나 태도 등에 있어서 별도의 척도를 두거나 다른 기준으로 장애인 학습자를 보지 않도록 해야 한다.

(8) 장애인 학습자의 의지를 존중하되 학습자의 독립성에 중점을 두어 지도해야 한다.

지원을 요구하지 않는 장애인 학습자에게 일방적인 도움을 주는 것은 피하는 것이 좋다. 겉으로 보기에 지원이 필요할 것 같아 보여도 관심의 대상이 되거나 지원받는 것을 오히려 꺼리는 장애인도 있다. 최대한 스스로 할 수 있도록 하고, 도움을 요청할 경우에 지원해 주도록 한다.

(9) 장애인 학습자의 능력과 특성을 고려한 보완 또는 대체 평가를 실시할 수 있다.

시각장애인이나 뇌성마비인은 일반적인 평가방식인 필답고사에서 어려움을 겪을 수 있다. 따라서 시각장애인 학습자가 요구하는 경우, 별도의 공간에서 음성인식 프로그램 내장 컴퓨터를 이용하여 평가를 받도록 할 수 있으며, 평가하는데 많은 시간이 필요한 뇌성마비 학습자에게는 시험 시간을 연장하는 등의 배려가 필요하다.

(10) 기관 담당자나 강사는 장애이해교육이나 관련 연수에 참여하여 장애인의 학습권에 대한 이해를 신장해 나가야 한다.

장애성인의 학습 및 일상생활에 대한 이해 부족으로 인해 발생할 수 있는 장애 차별과 불필요한 민원발생의 소지를 예방하기 위해서는 현장에서 교육을 담당하는 기관 담당자와 강사의 전문성 함양이 필수적으로 수반되어야 한다. 아무리 제도나 환경이 바뀌어도 교육의 질을 결정하는 핵심적인 존재가 결국 강사이며, 프로그램을 개발하고 운영 · 평가하는 역할은 기관 관계자가 맡고 있기 때문이다(김두영, 정은경, 2016). 따라서 기관 담당자와 강사는 장애의 유형과 정도에 따른 특수한 교육적 특성과 요구는 물론, 장애유형별 의사소통 방법이나 문제행동에 대한 대처방법 등 장애인에 대한 이해와 교육 전문성을 갖출 필요가 있다.

2) 교수 · 학습 지원의 실제

(1) 프로그램 운영계획서 작성

기관 담당자나 강사는 프로그램 운영 계획 단계부터 장애인 학습자가 수강할 수 있다는 가정 하에 교재 선택, 강의실 배정, 강의법, 과제 부여, 평가 계획 등에 대한 계획을 수립하여 제공함으로써 장애인의 학습권을 보장할 필요가 있다(정소영 외, 2013). 특히 강사는 프로그램 운영 계획서에 프로그램 진행 방식, 과제의 내용과 수행 방법, 평가의 내용과 방법 등을 제시함에 있어 장애인 학습자들의 장애유형에 따른 지원 가능한 내용을 삽입하여 제공해 줄 필요가 있다.

예를 들어, 시각장애인 학습자를 위해서는 프로그램 운영에 필요한 자료를 점자, 확대자료, 한글파일 등의 대체 자료로 제공할 수 있다든지, 평가에서 점자정보단말기를 사용하여 파일로 제출할 수 있다는 내용을 프로그램 운영 계획서에 제시할 수 있을 것이다. 청각장애인 학습자를 위해서는 수어통역사나 속기사를 지원할 수 있다든지, 별도의 강의 노트를 제공할 수 있다는 등의 내용을 제시할 수 있다. 이러한 내용은 프로그램 운영계획서 마지막에 '장애인 학습자를 위한 지원'이라는 소제목 안에 시각장애인의 경우 강의 파일 제공 및 평가 시 대필 도우미 활용 가능, 청각장애인이나 지체장애인의 경우 강의 노트 제공 및 과제 제출일 연장 등의 내용을 제시해 줄 수 있다.

(2) 강의실 배정

평생교육기관은 장애인 학습자가 수강을 할 경우, 사전에 건물 배치, 강의실 위치, 이동 경로 등에 대한 정보와 안내를 충분히 제공해야 한다. 또한 기관이나 강사의 사정에 의해 불가피하게 강의실을 변경해야 하는 경우에는 사전에 미리 안내해 주어야 한다. 장애유형에 따른 적절한 강의실이 없을 때에는 장애인 학습자의 이동권과 학습권 보장을 위해 적절한 좌석을 우선 배정하도록 한다. 특정 좌석이 필요한 경우 장애인이 원하는 자리에 우선 배정을 알리는 표시를 부착할 수 있다.

시각장애인이 수강 신청을 한 프로그램은 유도 블록, 조명시설, 확대독서기 등의 편의시설 및 기자재를 구비한 강의실로 우선 배정한다. 또한 시각장애인이 강의실 출입문 호수를 확인할 수 있도록 점자 표지판과 확대 표지판을 부착한다. 청각장애인이 신청한 프로그램은 방음시설을 구비하고 있거나 최대한 소음이 적은 강의실을 배정한다. 그리고 구화를 사용하는 학습자를 위해서는 강사의 입술모양을 읽는데 불편함이 없도록 장애물이 없는 위치에 좌석을 배정하는 것이 좋다. 또한 강의실 출입문이나 벽에 강의 중이나 마침을 알리는 표지판을 부착할 필요가 있다. 지체장애인이 수강 신청을 한 프로그램은 경사로나 복도 손잡이가 구비되어 있고, 휠체어 이동에 지장이 없는 강의실을 배정한다. 특히 휠체어를 사용하는 지체장애인을 위해 출입문의 폭을 충분히 확보하고, 책상도 휠체어 이동에 곤란을 겪지 않도록 배열하고, 가능하면 높낮이 조절 책상을 제공하는 것이 좋다. 지적장애인이나 자폐성장애인이 수강하는 프로그램의 경우에는 좌석을 찾는 것을 어려워 할 수 있으므로 희망하는 좌석을 지정해 주는 것이 좋다.

(3) 교재 및 교수 · 학습 기자재 지원

평생교육기관은 장애인 학습자의 장애유형과 정도를 고려하여 교재와 자료를 제공해야 한다. 장애인 학습자가 수강 신청을 할 수 있으므로 프로그램 운영 계획서에 필요한 교재를 미리 명시하여 장애인 학습자가 스스로 국립중앙도서관 장애인도서관지원센터의 대체자료 제작 서비스를 이용해 준비할 수 있도록 할 수 있다. 기관에서는 점자교재, 녹음교재 또는 전자교재의 발간을 위한 점자출판시설과 전문 인력을 확보하는 것이 좋겠으나, 여건이 여의치 않은 경우 외부 관련기관의 시설이나 인력을 활용하는 방안을 모색해 두어야 한다.

시각장애인이 수강 신청을 한 프로그램의 교재와 자료는 전자교재, 점자교재, 녹음교재 또는 확대교재로 변환하여 제공한다. 필요한 경우 녹음설비나 확대독서기 등의 기자재를 비치하거나 학습자가 직접 가지고 다닐 수 있도록 허용한다. 청각장애인이나 지체장애인이 수강 신청한 프로그램의 교재와 자료는 텍스트 파일 외에 강의 노트를 파일로 제공하는 것이 좋다. 특히 상지의 손상으로 독서에 어려움이 있는 지체장애인이라면 컴퓨터를 이용하여 교재를 볼 수 있도록, 프로그램 시작 전 관련 자료를 스캔하여 PDF 파일 등으로 제작하여 제공한다.

(4) 프로그램 운영 지원

프로그램을 운영할 때 장애인 학습자가 필요한 편의 서비스를 요구할 수 있도록 장려해 주고, 비장애인 학습자들이 이러한 장애인의 권리와 주장을 정당한 것으로 인식할 수 있도록 안내할 필요가 있다. 이를 위해 프로그램 시작 전 비장애인 학습자들에게 프로그램에 참여할 장애인 학습자가 있다는 것과 특성 및 관계 맺는 방법에 대한 간단한 사전 안내 시간을 갖는 것이 바람직하다. 비장애인에게 장애인 학습자에게 적응할 수 있는 시간과 기회를 제공한다면 통합 프로그램의 성공 가능성은 더욱 높아질 것이다.

시각장애인 학습자가 있다면 판서 내용을 구두로 반복하여 전달해 주고, 시각장애인을 바라보며 말하며, 시각자료, 그래픽을 자료로 사용할 때에는 명확한 음성으로 설명해 주고, 설명서는 사전에 시각장애인에게 제공하는 것이 좋다. 판서를 할 경우 분필의 색은 가능한 한 대비가 뚜렷한 흰색이나 노란색으로

해 주고, 빨강, 파랑, 녹색 분필은 가능한 한 사용하지 않는 것이 좋다. 시각장애인에게 강의실의 구조나 다른 학습자들이 몇 명인지도 알려주는 것이 좋다.

구화가 가능한 청각장애인 학습자의 경우, 강사는 청각장애인을 바라보며 이야기하고 되도록 완전한 문장으로 말해주며, 빛이 들어오는 창문 앞에서 말하거나 등을 돌리는 일이 없도록 주의한다. 청각장애인은 출석 호명을 듣기 어려우므로 사전에 논의하여 음성이 아닌 다른 방식으로 출결을 확인하도록 협의한다. 충분한 시각자료를 활용하고 전시, 시범, 실험 및 시뮬레이션 등 실제 체험의 기회를 제공하는 것이 좋으나 영상자료를 활용할 경우, 자막이나 관련 설명을 문서로 제공한다. 과제물이나 공지사항 등을 말할 때는 칠판에 적어주는 것이 좋다.

지적장애인 대상의 프로그램일 경우 외부환경 자극을 줄여줄 필요가 있다. 환경 자극은 지적장애인을 산만하게 만드는 경향이 있다. 프로그램의 절차와 내용을 간소화하고, 주요 내용을 반복하여 지도하며, 이전의 프로그램 내용과 새로 배울 내용을 통합하여 프로그램을 운영하는 것이 좋다. 과제를 세부적 단계로 나누어 순서대로 지도하고, 지시는 한 번에 하거나 지적장애인의 능력을 고려하여 제공한다. 음악, 동영상, 그림, 사진, 구체물, 학습지, 실습 등 다양한 학습 방법과 자료를 준비하고, 직접 만지고 조작해보는 체험 위주의 프로그램 운영이 효과적이다(충남대학교 장애학생지원센터, 2019).

자폐성장애인의 경우 프로그램에 자발적으로 반응하도록 기회를 제공해 줄 필요가 있다. 자폐성장애인의 흥미와 동기를 일으키도록 프로그램을 운영하고 자폐성장애인의 최종 목표가 매일 향상되는 것에 중심을 두어야 한다. 활동 간 혹은 활동 내에서 예측이 가능하도록 환경을 조성하고, 교실 구조를 활동 영역별로 구분 짓거나 교재 · 교구의 배치를 일정한 장소에 정리하는 것이 좋으며, 정해진 시간에 쉬는 시간을 제공하고, 학습자의 어떤 행동에 일관적인 반응을 보여야 한다. 자폐성장애인이 특별히 좋아하는 물건을 활용하여 프로그램 참여를 유도하되, 자폐성장애인이 특정 감각에 흥분하거나 불안해하면 무리하게 참여시키지 않는 것이 좋다.

지적장애인과 자폐성장애인의 경우 실패한 경험이 쌓여 쉽게 포기하거나 어려운 과제는 회피하는 경향을 보일 수 있다. 따라서 성공할 수 있는 과제를 제공하여 주고, 노력과 성취에 대하여 적극적으로 칭찬해 주는 것이 좋다.

(5) 장애유형별 지켜야할 예절

시각장애인을 대할 때는 다음과 같은 내용에 유의한다.

- 복도나 통로에서 시각장애인과 마주쳤을 때는 먼저 자기 이름을 말하고 인사한다. 다른 이들과 함께 있다면 다른 이들의 신원도 함께 이야기해 준다.
- 시각장애인에게 방향을 설명할 때는 구체적으로 정확하게 말해준다. "여기", "저기" 등 애매한 표현은 삼가고 "2시 방향으로 5m를 간 다음, 다시 왼쪽으로 5m 정도 가세요."와 같이 설명한다.
- 시각장애인을 안내할 때는 시각장애인 옆에 같은 방향으로 서고, 자신의 손등으로 시각장애인의 손등을 가볍게 닿게 해 시각장애인이 자신의 팔꿈치를 잡게 한 후, 반보 앞에서 걷는다. 새로운 장소나 낯선 환경을 안내할 때는 주의해야 할 장애물의 위치나 주위 환경 정보를 구체적으로 설명해 준다. 시각장애인을 의자에 앉게 할 때는 의자 등받이에 손을 대 주고 시각장애인이 직접 확인 후 앉을 수 있도록 돕는다.
- 시각장애인에게 물건을 전해줄 때는 무슨 물건인지 간단히 설명해 준다. 돈을 건네줄 때는 화폐단위를 설명해 주어야 한다. 지폐의 경우 한 장 한 장 단위를 설명해 주어야 하며, 동전을 건네줄 때는 일일이 그 단위를 말해 주어야 한다.
- 시각장애인과 식사할 때는 식기의 위치와 내용물을 작은 소리로 설명하고, 음식물의 위치는 시계 방향으로 설명해 준다.
- 시각장애인에게 "본다"는 말을 자연스럽게 사용한다. 시각장애인도 영화

나 텔레비전 시청을 즐겨 하나 화면해설이 없을 경우에는 옆에서 간단히 설명해 주는 것이 좋다.

- 시각장애인이 안내견과 함께 있을 때, 시각장애인의 허락 없이 안내견을 만지거나 음식을 주는 것은 피한다. 안내견이 안내하고 있을 때, 사진이나 동영상을 촬영하는 것은 안내하는 데 방해가 되므로 삼간다.

청각장애인을 대할 때는 다음과 같은 내용에 유의한다.

- 청각장애인과 대화하기 전에는 먼저 시선을 끄는 것이 중요하다. 가볍게 어깨를 두드리거나 손을 흔들어 시선을 끌어준다. 말을 할 때는 눈을 보면서 입 모양과 발음을 정확하게 하고 필요하면 반복하여 말하거나 글을 써서 소통한다.
- 청각장애인과 대화할 때는 의미 있는 표현이나 몸짓을 이용하여 의사소통이 보다 원활히 이루어질 수 있도록 한다. 만약 청각장애인에게 과제를 지시할 때는 필요한 경우, 시범을 보이거나 글로 써서 설명해 준다.
- 청각장애인은 소리의 일부 또는 전부를 지각하지 못해 정보의 수집과 처리에 있어서 정확도가 떨어지므로 중요한 공지사항이나 과제는 메모를 함께 제공한다. 강의실이나 시간 변경과 같은 공지를 전달할 때는 전화보다는 문자 메시지나 e-mail을 사용하는 것이 효율적이다.
- 프로그램 운영 시 수어통역사가 있다고 하더라도 청각장애인과 대화할 때는 수어통역사가 아닌 청각장애인을 바라보고 이야기한다.
- 청각장애인과 식사할 때는 많은 대화를 하지 않는다. 대화가 필요할 때는 식사를 잠시 멈춘 뒤 대화하고 대화를 마치면 식사를 한다.
- 청각장애인과 외부 활동을 할 때는 차량 소리, 경적 등 위험에 대비한 소리를 들을 수 없으므로 위험한 상황에서 미리 안내해 주는 것이 필요하다.

지체장애인을 대할 때는 다음과 같은 내용에 유의한다.

- 휠체어 이용자 등 지체장애인이 곤란한 상황에 있다고 판단될 때는 먼저 말을 걸어 도울 일이 없는가를 묻는다. 지체장애인이 도움을 요청하지 않았는데, 무턱대고 도울 필요는 없다.
- 휠체어를 사용하는 지체장애인과 이야기를 나눌 때는 가능하다면 눈높이를 맞추어 이야기한다.
- 휠체어에 기대거나 허락 없이 밀어주는 것은 실례가 될 수 있다. 휠체어를 사용하는 지체장애인에게 휠체어는 신체의 일부이다.
- 뇌성마비인의 경우 말더듬이나 떨림, 부정확한 발음, 말이 느릴 수 있음을 이해하고 편안히 이야기할 수 있도록 배려해주며 대답을 독촉하지 않는다. 말이 끝나기 전에 말을 끊고 미리 추측하여 되묻는 것을 큰 실례가 될 수 있으므로 주의한다. 뇌성마비인의 경우 언어 표현이 어렵더라도 말의 이해에는 어려움이 없으므로 비언어적 의사소통을 활용하여 의견을 표현할 수 있도록 지원한다.
- 프로그램 장소에 접근이 편리하도록 휠체어의 이동 · 출입에 어려움이 없는 장소를 선정하고, 좌석 배치는 출입문에 가까운 곳이나 휠체어 공간이 충분한 곳이 좋다.
- 지체장애인은 이동, 자세 유지, 학습이나 활동 참여 등에서 많은 시간과 노력이 요구되어 같은 학습 · 활동을 하더라도 더 많은 피로감을 유발할 수 있다. 따라서 프로그램 구성과 참여에서 충분한 시간을 비려하여 피로감을 줄여주고, 탄력적으로 휴식을 허용하며, 다리와 몸을 움직일 수 있도록 돕는다.
- 프로그램을 성공적으로 마칠 수 있도록 격려하고, 노력과 성취에 적극적으로 칭찬한다. 또한 대화나 활동에서 소외되지 않도록 배려한다.
- 식사 시간이 오래 걸릴 수 있으므로 식사 시간을 맞추어 주고, 음료는 빨대와 함께 제공하여 편하게 마실 수 있도록 한다.

- 출입문과 엘리베이터에서는 지체장애인이 지나갈 때까지 문을 잡아주고, 문을 닫을 때는 지체장애인의 보조기기가 문에 걸리지 않도록 주의한다.

지적장애인을 대할 때는 다음과 같은 내용에 유의한다.

- 지적장애인은 성인이 되어도 사용하는 어휘의 수가 적고 단순한 형태의 문장을 사용한다. 따라서 지적장애인과 대화를 나눌 때는 쉬운 말로 된 짧은 문장을 사용하여 천천히 말하고, 그들의 말을 끝까지 들어주도록 한다.
- 지적장애인의 의사 표현에 귀 기울여주고 수용적으로 반응하며, 지적장애인이 나타내는 비언적 표현의 의도를 파악하기 위해 노력한다.
- 함께 식사할 경우 메뉴를 선택하고 주문하는 것을 지켜봐 주고, 필요한 경우 돕는다.
- 지적장애인의 지능이 낮다고 해서 어린아이를 대하듯이 말하는 것은 피해야 한다. 생활연령에 맞게 대우하고 비장애인을 대할 때와 같은 어조와 태도로 대해야 한다.

자폐성장애인을 대할 때는 다음과 같은 내용에 유의한다.

- 자폐성장애인의 언어 능력은 다양하지만, 대화 시작하기, 흥미와 감정 공유하기, 상호작용에 반응하기 등 대화 유지에도 어려움을 보인다. 대개 단조로운 말투와 톤으로 말하거나 상황에 맞는 않는 말, 반향어, 말의 반복 등의 특성을 나타낼 수 있다. 따라서 주변에서 올바른 사회적 상호작용 수행의 모델이 되어주고 다양한 의사소통 기회를 마련해 준다.
- 언어적 의사소통이 부족하더라도 보기 중 좋은 것 고르기, 그림을 보고 선택하기 등 다양한 의사소통 기회를 제공한다.
- 하루의 일정이나 변화된 일정을 미리 여러 차례 반복하여 충분히 안내한다.
- 자폐성장애인의 나이에 적절한 대우와 존칭어를 사용하고, 쉬운 단어와 짧은 문장을 사용하여 구체적이고 정확하게 말한다.

- 몸짓과 시각적 자료(사진, 그림 등)를 활용하여 대화의 이해를 돕는다.
- 좋아하는 사물이나 활동을 강제로 제거하지 않는다.
- 식사 메뉴를 선택하고 주문하는 것을 지켜봐 주고, 필요한 경우 돕는다. 감각적 특성으로 인해 편식이 있을 수 있음을 이해해 준다.

연구과제

1. 평생교육 현장에서 발생할 수 있는 장애인 차별행위에 대하여 논의해 봅시다.
2. 평생교육기관이 장애인 학습자에게 제공해야 할 정당한 편의 제공을 장애유형별로 논의해 봅시다.
3. 장애인 평생교육기관이 장애인 학습자의 프로그램 참여 편의를 위해 제공해야 할 교수 · 학습 지원 방향과 내용을 논의해 봅시다.
4. 강사들이 장애인 학습자의 프로그램 참여 편의를 위해 제공해야 할 교수 · 학습 지원 방향과 내용을 논의해 봅시다.

제4부

장애인 평생교육 요구 및 과제

CHAPTER 11

장애성인의 평생교육 참여 실태 및 요구

학습목표

- 국내 장애성인의 평생교육 프로그램 참여 경험, 비참여 이유, 참여 목적, 정보접근 경로, 프로그램 선택 시 우선 고려사항을 파악한다.
- 장애성인과 비장애성인의 평생교육 참여 실태를 비교하여 그 차이점을 이해한다.
- 국내 장애성인의 희망하는 평생교육기관이나 희망하는 프로그램의 경향을 파악한다.
- 국내 장애성인의 평생교육 활성화 요구를 반영한 정책적 대안을 모색해 본다.

1 장애성인의 평생교육 프로그램 참여 실태

장애인 평생교육에 대한 국가와 지자체의 책무를 규정한 「평생교육법」이 개정된 이후 각 광역자치단체별로 장애인 평생교육 실태를 조사하고 지자체 차원의 장애인 평생교육 정책 방향을 모색하기 위한 다양한 연구들이 진행되었다. 지자체 차원에서 진행한 연구들은 많은 예산을 투입하고 다양한 관계자들을 대상으로 조사를 실시했을 뿐 아니라, 각 분야의 전문가들이 연구를 진행함으로써 조사의 신뢰성이 높다고 할 수 있다(김두영, 2015). 따라서 이 절에서는 광역자치단체 차원에서 진행한 장애인 평생교육 실태조사나 정책 방향 연구 결과를 토대로 장애성인의 평생교육 참여 실태와 요구를 조사한 결과를 정리하여 제시하고자 한다.

1) 장애성인의 평생교육 프로그램 참여 경험

장애성인의 평생교육 프로그램 참여 경험에 대한 응답은 지자체 연구별로 다소 차이를 보인다. 대구시의 경우 이전에 평생교육 프로그램에 참여한 경험이 있느냐는 질문에 있다는 응답이 71.7%, 없다는 응답이 28.3%를 차지하였다. 세종시의 경우 지난 1년간 평생교육 프로그램에 참여한 경험이 있느냐는 질문에 응답자의 63.5%가 있다, 36.5%는 없다고 답했다.

〈표 11-1〉 장애성인의 평생교육 프로그램 참여 경험

참여 경험 지자체	있음(%)	없음(%)
대구광역시	71.7	28.3
세종특별자치시	63.5	36.5
경기도	42.8	57.2
광주광역시	51.3	48.5
제주특별자치도	42.0	58.0
충청남도	59.2	40.8

경기도는 지난 1년간 평생교육 프로그램에 참여한 경험을 6개 영역별로 조사하였는데, 이를 평균으로 산출해 보면, 참여한 경험이 있다는 응답이 42.8%, 없다는 응답이 57.2%로 나타났다. 인천시의 경우 조사대상 장애인 중 평생교육에 참여한 경험이 있다는 응답이 51.3%, 없다는 응답이 48.5%를 차지하였다. 제주도의 경우 조사 대상 장애인의 42.0%가 평생교육 참여 경험이 있다고 응답했고, 58.0%는 없다고 응답했다. 충남의 경우 참여 경험이 있다는 응답이 59.2%, 없다는 응답이 40.8%였다.

장애성인의 평생교육 프로그램 참여 경험에 대한 여러 지자체의 연구결과를 액면 그대로 받아들이는 것은 다소 무리가 있어 보인다. 지자체 차원에서 실시한 장애인 평생교육 실태조사의 대부분이 조사의 편의를 위해 장애인 평생교육기관 이용자를 대상으로 실시하였기 때문이다(조창빈, 김두영, 2020). 따라서 향후 장애인 평생교육기관 이용자 뿐 아니라 이용하고 있지 않은 장애성인들을 대상으로 광범위한 실태조사를 진행할 필요가 있어 보인다.

2) 장애성인의 평생교육 프로그램 비참여 이유

장애성인의 평생교육 참여율이 미흡한 것도 문제이지만, 향후 평생교육에 참여할 의사가 극히 저조한 것은 더 큰 문제라 할 수 있다. 2017년 장애인 실태조사(김성희 외, 2017)에 따르면, 향후 참여하고 싶은 평생교육 프로그램 영역이 없다는 응답이 무려 72.2%를 차지하는 것을 확인할 수 있다. 따라서 장애성인의 평생교육 참여 제약 요인을 조사하고, 이를 개선하기 위한 대안을 마련하는 것은 매우 중요하다.

장애성인들이 평생교육 프로그램에 참여하지 않는 이유에 대해 대구시, 광주시, 제주도, 충청남도 모두 정보 제약이 가장 높은 비중을 차지했다. 이는 시간 제약이 월등히 높은 비중을 차지하는 일반 평생교육 통계조사(교육부, 한국교육개발원, 2019)와 차이를 보이는 대목이라 할 수 있다. 따라서 장애인 평생교육 프로그램이 어떤 것이 있는지, 어디에 있는지, 그리고 그것에 어떻게 참여할 수 있는지에 대한 안내 채널이 절실히 필요해 보인다.

〈표 11-2〉 장애성인의 평생교육 프로그램 비참여 이유

지자체	비참여 이유
대구광역시	① 교육에 대한 정보가 없어서(47.6%) ② 시간적인 여유가 없어서(24.4%) ③ 편의제공이 부족해서(23.2%) ④ 경제적인 문제 때문에(14.6%) ⑤ 교육장소가 너무 멀어서(14.6%)
세종특별자치시	① 기관 부족(3.56점) ② 프로그램 부족(3.50점) ③ 등록의 어려움(3.48점) ④ 교육시간대 부족(3.33점)
경기도	① 시간이 없어서(29.8%) ② 근거리에 교육 훈련기관이 없어서(24.8%) ③ 희망하는 프로그램이 개설되지 않아서(21.5%) ④ 비용이 너무 비싸서(18.6%) ⑤ 프로그램 관련 정보가 없어서(17.8%)
광주광역시	① 몰라서(42.1%) ② 참여하고 싶은 프로그램이 없어서(12.7%) ③ 알았지만 참여할 의사가 없어서(10.6%) ④ 시간이 없어서(9.2%)
제주특별자치도	① 평생교육에 대한 정보가 없어서(29.0%) ② 시간적 여유가 없어서(18.9%) ③ 평생교육의 필요성을 못 느껴서(11.1%) ④ 관심 있는 프로그램이 없어서(10.0%)
충청남도	① 프로그램 정보를 얻을 수가 없어서(27.8%) ② 가까운 거리에 교육기관이 없어서(35.7%) ③ 교통 및 편의시설이 부족해서(20.8%) ④ 시간이 없어서(20.1%)

장애성인들이 평생교육 프로그램에 참여하지 않는 이유는 정보 제약, 시간 제약, 경제 제약과 같은 일반적인 이유도 있으나, 교통 및 편의시설 부족, 근거

리 교육기관의 부재 등 장애로 인해 겪게 되는 어려움도 있으므로 장애인의 평생교육 프로그램 참여율 제고를 위해 이동 지원, 편의시설 증진, 장애인 평생교육기관의 증설 등의 노력도 필요해 보인다.

3) 장애성인의 평생교육 프로그램 참여 목적

평생교육 프로그램에 참여하는 목적을 조사하는 것은 장애성인이 왜 교육에 참여하는지, 무엇을 배울 것인지, 그러기 위해서는 어떤 지원이 필요한지에 대한 단서를 제공해 준다(이석진, 이승진, 2015). 또한, 장애인 학습자가 어떤 프로그램을 선택하는지에 대한 다양한 이유를 입증하기 때문에 현장에서 가치 있는 공헌을 할 수 있다(윤지현, 김호연, 김두영, 2016). 이러한 이해는 장애인 학습자의 평생교육 참여 목적을 고려한 효용성 있는 평생교육 프로그램 개발과 프로그램 만족도 제고에 중요하며, 장애인 학습자 개인의 행복감에도 직·간접적으로 영향을 미칠 수 있다.

〈표 11-3〉 장애성인의 평생교육 프로그램 참여 목적

지자체	평생교육 프로그램 참여 목적
대구광역시	① 개인적인 관심 때문(19.9%) ② 새로운 지식과 다양한 정보를 습득하기 위해(18.0%) ③ 대인관계 형성(12.5%) ④ 취업이나 직업을 가지기 위한 기술 습득(11.1%)
세종특별자치시	① 여가시간을 보람 있게 보내기 위해서(4.02점) ② 배운다는 그 자체가 즐거워서(3.90점) ③ 여럿이 모여 함께 배우는 활동에 참여하기 위해서(3.83점) ④ 좋은 인간관계를 맺는데 도움을 받고 싶어서(3.83점)
경기도	① 심리적 만족 및 행복감(28.6%) ② 교양함양 및 지식 습득(24.0%) ③ 직업 관련(23.5%) ④ 친목도모(16.6%)

지자체	평생교육 프로그램 참여 목적
제주특별자치도	① 취미활동 및 여가선용(21.2%) ② 대인관계 형성에 도움이 될 것 같아서(16.4%) ③ 배움 그 자체가 즐거워서(10.5%) ④ 일상 스트레스 해소(10.0%)
충청남도	① 취미 활동 및 여가선용(23.9%) ② 새로운 지식과 다양한 정보 습득(14.8%) ③ 취업이나 직업을 가지기 위한 기술 습득(14.0%) ④ 기초문자 이해 교육(13.6%)

각 지자체별 실태조사에서 장애성인의 평생교육 프로그램 참여 목적을 조사한 결과, 장애성인들이 평생교육 프로그램에 참여하는 주된 이유는 심리적 만족감이나 행복감, 취미활동이나 여가선용 등 사회적 관계의 향상, 소속감 형성, 단조로운 일상으로부터의 도피, 사회적 안정과 행복추구를 목적으로 하는 활동지향적인 성향이 강함을 알 수 있다. 이는 대부분 직업상의 직무능력 향상이나 전문적인 지식 및 기술의 습득, 자격증 취득 등을 주요 목적으로 평생교육 프로그램에 참여한다는 일반 평생교육 통계조사(교육부, 한국교육개발원, 2019) 결과와 대조를 이루는 대목이라 할 수 있다.

4) 장애성인의 평생교육 프로그램 정보 접근 경로

장애성인의 평생교육 참여를 서해하는 요인으로 정보 제약이 높은 비중을 차지하는 만큼, 장애성인들이 평생교육 프로그램 정보를 접하는 경로가 무엇인지 파악하는 것은 매우 중요하다. 이에 지자체별 장애인 평생교육 실태조사에서는 장애성인들이 평생교육 프로그램 정보에 접근하는 경로를 공통적으로 조사하였으며, 그 결과를 정리하면 다음과 같다.

〈표 11-4〉 장애성인의 평생교육 프로그램 정보 접근 경로

지자체	평생교육 프로그램 정보 접근 경로
대구광역시	① 동료의 소개(37.0%) ② 장애인 복지시설의 안내(33.7%) ③ 인터넷(17.8%) ④ 홍보 팸플릿(7.7%) ⑤ 가족의 소개(7.7%)
세종특별자치시	① 참여자의 자발적 참여(38.8%) ② 직원, 교육생들의 개인적 소개(35.0%) ③ 인터넷 홈페이지(10.0%) ④ 전단지, 안내지(7.5%)
경기도	① 교육훈련기관의 전화 상담 및 직접 방문(60.1%) ② 가족, 이웃, 친구의 소개(42.0%) ③ 인터넷이나 기관 홈페이지(15.2%) ④ 직장 동료 및 상사의 소개(8.2%)
광주광역시	① 개인적 소개(38.6%) ② 인터넷(20.1%) ③ 복지관 등 기타(17.2%) ④ 기관 간 협약(15.3%)
제주특별자치도	① 장애인 복지시실기관의 안내(52.3%) ② 지인의 소개(20.8%) ③ 지방자치단체(시청, 동사무소)(7.7%) ④ 인터넷(6.6%)
충청남도	① 교육훈련기관의 전화상담 및 직접 방문(27.9%) ② 가족, 이웃, 친구의 소개(28.5%) ③ 인터넷이나 기관 홈페이지(27.9%) ④ 대중매체(11.0%)

장애성인들은 평생교육 프로그램 관련 정보를 주로 교육기관이나 지인들의 소개를 통해 얻고 있는 것으로 보인다. 대부분의 지자체별 장애인 평생교육 실태조사에서 교육훈련기관의 상담이나 방문을 통해 정보를 습득한다는 응답과 동료, 가족, 이웃, 친구 등의 지인을 통해 정보를 습득한다는 응답이 대부분을 차지하고 있다. 인터넷이나 기관 홈페이지, 혹은 대중매체를 통해 정보를 습득

하는 경우는 상대적으로 낮아 이 또한 일반 평생교육 통계조사(교육부, 한국교육개발원, 2019)와 차이를 보이고 있다.

5) 장애성인의 평생교육 프로그램 선택 시 우선 고려사항

장애성인의 평생교육 프로그램 선택 시 우선 고려사항을 파악하는 것은 향후 어떤 프로그램을 어떻게 개발하고 공급할지에 대한 아이디어를 제공하기 때문에 중요한 사항이다. 이에 지자체별 장애인 평생교육 실태조사에서는 장애성인이 평생교육 프로그램을 선택할 때 우선적으로 고려하는 사항이 무엇인지를 공통적으로 파악하고 있다.

〈표 11-5〉 장애성인의 평생교육 프로그램 선택 시 우선 고려사항

지자체	평생교육 프로그램 정보 접근 경로
대구광역시	① 프로그램의 흥미와 재미(16.7%) ② 프로그램의 내용 및 목적(13.6%) ③ 교육장소 및 시설(11.5%) ④ 거주지와의 거리(11.4%)
경기도	① 프로그램의 내용 및 목적(70.4%) ② 프로그램 강사의 전문성(46.2%) ③ 프로그램 실시 기간(41.8%) ④ 프로그램 교육비(31.2%)
제주특별자치도	① 프로그램 내용 및 목적(16.5%) ② 프로그램 흥미와 재미(14.9%) ③ 거주지와의 거리(12.5%) ④ 편의 제공(12.3%)
충청남도	① 프로그램 내용 및 목적(39.5%) ② 프로그램 강사의 전문성(14.9%) ③ 프로그램 운영진의 친절도(11.8%) ④ 프로그램 실시 기간(8.4%)

장애성인들은 프로그램에 참여할 때 프로그램의 내용과 목적, 프로그램의 흥미와 재미, 프로그램 강사의 전문성 등을 우선적으로 고려하는 것이 보인다. 이 외에도 교육장소의 시설이나 운영진의 친절도, 거주지와의 거리, 프로그램의 실시 기간 등도 우선적으로 고려하는 사항에 포함되어 있다. 따라서 향후 장애인 평생교육 프로그램을 기획할 때에는 이러한 점을 고려할 필요가 있어 보인다.

2 장애성인의 평생교육 프로그램 운영에 관한 요구

1) 장애성인이 희망하는 평생교육기관

대구, 경기, 광주, 충남의 실태조사 결과에서 모두 장애인들이 가장 선호하는 평생교육기관은 장애인복지관이었으며, 세종시 결과에서도 2위를 차지했다. 이는 장애인들이 일반 평생교육기관보다는 장애 특성 상 주로 장애인 평생교육시설이나 장애인 복지시설을 평생교육기관으로 이용하고 싶어 한다는 연구(김두영, 2015; 조창빈, 김두영, 2020; 조창빈, 정해동, 김두영, 2018) 결과와 일치한다. 하지만 평생학습관이나 문화센터 등 비장애인과 함께 하는 평생교육기관을 희망하는 장애인들도 상당수를 차지하는 만큼 향후 일반 평생교육기관을 장애인들이 이용할 수 있는 방안을 모색할 필요가 있다.

〈표 11-6〉 장애성인이 희망하는 평생교육기관

지역	평생교육 프로그램 정보 접근 경로
대구광역시	① 장애인복지관(59.0%) ② 문화센터(35.9%) ③ 장애인 직업훈련기관(30.3%) ④ 지방자치단체(21.4%)
세종특별자치시	① 시 · 도청, 교육청, 도서관, 박물관 등에서 운영하는 평생학습관(31.7%) ② 지역사회복지관, 장애인복지관 등 복지시설(31.0%) ③ 읍 · 면 · 동 주민센터에서 운영하는 평생학습센터(22.2%) ④ 대학 평생교육원 또는 사회교육원(4.8%)
경기도	① 장애인복지관(79.3%) ② 비장애인과 함께 하는 평생교육기관(37.7%) ③ 장애인 직업재활기관(33.8%) ④ 장애인단체(33.1%)
광주광역시	① 장애인복지관(44.7%) ② 종합사회복지관(12.0%) ③ 대학부설 평생교육기관(9.3%) ④ 장애인 자립생활센터(5.5%)
충청남도	① 장애인복지관(24.7%) ② 보호작업장(14.4%) ③ 중증장애인 거주시설(10.3%) ④ 기타(7.5%)

2) 장애성인이 희망하는 평생교육 프로그램

지자체의 실태조사 문항에 따라 다소 차이는 있으나, 대부분의 장애인 평생교육 실태조사에서는 장애인들이 향후 참여하기를 희망하는 프로그램을 평생교육 프로그램 6개 영역별로 조사 · 분석하였다. 지자체별 조사에 따라 영역별 비중에 다소 차이가 있기는 하나, 대체로 장애인들은 문화예술교육을 가장 선호하는 것을 알 수 있다. 이는 장애인들이 평생교육 프로그램에 참여하는 목적과 문화예술교육이 지향하는 가치가 행복감 및 삶의 질 향상이라는 접점을 이루고 있기 때문이라 할 수 있다(김두영, 류재연, 조창빈, 2020; 조창빈, 김두영, 2020).

〈표 11-7〉 장애성인들이 희망하는 평생교육 프로그램

지역	기초문해 교육	학력보완 교육	직업능력 향상교육	문화예술 교육	인문교양 교육	시민참여 교육
대구광역시	4.3%	2.4%	12.0%	25.0%	16.3%	9.6%
경기도	65.9점	52.1점	69.7점	77.1점	64.4점	65.4점
광주광역시	8.5%	4.3%	22.2%	37.0%	10.0%	5.0%
제주특별자치도	8.2%	3.0%	25.0%	33.9%	9.5%	5.6%
충청남도	12.3%	2.4%	23.7%	37.4%	6.8%	12.7%

하지만 문화예술교육 외에도 다양한 영역의 프로그램을 요구하고 있음을 고려해 볼 때, 지나치게 문화예술교육에 치중된 프로그램 공급은 개선될 필요가 있다.

3) 장애성인이 희망하는 평생교육 프로그램의 운영 기간

장애성인이 희망하는 평생교육 프로그램의 운영 기간을 조사한 대구와 경기의 결과 모두 상당수의 장애인들이 6개월 이상의 장기적인 프로그램 운영을 희망하는 것을 알 수 있다.

〈표 11-8〉 장애성인들이 희망하는 평생교육 프로그램의 운영 기간

지역	3개월 미만	3~6개월	6~12개월	1년 이상
대구광역시	19.2%	15.4%	26.4%	32.7%
경기도	8.4%	21.9%	27.8%	41.9%

4) 장애성인이 희망하는 평생교육 프로그램의 운영 시간대

장애인들이 희망하는 평생교육 프로그램 수강 시간대를 조사한 세종, 경기, 광주의 결과들은 대부분의 장애인들이 평일 낮 시간대를 희망하는 것으로 보고하고 있다.

〈표 11-9〉 장애성인들이 희망하는 평생교육 프로그램의 운영 시간대

지역	평일 새벽	평일 낮	평일 저녁	평일 야간	주말
세종특별자치시	–	40.5%	–	7.1%	15.0%
경기도	0.8%	90.5%	4.1%	1.3%	3.3%
광주광역시	–	63.3%	11.5%	–	13.7%

하지만 이러한 결과는 그동안 지자체 차원에서 실시한 장애인 평생교육 실태조사의 한계에 따른 오류일 가능성이 높다. 그동안 국가나 지자체 차원에서 실시한 장애인 평생교육 요구조사는 대부분 조사의 편의를 위해 장애인 평생교육기관 이용자를 대상으로 진행되었다. 이는 아직까지 평생교육 프로그램에 참여하고 있지 않은 장애성인의 요구를 파악하지 못하는 결과를 초래하였다. 조사 대상을 평생교육 프로그램에 참여한 경험이 없는 장애성인들까지 확대한 조창빈, 김두영(2020)의 연구에서는 주말이나 평일 저녁 시간대에 평생교육 프로그램에 참여하기를 희망한다는 응답이 48.1%에 달하는 것으로 조사되었다. 특히 시각장애인이나 청각장애인의 경우 주말이나 평일 저녁 시간대를 희망한다는 응답이 각각 62.5%, 55.8%로 상당 부분을 차지하였다. 향후 장애인 평생교육 기회를 확대하고 많은 장애인들을 평생교육 현장으로 유인하기 위해서는 아직 평생교육 프로그램에 참여하고 있지 않은 장애성인들의 비참여 이유와 요구를 면밀히 파악할 필요가 있다.

5) 장애성인의 평생교육 활성화 요구

지자체별 장애인 평생교육 실태조사에서는 지자체에 적합한 장애인 평생교육 정책 수립을 위하여 향후 장애인 평생교육 활성화를 위해 필요한 요구사항을 공통적으로 조사하였는데, 지자체별 조사 결과에 다소 차이를 보이고 있다. 대구의 경우 장애인 평생교육 예산 지원과 프로그램 개발을, 세종의 경우 장애인 평생교육 진문 인력 육성과 프로그램 개발을, 경기의 경우 장애인 인식 개

선과 예산 지원을, 광주의 경우 예산 지원과 프로그램 개발을, 제주의 경우 장애인 평생교육 전문기관 설립과 프로그램 지원을, 충남의 경우 프로그램 확보와 기관 확충을 요구하는 목소리가 높게 나타났다. 결국 장애인 평생교육 활성화를 위해서는 장애인 평생교육 전문기관 설립, 예산 지원 확대, 장애유형별 평생교육 프로그램 개발과 보급, 전문인력 육성, 장애인식 개선 등의 과제를 해결할 필요가 있겠다.

〈표 11-10〉 장애성인의 평생교육 활성화 요구

지역	평생교육 프로그램 정보 접근 경로
대구광역시	① 장애인 평생교육에 대한 예산 지원(26.8%) ② 장애인의 요구와 특성에 맞춘 평생교육 프로그램 개발(19.4%) ③ 장애인 평생교육기관 증설(10.3%) ④ 교육기관에 장애인 평생교육 프로그램 전문 인력 배치(8.8%)
세종특별자치시	① 장애인 평생교육 전문 인력 확보 및 육성, 배치 확대(4.26점) ② 장애유형별 특화된 평생교육 프로그램 개발 및 보급(4.23점) ③ 장애인 평생교육 예산 확충 및 합리적 지원(4.21점) ④ 평생교육기관 간 체계적 네트워크 구축 및 업무협력(4.20점)
경기도	① 장애인에 대한 인식 개선(88.3점) ② 장애인 평생교육 예산 지원 확대(87.7점) ③ 평생교육기관의 장애인 편의시설 확충(86.7점) ④ 장애인 평생교육 전문인력 확보 및 육성(84.9점)
광주광역시	① 예산지원 확대(1순위) ② 프로그램 개발(2순위) ③ 장애인식 개선(3순위) ④ 기관 설립(4순위)
제주특별자치도	① 장애인 평생교육 운영 전문기관 설립 및 지원(24.3%) ② 평생교육 프로그램 지원(16.6%) ③ 장애유형별 평생교육 제도장치 강화(16.1%) ④ 정부 및 지자체의 재정적 지원(10.7%)
충청남도	① 장애인에게 적합한 교육 프로그램 확보(15.8%) ② 평생교육을 제공하는 기관의 확충(10.3%) ③ 사회참여 기회 제공(9.9%) ④ 전문성을 갖춘 강사 채용(8.6%)

연구과제

1. 장애성인의 평생교육 프로그램 참여 실태조사 결과를 종합해 보고, 향후 장애인 평생교육 참여율 제고를 위한 방안을 논의해 봅시다.
2. 장애성인의 평생교육 참여 실태를 조사한 지자체별 장애인 평생교육 실태조사 결과와 한국 성인의 평생학습 실태 조사 결과를 비교하고 그 차이점을 논의해 봅시다.
3. 지자체별 장애인 실태조사의 한계점을 찾아보고, 대안을 모색해 봅시다.
4. 국내 장애성인이 희망하는 평생교육기관과 프로그램 영역을 파악하고, 그 이유에 대해 토론해 봅시다.
5. 국내 장애성인의 평생교육 프로그램 운영에 관한 요구에 기반해 장애인 평생교육 기회를 확대할 수 있는 대안을 토론해 봅시다.

CHAPTER

12

장애인 평생교육의 과제

학습목표

- 장애인을 위한 평생교육 과제의 의미와 지원 내용을 이해하고, 구체적인 지원방안을 모색한다.
- 장애인에 관한 평생교육 과제의 의미와 지원 내용을 이해하고, 구체적인 지원방안을 모색한다.
- 장애인에 의한 평생교육 과제의 의미와 지원 내용을 이해하고, 구체적인 지원방안을 모색한다.
- 장애인 평생교육을 활성화하기 위한 정책적, 실천적 과제를 이야기하고 우선순위를 논의한다.

1 장애인을 위한 교육

1) 장애인 평생교육 현황 조사

장애인 평생교육의 현황을 파악하는 것은 향후 수립될 장애인 정책의 근거이자 기초 자료로서의 역할을 하므로 국가나 지자체 차원에서 장애인 평생교육 정책을 수립하기 위해서는 장애인 평생교육의 구체적인 실태와 요구를 파악하는 작업이 선행되어야 한다. 이에 대구광역시(이정미, 배현숙, 2015), 경기도(김두영 외, 2017), 광주광역시(김영일, 강민희, 배영주, 2017), 세종특별자치시(김학만 외, 2017), 인천광역시(이영선 외, 2018), 제주특별자치도(제주특별자치도, 제주평생교육장학진흥원, 2018) 등 일부 지자체에서 장애인 평생교육 실태조사를 진행하였으며, 국가적인 차원에서도 2018년부터 전국 단위의 장애인 평생교육 현황 조사를 진행해 오고 있다.

하지만 그간 국가나 광역자치단체에서 실시한 장애인 평생교육 실태조사는 몇 가지 측면에서 한계를 드러내고 있다. 첫째, 그동안 실시한 실태조사의 대부분은 조사의 편의를 위해 장애인 평생교육기관 이용자를 대상으로 진행되었다. 이는 아직까지 평생교육 프로그램에 참여하고 있지 않은 장애성인의 요구나 참여 저해 요인을 파악하지 못하는 결과를 초래하였다. 둘째, 그동안 실시한 실태조사의 대부분은 학습자의 장애유형과 장애정도, 혹은 생애주기를 무시한 채 장애인을 모두 동질적인 집단으로 인식하는 오류를 범해 왔다. 이는 다양한 장애유형과 생애주기에 따라 지니는 개별적 특성과 장애정도에 따른 요구의 차이를 파악하지 못하는 결과를 초래하였다. 셋째, 그동안 실시한 실태조사의 대부분은 발달장애인이 조사에 참여하기 어렵다는 이유로 부모 등 대리인을 대상으로 조사를 진행했다. 이는 발달장애인 당사자의 요구를 제대로 파악하지 못하는 결과를 낳았다(소창빈, 김두영, 2020). 따라서 향후 국가 혹은 지자체 차원에서 장애인 평생교육 현황을 조사할 때 장애인 평생교육기관 이용자뿐만 아니라 평생교육 프로그램에 참여한 경험이 없는 장애성인까지 조사 대상자를 확대해야 할 것이며, 장애유형, 장애정도, 생애주기 등을 고려하여 조사표를 제작함과 동시에 발달장애인 당사자 의견에 귀를 기울여야 할 것이다.

또한 장애유형별 의사소통 체계를 고려하여 조사지를 제작할 필요가 있다. 첫째, 일반적으로 문해력이 낮은 발달장애인 대상 조사표는 쉬운 글 조사표로 수정해야 한다. 최근 발달장애인 등 느린 학습자를 위한 읽기 쉬운 책을 개발하는 전문기관이 늘어나고 있다. 이들 기관의 협조를 받아 조사표를 수정하는 것이 좋다. 둘째, 시각장애인 대상 조사표는 음성파일, 텍스트 파일, 점자 조사표, 확대문자 등 4가지 유형으로 조사표를 제작하는 것이 좋다. 확대문자 조사표는 고딕체 18포인트로 제작하여 배포하고 조사에 응하는 시각장애인이 개인 컴퓨터 또는 확대독서기 등을 통해 개인의 시력에 따라 확대 배율을 조절할 수 있도록 환경을 제공할 필요가 있다. 전맹 대상의 조사를 위해서는 음성파일, 텍스트 파일, 점자 조사표를 제공하고, 이 중 편리한 조사표를 선택하여 응답하도록 하는 것이 좋다. 셋째, 주된 의사소통 수단으로 수어를 사용하는 농인 대상의 조사표는 응답의 편의를 위해 수어 동영상으로 제작해 제공해야 한다. 조사원들이 수어 동영상을 태블릿 PC를 통해 보여주면서 한 문항씩 응답할 수 있도록 한다. 만약 개방형 질문이 있는 경우 답변을 동영상으로 녹화해 두는 것이 좋다.

장애인 평생교육 현황 조사를 통해 확보된 통계 데이터는 소외된 많은 장애인들을 평생교육의 장으로 유도하고, 장애인 평생교육의 질적 수준을 제고할 수 있는 국가 혹은 지자체 차원의 정책을 마련하기 위한 기초자료를 제공해 줄 것이다. 또한 장애인이 어떤 프로그램에 어떻게 참여하고 있는지, 참여하고 있지 않다면 왜 참여하고 있지 않은지, 어떤 기관을 어떤 시간대에 이용하고 싶어 하는지, 장애유형별 평생교육에 참여하기 위한 요구는 무엇이며, 국가나 지자체에 바라는 장애인 평생교육 정책은 무엇인지 등을 파악할 수 있다.

2) 장애인 평생교육 프로그램 지원

물이 극도로 부족한 지역의 주민을 지원할 때, 미래지향적 가치를 내세워 우물을 만드는 기술을 가르치려 든다면 목마름에 지친 주민들의 저항에 부딪히게 될 것이다. 목이 말라 죽을 지경인 사람들에게는 당장 필요한 물을 지원해 주는 것이 급선무이다. 우물을 만들어 주거나 우물을 만드는 기술을 가르치는 것은 어느 정도 목마름이 해결된 이후의 일이다. 현재 우리나라 성인 장애인과 장애인 평생교육기관은 평생교육 프로그램에 극도로 목말라 있다. 성인 장애인들이 참여할 수 있는 프로그램도 매우 제한적이고, 대다수의 장애인 평생교육기관은 다양한 프로그램을 운영할 수 있는 경제적 여건이 마련되어 있지 않은 상황이다. 장애인 평생교육기관의 환경 분석 결과 재정 및 예산 지원의 부족이 큰 위협요인으로 지적되고 있으며, 그동안 광역자치단체에서 진행한 장애인 평생교육 실태조사 결과에서도 장애인 평생교육 활성화를 위한 전제조건으로 장애인 평생교육 프로그램 운영을 위한 예산 지원 확대를 요구하는 목소리가 가장 높게 나타났다.

평생교육 프로그램은 장애인의 평생교육 참여 유도를 위한 가장 강력한 수단이라 할 수 있다(김두영, 2013). 따라서 장애인 평생교육 프로그램의 질적 수준을 담보하고, 장애인의 평생교육 프로그램 만족도를 제고함으로써 장애인을 평생교육 현장으로 유도하기 위해서는 현장에서 다양한 프로그램을 운영할 수 있도록 재정적 지원이 필수적으로 필요하다. 장애인 평생교육 프로그램 지원 사업은 장애인 평생교육기관에서 참여 대상과 목적에 적합한 프로그램을 전문적인 강사와의 협업을 통해 기획하도록 하고, 지자체에서 우수한 프로그램을 선정하여 강사비, 보조강사비, 교육지원금 등을 지원하는 것이다.

장애인 평생교육 프로그램 지원 사업이 우수한 프로그램을 발굴해 재정적 지원을 하는 것에만 그친다면 장애인 평생교육 프로그램의 질적 수준을 높이는 성과를 기대하기 어렵다. 프로그램 선정 및 지원 후에는 외부 전문가로 구성된 장애인 평생교육 평가단을 구성하고 선정된 프로그램이 본래 기획한 교육 프로그램을 적절히 운영하고 있는지, 제공하고 있는 교육 프로그램의 질이 확보되어 있는지, 학습자의 프로그램 만족도가 높은지를 평가해야 한다. 평가 결과는 차년도 프로그램 선정 시 반영되어야 한다. 이러한 일련의 장애인 평생교육 프로그램 지원 사업은 결과적으로 장애인 평생교육기관의 전문성을 한층 끌어올리는 역할을 할 것이다.

3) 장애유형별 평생교육 프로그램 개발 및 보급

2016년 「평생교육법」 개정 이후 국가나 지방자치단체 차원에서 장애인 평생교육 프로그램 개발을 위해 다각도의 노력을 기울여 왔으나 그동안 국가나 지자체 차원에서 추진한 장애인 평생교육 프로그램 개발 사업은 몇 가지 측면에서 아쉬운 점들이 있다. 그간 개발한 장애인 평생교육 프로그램은 주로 발달장애인 대상의 프로그램이 대부분을 차지했으며, 장애성인의 다수를 차지하고 있는 시각 · 청각장애인이나 지체 · 뇌병변장애인을 위한 평생교육 프로그램은 상대적으로 미흡한 수준이다. 그간 미진하게나마 진행된 프로그램 개발도 주로 전문 강사가 참고할 만한 프로그램을 개발한 것이 아니라 장애인 평생교육기관 종사자나 자원봉사자가 운영할 프로그램을 개발하다 보니 현장에서의 활용도가 매우 낮은 문제점이 있다. 또한 프로그램 개발에만 그치고 보급을 위한 노력을 기울이지 않은 것도 문제다.

장애성인은 장애유형과 장애정도, 연령 등에 따라 다양하고 복합적인 교육적 요구를 지니며, 장애유형과 정도에 따라 점자, 수어, 보완대체의사소통 등 장애유형별 고유한 의사소통 체계를 가지고 있다(정해동 외, 2020). 그러나 많은 장애인 평생교육기관에서 운영하는 프로그램은 기관의 전문성 부족이나 예산 부족, 전문 강사 부족 등의 이유로 장애유형과 장애정도, 연령 등을 구분하지 않고 프로그램을 개발 · 운영하는 경향이 있어, 장애성인 학습자의 프로그램 참여 만족도가 낮게 나타나거나 재 참여율이 낮은 부정적인 결과를 초래하였다(김두영 외, 2019). 이에 장애인 평생교육 발전 방안을 모색한 선행연구들(곽승철 외, 2010; 김기룡 외, 2014; 김두영, 이경준, 2018; 김두영, 조창빈, 정해동, 2018; 김정재 외, 2009)은 모두 장애인 평생교육 활성화를 위해 다양한 장애유형별 평생교육 프로그램 개발과 보급을 최우선 과제로 제시하고 있다.

장애성인이 다양한 교육내용을 요구하고 있음에도 불구하고 현재 대부분의 장애인 평생교육기관에서 제공하고 있는 평생교육 프로그램이 제한적인 이유는 장애인 평생교육 프로그램의 연구 · 개발이 제대로 이루어지지 않고 있기 때문이다(김두영, 박원희, 2013). 또한 프로그램의 현장 활용도가 미흡한 것은 프로그램 개발 단계에서 프로그램을 활용할 대상을 확실히 구분하지 않고, 시범 운영을 통한 현장 적합성 검토가 이루어지지 않았기 때문이다. 따라서 프로그램 개발은 전문 강사와 장애인교육 전문가의 협업에 의해 이루어져야 하며, 프로그램을 개발하는데 그치는 것이 아니라 개발된 프로그램을 시범 운영하여 개발된 프로그램을 수정 · 보완함으로써 현장 적합성을 높일 필요가 있다.

우리나라의 경우 국가와 지자체 차원에서 많은 예산을 들여 장애인 평생교육 프로그램을 개발하는 경우가 많다. 이는 기관별 장애인 학습자의 요구나 지역적 특수성을 고려한 프로그램 개발이 이루어지지 않는 원인이기도 하다. 따라서 우리나라도 교육 선진국과 같이 국가와 지자체는 장애인 학습자들이 평생교육기관에서 차별받지 않고 참여할 수 있는 환경을 제공하는 역할에 충실하고, 장애인 평생교육 프로그램의 개발 및 운영은 민간기관에 일임하여 지역의 특성과 참여 학습자의 특성을 고려한 프로그램을 개발할 수 있도록 지원할 필요가 있다.

4) 찾아가는 장애인 평생교육 프로그램 지원

여러 소외계층 중에서도 노동력과 학습력이 상대적으로 부족하다고 치부되어 온 장애인은 평생교육 현장에서 극명하게 소외되어 왔다(김두영, 박미진, 정진숙, 2016). 최근 장애인 평생교육 관련 내용을 대폭 삽입한 「평생교육법」이 개정되고, 국가 및 지방자치단체 차원의 장애인 평생교육 관련 지원이 늘어나고 있으나, 장애인을 대상으로 한 평생교육 현장의 보다 절실한 문제는 국가와 지방자치단체 및 공공기관이 제공하는 여러 교육 프로그램의 수혜가 미치지 못하는 영역에 진정한 학습소외자가 존재하고 있다는 사실이다(김두영, 박원희, 2013).

장애인 거주 시설에서 생활하고 있는 장애인이나 장애인 평생교육기관이 턱없이 부족한 농 · 산 · 어촌 혹은 도서 지역 등 소외지역에 거주하는 장애인, 그리고 이동이 어려워 대부분의 시간을 가정에서 보내야 하는 중증장애인들이 바로 그들이다. 이들은 물리적, 시간적, 신체적 제약 때문에 복지관이나 장애인 평생교육시설, 발달장애인평생교육센터 등 장애인 평생교육기관은 물론 일반 평생교육기관의 다양한 프로그램에 접근할 기회를 제한받고 있다. 평생교육이 모든 이를 위한 교육권이자 학습권이라고 할 때, 극명하게 소외된 이들 장애인 역시 평생학습권으로부터 예외가 될 수 없다(한준상, 2001). 따라서 장애인 평생교육 기반 구축 및 기회 확대를 위해서는 생활시설에 거주하는 장애인, 농 · 산 · 어촌이나 도서 지역 등 소외지역에 거주하는 장애인, 장애정도가 심하여 이동이 어려운 중증장애인까지 평생교육 지원을 확대해 나갈 필요가 있다. 이는 보다 적극적인 형태의 장애인 평생교육 프로그램 지원 체제로서 장애인 평생교육 참여율 증진 및 프로그램 만족도 제고에 크게 기여할 것이다.

찾아가는 장애인 평생교육 프로그램은 생활시설에 거주하는 장애인, 읍 · 면 농어촌 지역이나 도서 지역 등 소외지역에 거주하는 장애인, 신체적 제약으로 가정에서 대부분 시간을 보내는 중증장애인 등을 전문 강사가 직접 찾아가

운영하는 프로그램을 말한다. 이 프로그램의 대상 학습자들은 대부분 생활시설이나 소외지역, 그리고 가정에서 온종일 방치되어 무료한 시간을 보내기 쉽고, 외출의 제한으로 인한 외부와의 소통 단절, 지역사회의 이해 부족과 무관심으로 인해 다양한 문화·여가활동 프로그램에 쉽게 참여하지 못하는 형편이다. 오랜 시간 반복적이고 변화 없는 일상생활에서 만성적인 무료감과 무기력감 등, 자기 삶의 활력을 찾지 못하는 삶을 살아가는 장애인의 실상을 고려할 때, 찾아가는 장애인 평생교육 프로그램은 이들의 삶의 의미와 행복 찾기를 돕고, 주변인들과의 융통성 있는 교류로 원만한 관계 형성을 유도하는 데 목적을 두어야 한다. 결국 찾아가는 장애인 평생교육 프로그램은 사회적, 물리적, 환경적 제약으로 인해 평생교육 수혜를 누리지 못하는 이들에게 문화적 향유 및 학습의 기회를 제공함으로써 학습으로부터 소외된 장애인들을 평생교육 현장으로 유도하고 이들의 심리적 만족감 및 행복감을 증진하고 삶의 질을 향상시키는 데 기여할 것이다(김두영 외, 2021).

찾아가는 장애인 평생교육 프로그램의 내용은 심리적 안정과 행복감을 증진할 수 있는 심리지원 프로그램이나 가족관계 개선을 위한 가족 지원 프로그램, 무료한 생활을 건강하고 의미 있는 시간으로 전환할 수 있는 취미생활 지원 프로그램 등을 포함하는 것이 바람직하다. 찾아가는 장애인 평생교육 프로그램은 강사의 방문 형태에 따라 시설 방문형, 지역 방문형, 가정 방문형으로 구분할 수 있으며, 지역사회 통합을 위해 장애인과 비장애인의 통합형 프로그램으로 운영할 수도 있고, 생활시설이나 가정을 방문하여 소수의 장애인을 대상으로 운영할 수도 있으며, 장애인과 가족을 통합 대상으로 하여 운영할 수도 있다.

5) 장애인 평생교육 정보제공 시스템 구축

학습자가 평생교육 프로그램에 참여하기 위해서는 프로그램과 관련된 구체적인 정보가 필요하다. 아무리 우수한 프로그램이 있다고 하더라도 학습자가 그에 대한 정보가 없다면 프로그램에 참여할 수 없을 것이다. 따라서 성인 학습자들에게 다양한 평생교육 프로그램 접근 기회를 확대하기 위해서는 학습자에게 평생교육 프로그램은 어떤 것이 있는지, 어디에 있는지, 그리고 그것에 어떻게 참여할 수 있는지에 대한 정보가 요청된다(김두영, 박원희, 2013).

특히 장애성인은 개인의 노력으로 평생교육 프로그램 관련 정보를 수집하기 어렵다. 정부나 지방자치단체 차원에서 제공하는 장애인 평생교육 관련 정보가 매우 한정적이고, 많은 장애성인이 인터넷을 능숙하게 이용하기 어렵기 때문에 대부분의 장애성인은 평생교육 관련 정보를 가족 또는 지인을 통해 획득하거나 자신이 이용하는 기관에서 제공하는 정보에만 의존하는 상황이다(김두영 외, 2017). 따라서 장애인 평생교육 프로그램과 장애인 평생교육기관에 관한 정보 뿐 아니라 프로그램 운영 강사와 참여 비용, 참여 시간과 참여 기간 등 장애인 평생교육 프로그램과 관련된 구체적인 정보를 제공해주는 제도적 지원이 필요하다.

장애인들의 평생교육 프로그램 접근 기회를 확대하기 위해서는 장애인 평생교육 프로그램 정보를 원스톱으로 알 수 있는 정보 제공 체제를 구축할 필요가 있다. 장애인의 평생학습 참여를 확대하기 위해서 장애인들이 스스로 평생교육 정보를 손쉽게 검색할 수 있는 시스템 구축이 필요하다. 지역 차원에서는 평생교육진흥원이나 평생학습관을 기점으로 시 · 도교육청 및 지방자치단체와의 협력체제를 구축하고 지역 내의 다양한 장애인 평생교육 프로그램에 대한 정보를 홈페이지를 통해 제공해야 할 것이며, 중앙정부 차원에서는 국가장애인평생교육진흥센터에서 전국의 장애인 평생교육 프로그램에 대한 정보를 수집, 정비, 보관하는 DB를 구축해야 할 것이다

우리나라의 평생교육은 현재 국가적인 차원에서 대민서비스 시스템을 구축하고, 관련 시스템 간 호환성 정보를 위한 정보의 저장 및 유통의 기술 표준을 개발하기 위해 '다모아 평생교육정보망'을 구축한 바 있다. 이는 궁극적으로 학습자가 산재된 평생교육 정보를 공유 · 유통 · 활용할 수 있도록 함으로써 언제

나, 어디서든, 한번(One Click)에 원하는 정보를 검색할 수 있도록 하기 위한 것이다(교육부, 국가평생교육진흥원, 2013). 여기에 장애인 평생교육 프로그램을 별도의 메뉴로 구성하여 장애인 학습자들이 장애유형별, 정도별, 연령별, 영역별 프로그램 정보는 물론 학습내용, 시설, 강사, 교재, 각종 자격 등에 관한 정보를 알기 쉽게 제공해 줄 필요가 있다.

6) 평생교육 바우처 제공 대상 확대

2020년 장애인 실태조사(김성희 외, 2020)에 따르면, 월평균 총가구 소득이 200만원 미만인 장애인은 전체의 59.0%를 차지해 장애인들의 경제적 빈곤이 매우 심각한 수준이며, 특히 노년기로 갈수록 경제적 빈곤이 심각한 것으로 나타났다. 장애성인은 장애의 유형과 정도의 특성에 따라 경제생활에 어려움을 경험하며, 중증장애인의 경우 대부분 경제생활에 참여하지 못하여 가정과 사회의 경제적 지원에 의존하며 살아가는 실정이다. 장애성인의 평생교육 참여를 위해서는 평생교육 프로그램 개설, 이동지원, 정보제공, 편의시설 등 다양한 형태의 지원이 필요하지만 가장 근본적인 지원은 평생교육 프로그램 참여 수강료 지원이라 할 수 있다. 그동안 지자체에서 진행한 장애인 평생교육 지원방안 연구(김두영 외, 2017; 김두영, 조창빈, 2021; 이정미, 배현숙, 2015; 김영일, 강민희, 배영주, 2017)에서도 장애인 평생교육 활성화를 위한 전제조건으로 장애인 평생교육 예산 지원에 대한 목소리가 가장 높게 나타났다.

한편 국가평생교육진흥원은 모든 국민이 본인의 학습 요구에 따라 자율적으로 학습활동을 결정하고 참여할 수 있는 평생교육 환경을 구축하기 위해 사회취약계층을 대상으로 평생교육 바우처 제도를 구축하여 운영하고 있다. 이 제도는 만19세 이상 성인 중 기초생활수급자, 차상위계층, 기준 중위소득 65% 이하인 가구의 구성원을 대상으로 연간 35만 원의 평생교육 프로그램 참여 비용을 지원하는 것으로, 평생교육 프로그램 수강료 지원과 함께 평생교육기관 및 프로그램 선택권까지 보장하는 제도라 할 수 있다.

하지만 평생교육 바우처 제도는 장애인들이 이용하는데 여러 가지 어려움이 있다. 첫째, 연간 30,000명 내외의 인원 밖에 지원을 하지 않으면서, 그 대상에 장애인을 별도로 지정하지 않아 비장애인들과 경쟁하여 신청해야 한다는 점, 둘째, 평생교육 바우처 이용 신청 방법 및 절차가 어려워 발달장애인이나 중증장애인이 신청하는데 어려움이 많다는 것, 셋째, 평생교육 바우처 사용이 가능한 기관이 「평생교육법」 제2조에 따른 평생교육기관으로 한정되어 있어 발달장애인평생교육센터나 장애인 복지시설을 이용하는 장애인들에게는 선택의 폭이 매우 좁다는 점 등을 꼽을 수 있다.

따라서 장애성인의 평생교육 참여율 증진을 위해 이들의 경제적 어려움을 해소해 줄 수 있도록 현행 평생교육 바우처 제공 대상을 중증장애인까지 확대 · 운영할 필요가 있다. 또한 평생교육 바우처 이용 방법이나 협소한 평생교육 바우처 사용처 등의 환경을 개선해 나가야 할 것이다.

7) 통합 평생교육 프로그램 지원

미국의 장애인 평생교육 철학은 '동등한 교육의 기회에 의거하여 장애인도 비장애인이 받을 수 있는 질 높은 성인교육을 받아야 한다.'라는 논리에 기초하여 통합된 환경을 강조하고 있으며, 독일의 경우 '장애인 학습자의 동등한 사회참여와 자기 결정적 삶 영위 및 특수한 욕구를 고려해야 한다.'는 논리를 바탕으로 통합된 평생교육 환경을 강조하고 있다. 그래서 YMCA나 일반 평생교육기관에서 장애인을 만나는 것이 그리 어렵지 않은 일이다. 이는 비단 미국과 독일에 한정된 내용이 아니다. 호주와 일본, 영국 등 소위 교육 선진국들에서 공통적으로 강조하고 있는 바다. 이처럼 대부분의 교육선진 국가는 장애인 평생교육의 궁극적인 가치를 사회적 통합으로 보고 있으며, 이를 위해 통합된 평생교육 환경 제공을 가장 중요한 목표로 설정하고 있다. 그러나 현재 우리나라 장애인 평생교육의 현실은 이러한 가치와는 반대되는 방향으로 진행되고 있다.

우리나라의 장애인 평생교육은 통합교육을 강조하고 있는 학령기 특수교육과 달리 비장애인과 장애인을 철저하게 분리하여 교육하고 있는 실정이다. 평생교육법령 등록기관의 장애인 평생교육 프로그램 운영 현황을 분석한 김두영, 김호연(2017)의 연구 결과, 2011년부터 2015년까지 5년간 공급한 프로그램 682,717개 중에서 장애인 대상의 프로그램은 고작 683개에 불과했다. 우리나라 평생교육 현장에서 장애인은 여전히 낯선 학습자에 불과하다. 결국 장애인들이 평생교육 프로그램을 이용하기 위해서는 별도의 장애인 평생교육시설이나 발달장애인평생교육센터, 장애인 복지시설 등 장애인 평생교육기관을 찾을 수밖에 없는 현실이다.

하지만 장애인들 중 상당수는 일반 평생교육기관에서 비장애인들과 함께 평생교육 프로그램에 참여하기를 희망하고 있다. 대구광역시 장애인 평생교육 실태조사(이정미, 배현숙, 2015)에서는 조사 대상의 35.9%가 문화센터를 이용하고 싶어 했고, 세종시 장애인 평생교육 실태조사(김학만 외, 2017)에서는 조사 대상의 22.2%가 읍 · 면 · 동 주민센터에서 운영하는 평생학습센터를 이용하고 싶어 했으며, 경기도 장애인 평생교육 실태조사(김두영 외, 2017)에서는 조사 대상의 37.7%가 비장애인과 함께 하는 평생교육기관을 이용하고 싶어 했다.

장애인 평생교육기관이나 장애인 스포츠센터 등 장애인을 위한 여가문화시설의 경우 대부분 평일 낮 시간대에 운영되므로 직장을 다니거나 학업중인 장애성인이 이용할 수 있는 프로그램은 매우 제한적이다. 또한 중증장애인에 비해 경증장애인이 대다수임을 고려해 볼 때, 많은 장애인들이 일반 평생교육기관에서 비장애인들과 함께 프로그램에 참여하는 데 어려움이 없을 것으로 보인다. 따라서 일반 평생교육기관에서 장애인 학습자가 수강하는 경우 수강료의 일부를 지원하거나 우수 통합 평생교육 프로그램을 발굴하여 시상하고 홍보하는 등 통합 평생교육 프로그램을 지원을 확대해 나갈 필요가 있다.

2 장애인에 관한 교육

1) 장애인 평생교육기관 실무자의 역량 강화

장애성인은 장애 특성상 일반 평생교육기관을 이용하기보다는 장애인복지관, 장애인 주간보호시설, 장애인 직업재활시설 등 장애인 복지시설에서 운영하는 평생교육 프로그램에 주로 참여하고 있다(김두영, 박미진, 정진숙, 2016). 국가장애인평생교육진흥센터에서 실시한 2020년 장애인 평생교육 현황 조사(국립특수교육원, 2020)에 따르면, 전체 장애인 평생교육 운영기관 1,296개 기관 중 일반 평생교육기관은 161개에 불과한 반면, 장애인 복지시설은 1,046개 기관으로 전체의 80% 이상을 차지했다.

이들 장애인 복지시설에서 평생교육 관련 업무를 담당하는 실무자들은 대부분 사회복지사 자격 소지자로 장애인의 특성에 대한 이해가 어느 정도 높지만, 평생교육 관련 전문성이 부족하여 장애성인에게 적절한 평생교육 서비스를 제공하는 것에 어려움이 있다(조창빈, 류재연, 김두영, 2019). 장애인 평생교육 관련 업무를 담당하기 위해서는 장애성인 대상 요구조사, 평생교육 프로그램 개발 · 운영 · 평가, 타 기관과의 협력 및 관련 정책에 대한 충분한 이해 등 다양한 평생교육 관련 전문성을 갖춰야 하지만 대부분의 사회복지사들은 이러한 내용의 교육을 받아본 경험이 부족한 것이 사실이다(김두영, 2018; 백정기, 조창빈, 김두영, 2020).

이에 2016년 개정된 「평생교육법」 제19조의 2는 국가장애인평생교육진흥센터의 주요 업무 중 하나로 장애인 평생교육기관 종사자를 위한 교육과 연수를 의무화하고 있으며, 여러 지자체 차원에서도 장애인 평생교육기관 관계자 연수를 적극적으로 진행하고 있다. 그런데 아직 장애인 평생교육기관 관계자 교육을 위한 요구조사나 교육과정 개발이 제대로 이루어지지 않아 국가나 지자체 차원에서 장애인 평생교육기관 관계자 교육을 시행함에 있어 어려움을 호소하는 경우가 많다.

장애인 평생교육은 장애인교육과 평생교육이 교차하는 영역이다. 따라서 장애인 평생교육 관계자는 장애인교육과 평생교육에 관한 소양을 두루 갖추고 있어야 한다. 그런데 일반 평생교육기관에서 근무하는 평생교육사의 대부분은 평생교육적 소양을 갖추고 있는 반면, 장애성인 교육과 관련된 소양은 부족한 것이 사실이다. 이와는 반대로 대부분의 장애인 평생교육기관 실무자들은 장애인 교육과 관련된 소양은 어느 정도 갖추고 있을지 모르나 평생교육적 소양이 부족한 것이 사실이다. 따라서 장애인 평생교육기관 관계자 연수는 장애이해교육이나 장애유형별 특성에 관한 내용보다는 보다 전문적인 특수교육적 소양이나 평생교육적 소양을 함양하기 위한 내용으로 구성하는 것이 바람직할 것이다. 또한 「평생교육법」 제19조의 3(장애인 평생교육 종사자에 대한 인권교육)에서 장애인 평생교육 종사자가 장애인 인권에 관한 교육을 의무적으로 이수하도록 규정하고 있는 만큼 관련 내용을 반드시 포함해야 할 것이다.

2) 평생교육사를 위한 장애이해교육 강화

우리나라의 장애인 평생교육은 통합교육을 강조하고 있는 학령기 교육과는 달리 비장애인과 장애인을 철저하게 분리하여 교육하고 있는 실정이다. 이에 비해 미국이나 호주, 독일, 캐나다 등 서구 국가에서는 통합과 지역사회 참여라는 기치 아래 장애인만을 위한 교육기관이나 프로그램을 개설하기보다는 지역사회 내의 다양한 평생교육기관과 연계하여 장애인 평생교육 프로그램을 운영하고 있다.

사실 별도의 예산을 마련하여 장애인 평생교육기관을 계속해서 확충해 나가는 데에는 한계가 있으며, 평생교육의 기본 이념인 '누구나, 언제 어디서나 장애인이 교육받을 수 있는 장애인 평생학습사회'를 구현하기 위해서는 장애인 평생교육이 일반사회 또는 비장애인들과 동떨어져 운영되는 것이 아니라 지역사회에서 통합되어 시간과 공간에 구애받지 않고 동등하게 교육받을 수 있는 환경을 구축하는 것이 매우 중요하다.

이를 위해 국가와 지자체 차원에서는 평생교육 정책 및 기본 계획에 장애인지적 관점의 수평적 비전을 제시함으로써 교육의 장애인 소외 현상을 해소하도록 적극적 노력을 해야 할 것이다. 이와 더불어 평생교육사의 장애이해 수준을 높이기 위하여 체계적인 교육을 제공해야 하며, 이는 단순히 일회성의 장애인식 개선 교육과 구분되어 진행해야 한다(김두영 외, 2019). 장애의 개념과 유형과 같은 기본적인 내용은 물론, 장애유형별 의사소통 방법, 장애유형별 특성과 교육적 지원 방법, 장애인 상담 기법, 장애인 가족 지원, 장애인 성인권, 발달장애인과 관계 맺기, 발달장애인의 인권과 자기결정권 등 기초적인 장애이해와 더불어 장애인과 소통하며 장애인을 학습자로 받아들이기 위한 체계적인 교육을 제공해야 할 것이다.

3) 장애인 평생교육 강사 양성과정 운영

대부분의 장애인 평생교육기관에서 운영하고 있는 프로그램은 분야별 전문 강사에 의해 운영되기보다는 기관의 종사자나 자원봉사자에 의해 운영되는 경우가 상당 부분을 차지하는 것으로 보고되고 있다(김두영 외, 2017; 김두영, 2018). 이는 장애인 평생교육 프로그램의 질을 떨어뜨려 학습자의 프로그램 만족도에 부정적인 영향을 미칠 뿐만 아니라(김두영, 김호연, 박원희, 2014; 김두영, 조창빈, 정해동, 2018), 장애인 평생교육기관 종사자들의 업무 부담을 가중시키는 요인으로 작용하고 있다(김두영 외, 2017).

장애성인들이 평생교육 프로그램을 선택할 때 우선적으로 고려하는 사항이 프로그램의 내용 및 목적에 이어 프로그램 강사의 전문성이라는 것은 여러 선행연구들에 의해 밝혀진 바 있다. 장애인 평생교육기관 실무자들 역시 향후 장애인 평생교육 활성화를 위한 정책 과제로 장애인 평생교육 프로그램 운영 방법의 개선을 절실히 요구하고 있다(김두영, 이경준, 2018; 김두영, 조창빈, 정해동, 2018; 조창빈, 정해동, 김두영, 2018).

장애인 평생학습권 보장을 위해서는 장애인 평생교육 프로그램의 양적 성장과 함께 질적 성장도 반드시 이루어져야 한다(조창빈, 김두영, 2018). 평생교육 프로그램의 질적 향상에 대한 요구는 곧 체계적이고 전문적인 평생교육에 대한 실천을 요구하며(김한별, 박소연, 2007), 이를 위해서는 지역적 특성을 고려한 프로그램과 프로그램 목표 달성을 위한 체계적인 교육과정을 마련해야 하며, 무엇보다 현장에서 교육을 담당하는 강사의 전문성 함양이 필수적으로 수반되어야 한다. 아무리 제도나 환경이 바뀌어도 교육의 질을 결정짓는 결정적인 존재는 결국 강사이기 때문이다(김두영, 정은경, 2016).

평생교육 현장에서 교육의 처음과 끝은 강사 한 사람, 한 사람에게 달려 있다는 것을 우리는 익히 경험적으로 알고 있다. 평생교육 강사의 전문성과 자질에 따라 프로그램의 질과 그 성패가 좌우될 뿐만 아니라 궁극적으로 평생교육의 풍토가 결정되기 때문에 평생교육 프로그램의 직접 교수자로서 강사의 역할은 매우 중요하다. 하지만 평생교육 강사의 경우 프로그램의 분야별 콘텐츠에 대한 전문성은 뛰어난 반면, 장애인 학습자에 대한 이해와 교육방법에 대한 전문성은 부족할 수밖에 없다. 따라서 평생교육 강사들의 장애인교육 전문성 및 역량을 강화하기 위한 교육을 제공하여 장애인 평생교육 강사를 양성할 필요가 있다.

장애인 평생교육 강사란 국가 및 지역의 장애인 평생교육 진흥을 위하여 평생교육 및 평생교육 지도방법에 대한 지식과 장애인의 신체적 · 심리적 특성에 대한 이해를 갖추고 평생교육 현장에서 장애인을 대상으로 프로그램을 운영하는 사람을 말한다. 장애인 평생교육 강사를 양성하기 위해서는 장애인에 대한 이해를 넓히고 장애인교육 관련 전문성을 함양시킬 수 있는 교육과정을 개발하여 제공해야 할 것이다. 장애성인의 학습과 관련된 인지, 기억, 전략 등 개별 학습자의 특성에 대한 지식과 그 특성에 맞추어 전문적인 교수학습 활동이 이루어지기 위해서는 장애인의 이해와 교육, 장애성인교육, 다양한 교수 방법론, 장애인의 보편적 인권 등과 같은 교육이 제공되어야 할 것이다(김석진 외, 2012).

또한 양성된 장애인 평생교육 강사들의 인력풀을 구축하고, 이들을 장애인 거주시설이나 농 · 산 · 어촌 등 소외지역, 혹은 장애인 가정에 파견하여 '찾아가는 장애인 평생교육 프로그램'을 운영하는 사업으로 연계하여 운영한다면 장애인 평생교육 프로그램의 질적 수준을 한층 끌어올리는 계기가 될 것이다.

4) 장애인 평생교육기관 컨설팅

장애인들은 평생교육 프로그램에 참여하기 위해 장애인복지관, 장애인 주간보호시설, 장애인 직업재활시설, 장애인 거주시설 등의 장애인 복지시설을 주로 이용하고 있다. 최근 장애인 평생교육의 필요성과 당위성이 제기되고 관련 법이 개정되면서 이들 장애인 복지시설이 장애인 평생교육기관으로서 주목받고 있다. 그간 장애인 복지시설은 국가가 장애인 평생교육의 책무를 다하지 못하는 동안 국가를 대신해 제도권 교육으로부터 소외되어 있는 성인 장애인들에게 다양한 평생교육 프로그램을 제공해 왔다. 다만, 장애인 복지시설은 그 설립 근거나 사업의 성격과 범위로 인해 평생교육기관으로서의 기능보다는 복지시설로서의 기능이 더 강하여 평생교육기관으로서의 전문성을 갖추지 못한 것이 사실이다. 게다가 직원의 대부분이 사회복지사이다 보니 평생교육적 정체성을 회복하는 것도 쉽지 않은 상황이다.

평생교육기관은 학습자의 이탈이 발생하지 않도록 일정한 성과를 제공하고, 학습을 지속할 수 있는 장치를 마련해야 하며, 교육서비스 질 개선을 통해 기관의 교육경쟁력을 강화해야 한다(윤지현, 김호연, 김두영, 2016). 하지만 장애인 복지시설의 대부분은 평생교육기관으로서의 전문성이 결여되어 지역 · 기관 자원을 극대화할 수 있는 평생교육 사업을 개발하고 추진하는데 어려움이 있으며, 지역과 이용인의 실태를 진단하고 기관의 성과를 분석하며 개선사항을 도출하기 위한 전문성이 부족한 것이 사실이다. 따라서 장애인 복지시설들이 평생교육기관으로서 전문성을 갖추고 기관 상황에 적합한 평생교육 사업을 추진할 수 있는 실행력을 갖출 수 있도록 지원하기 위해서는 관련 전문가들의 컨설팅이 절실히 필요하다.

장애인 평생교육기관 컨설팅 지원 사업은 장애인 복지시설을 포함한 장애인 평생교육기관의 자원을 극대화하고 기관의 요구에 기반한 구체적인 평생교육 사업의 방향과 방법에 대한 컨설팅을 제공하는 것으로, 장애인 평생교육기관의 평생교육 실행력을 강화하는 데 목적이 있다. 이를 위해 평생교육 전문가, 장애인교육 전문가, 장애인복지 전문가 등으로 장애인 평생교육 컨설팅 위원을 구성하고, 컨설팅을 희망하는 기관에 5~6회 정도 방문하여 컨설팅을 진행할 수 있다.

서울시평생교육진흥원은 이미 오래 전부터 평생교육 컨설팅 지원 사업을 추진해 오고 있으며, 2020년부터는 별도로 장애인 평생교육기관 컨설팅 지원 사업을 전개하고 있다. 서울시평생교육진흥원의 평생교육 컨설팅 지원사업의 성과보고서 등을 참고하면 사업의 전개 과정을 파악할 수 있을 것이다.

3 장애인에 의한 교육

1) 장애인 동아리 활성화

앞서 언급한 바와 같이 장애인 평생교육은 장애인 복지시설에서 주로 이루어지고 있기 때문에 장애인 학습자 개인의 선택보다는 공급자인 장애인 복지시설의 프로그램 운영 시간에 맞추어 참여하고 있는 상황이다. 하지만 장애인 평생교육이라고 해서 그 형태와 유형에 제약이 있는 것은 아니며, 장애인 학습자의 선택과 요구에 따라 다양한 형태로 장애인의 삶 전반에 걸쳐 지속적으로 지원해야 한다. 즉, 장애인 평생교육기관이라는 공간 제약과 프로그램 운영 시간이라는 시간 제약에서 벗어난 또 다른 형태의 다양한 평생교육 환경 구축이 필요하다.

현재 많은 지자체에서 시민 주도적 학습동아리 발굴 및 지원을 통해 시민이 주도하는 평생학습도시 구축을 도모하고 있으며, 이를 통해 국가 및 평생교육 기관 등이 운영하는 평생교육 프로그램을 매개로 하는 공급자 중심의 평생교육 문화에서 학습자가 구성하고 운영하는 평생교육 형태를 매개로 하는 수요자 중심의 평생학습 문화를 구축하기 위해 노력하고 있다. 이를 위해 지자체별로 다양한 학습동아리 발굴 및 지원 사업을 전개하고 있다.

장애인들 역시 장애유형별로 다양한 학습동아리를 조직해 학습하고 소통하며 공통 관심 영역의 자기계발을 위해 노력하고 있다. 특히 장애인 생활체육 동호회 활동은 매우 활발하게 전개되고 있다. 지체장애인 휠체어농구 동호회나 파크골프 동호회, 시각장애인 축구나 골볼 동호회 등이 대표적이다. 생활스포츠 뿐 아니라 시각장애인 독서토론 모임이나 청각장애인 수어문학 모임, 발달장애인 밴드 동아리 등 다양한 형태의 장애인 동아리 활동이 이루어지고 있다. 하지만 대부분의 장애인 동아리들은 지자체에서 운영하는 우수 학습동아리 지원 사업에서 제외되어 있거나 지원 규모가 지나치게 작아 실제 운영에 큰 도움이 되지 못하는 경우가 많다.

학습동아리에서 이루어지는 활동은 매우 다양하다. 사실 일정한 공간에 모여 앉아서 공부하고 토론하는 등의 정적인 동아리는 극히 일부분이다. 대부분의 학습동아리는 실천성을 강조하며 지역사회 전체를 무대로 뛰어다니며 활동하기 때문에 풍부한 자료와 매체를 필요로 하는 경우가 많다(김한별, 2014). 특히 장애인 학습동아리는 시각장애인용 축구공, 골볼, 탁구대와 탁구공, 지체장애인 농구 경기용 휠체어 등 고가의 도구와 이동수단, 시설 이용료, 식비 등이 절실히 필요하다. 대부분의 경우 학습동아리 활동에 대한 재정적 지원이 이루어지고 있으나, 장애인 학습동아리 운영에는 다양한 비용이 추가로 요구된다.

2020년 장애인 생활체육 실태조사(문화체육관광부, 2020)에서도 운동 시 가장 필요한 사항에 대해 47.6%가 비용 지원이 필요하다고 응답했다. 이제 지역사회의 다양한 장애인 학습동아리를 발굴해 내고, 이들의 활동을 충분히 보장할 수 있는 재정, 공간, 시설 등의 지원을 통해 장애인이 주도하는 장애인 중심의 평생학습 문화를 조성할 필요가 있다.

2) 발달장애인 자조모임 활성화

발달장애 성인의 삶의 질을 결정짓는 3가지 요소는 성, 자기 결정, 평생교육이라고 한다. 하지만 그동안 발달장애인은 스스로 판단하고 결정할 수 있는 주체이기보다는 가족이나 주변의 보호와 감독을 받아야 하는 대상으로 생각되어 왔다. 이로 인해 발달장애인의 자기 결정 기회와 범위는 매우 협소했으며 사회구성원으로서 영위해야 하는 사회적 기회도 박탈되어 왔다. 이러한 문제를 인식하고 최근에는 발달장애인의 자기 결정과 자기옹호 개념을 강조하면서 다양한 형태의 발달장애인 자조모임을 구성하여 활동해 나가는 추세이다.

일반적으로 자조모임은 공통의 문제나 삶의 특별한 욕구를 가진 사람들이 모여서 당사자 간의 지지와 도움을 구하고 함께 문제나 욕구를 해결하고, 지역사회의 자원을 공유하는 모임을 말한다. 자조모임은 전문가 중심의 서비스 제공에 대한 불신에서 소비자 중심주의로 전환되어 공통의 목표를 실현하기 위한 자발적인 당사자 활동이라 할 수 있다. 특히 발달장애인 자조모임은 발달장애인에게 있어서 참여와 동등한 기회를 실현하는 권리보장의 장이 될 수 있다. 또한 발달장애인은 자조모임을 통해 양적 · 질적 상호작용과 자기표현의 기회를 제공받을 수 있고, 지역사회 생활에 참여하여 사회통합을 매개할 수 있으며, 장애로 인하여 경험하지 못했던 것을 할 수 있는 가능성의 기회를 부여받을 수 있다(최복천, 성명진, 조윤경, 백정연, 2014).

따라서 발달장애인들이 독자적인 형태의 자조모임을 결성하고 운영할 수 있도록 평생교육 차원의 지원이 필요하다. 발달장애인 자조모임을 활성화하기 위해서는 자조모임을 위한 공간 확보, 자조모임 당사자들을 대상으로 리더교육 실시, 발달장애인 자조모임 조력자의 양성과 교육, 발달장애인 자조모임 운영을 위한 재정지원 등이 요구된다.

3) 장애인 인권강사 양성 및 파견

장애인 평생교육의 궁극적인 목적은 장애인 학습자의 전 생애에 걸친 교육적 지원을 통해 장애인 학습자가 통합된 사회에 적응하여 살아갈 수 있도록 지원하는 것에 있으며, 이를 위해서는 장애인 당사자의 자립 생활 능력뿐 아니라 장애인 주변 환경 및 사회 전체의 인식 · 제도 · 환경의 변화와 발전이 요구된다. 장애인 누구나, 언제, 어디서나 평생학습의 기회를 누릴 수 있는 복지사회 구현을 위해서는 무엇보다 모든 사회 구성원을 대상으로 장애인 인권, 장애인식 개선, 장애이해교육 등이 이루어져야 한다.

최근 증가하는 장애인 인권 관련 교육 수요에 맞춰 다양한 대상자들에게 적합한 장애인 인권교육을 전문적으로 교육할 수 있는 '장애인인권교육 전문강사 양성과정'이 곳곳에서 진행되고 있으며, 신규강사 양성교육과 인권 강사 심화교육도 실시되고 있다. 그러나 이러한 형태의 교육은 대부분 단기간의 집합교육이나 사이버교육 형태로 이루어지고 있어, 보다 체계적인 인권강사 양성과정이 마련될 필요가 있다.

뿐만 아니라 장애인 인권 강사 양성은 장애 당사자가 인권 강사로서 역할을 수행할 수 있는 장애인 당사자 인권 강사 양성도 필요하다. 장애인 당사자가 '대상'이 아닌 '주체'로서의 역할을 담당해야 하며 당사자가 직접 프로그램을 운영하는 주체가 될 수 있어야 한다. 따라서 국가와 지자체는 향후 확대되어야 하는 장애인 평생교육 관련 정책의 흐름에 맞추어 모든 사회 구성원을 대상으로 하는 장애인 인권교육 강사 양성 및 파견 사업을 구축해야 할 것이며, 효율적이고 효과적인 운영을 위해 장애인 당사자가 강사로 활동할 수 있도록 체계적인 양성과정을 제공할 필요가 있다.

연구과제

1. 장애인을 위한 평생교육 과제를 실천할 수 있는 구체적인 절차와 방법을 논의해 봅시다.
2. 장애인을 위한 기타 평생교육 과제를 생각해 보고, 정리하여 발표해 봅시다.
3. 장애인에 관한 평생교육 과제를 실천할 수 있는 구체적인 절차와 방법을 논의해 봅시다.
4. 장애인에 관한 기타 평생교육 과제를 생각해 보고, 정리하여 발표해 봅시다.
5. 장애인에 의한 평생교육 과제를 실천할 수 있는 구체적인 절차와 방법을 논의해 봅시다.
6. 장애인에 관한 기타 평생교육 과제를 생각해 보고, 정리하여 발표해 봅시다.

참고문헌

강대중 (2010). 민과 관이 협력하여 배움이 꽃피는 마포. 시민교육. 민주화운동기념사업회, 2. pp. 8~13.

강순원, 김윤태, 김정환, 박경석, 이미정 (2011). 서울형 장애성인 평생교육 운영 모형 개발. 서울: 서울특별시교육청.

강창현 (2001). 사회복지서비스 공급네트워크에 관한 연구: 서울시 노인지역사회보호서비스의 정부 · 시장 · NGO간 협력을 중심으로. 연세대학교 대학원 박사학위논문.

경기도평생교육진흥원 (2014). 경기도 평생학습 행복지수 분석. 수원: 경기도평생교육진흥원.

경기도평생교육진흥원 (2015). 2015 경기도민 평생학습 참여실태조사. 경기: 저자.

경기도평생교육진흥원 (2015). 경기도 평생학습 행복지수 활용방안 연구. 수원: 경기도평생교육진흥원.

고영상, 심명인, 이은주, 이미나 (2011). 시도-시군구 평생교육원 연계체제 구축 방안 연구. 서울: 평생교육진흥원.

고영화 (2011). 대학평생교육 프로그램 분류체계와 특성분석. 동의대학교 대학원 박사학위논문.

곽승철, 임경원, 노진아, 이유리 (2010). 장애인 평생교육 활성화 방안. 충남: 충청남도교육청.

곽지혜 (2011). 학교-지역사회 네트워크 중심의 장애인 평생교육 프로그램에 관한 연구. 단국대학교 대학원 박사학위논문.

교육과학기술부(2008). 제3차 특수교육발전 5개년 계획('08~'12). 서울: 저자.

교육과학기술부(2008a). 제3차 특수교육발전 5개년 계획('08~'12). 서울: 저자.

교육과학기술부(2008b). 평생교육진흥 기본계획(2008-2012). 서울: 저자.

교육과학기술부(2010). 2011 특수교육 연차보고서. 서울: 저자.

교육과학기술부, 평생교육진흥원 (2008). 2008 평생교육백서. 서울: 저자.

교육과학기술부, 평생교육진흥원 (2008). 2008 평생교육백서[제11호]. 서울: 저자.

교육과학기술부, 평생교육진흥원 (2012). 세계시민 육성을 위한 가정 · 학교 · 사회 연계체제 구축전략. 서울: 평생교육진흥원.

교육부 (2016). 2016 특수교육 연차보고서. 세종: 저자.

교육부 (2018). 2018년도 장애인 평생교육 진흥을 위한 시행 계획. 서울: 저자.

교육부 (2019). 2020년 장애인 평생교육 진흥 시행계획. 세종: 저자.

교육부 (2021). 2021 특수교육통계. 세종: 교육부.

교육부(1998). 평생교육백서. 서울: 저자.

교육부, 국가평생교육진흥원 (2013). 2011 · 2012 평생교육백서 [제14 · 15호 합본]. 서울: 저자.

교육부, 국가평생교육진흥원 (2013). 2013 평생교육백서. 서울: 저자.

교육부, 한국교육개발원(2019). 2019 평생교육통계 자료집. 서울: 저자.

교육인적자원부 (2002). 평생학습진흥종합계획. 서울: 저자.

교육인적자원부 (2003). 제2차 특수교육발전 5개년 계획('03~'07). 서울: 저자.

교육인적자원부, 한국교육개발원 (2006). 2006 평생교육백서. 서울: 저자.

국가인권위원회 (2009). 장애인차별금지법 이행 가이드라인. 서울: 저자.

국가평생교육진흥원 (2015). 2015년 성인문해교육 지원사업 운영 보고서. 서울: 저자.

국립국어원 (2008). 국민의 기초문해력조사. 서울: 저자.

국립특수교육원 (2010). 평생교육백서. 아산: 국립특수교육원.

국립특수교육원 (2016). 장애학생 평가조정 매뉴얼. 아산: 국립특수교육원.

국립특수교육원 (2020). 2020 장애인 평생교육 현황조사. 아산: 국립특수교육원.

권두승, 조아미 (2001). 평생학습사회 실현을 위한 성인학습 및 상담. 서울: 교육과학사.

권양이 (2013). 청소년 프로그램 개발과 평가. 서울: 박영사.

권정숙, 정여주 (2017). 장애성인 평생교육 활성화를 위한 장애인복지관 사회복지사의 역량. 예술인문사회 융합 멀티미디어 논문지, 7(10), 513-520.

기영화 (2001). 평생교육 프로그램 개발. 서울: 학지사.

김경렬 (2012). 발달장애 아동의 학령기 이후 교육 참여에 관한 학부모 심층면담. 발달장애연구, 16(2), 1-21.

김기룡 (2011). 학교형태의 '장애인 평생교육시설' 발전방안. 학교형태의 장애인 평생교육시설 발전방안 공청회 자료집, 27-70. 서울: 전국장애인야학협의회, 전국장애인교육권연대, 국회의원 안민석, 국회의원 이상민 의원실.

김기룡 (2016). 발달장애인 평생교육 제공인력의 배치와 교육. 한국장애인평생교육 · 복지학회 제2회 학술대회 자료집, 99-120.

김기룡, 김치훈, 윤진철, 이혜영 (2014). 장애성인을 위한 대학중심 평생교육에 관한 설문조사 결과보고서. 서울: (사)전국장애인부모연대.

김기룡, 이경준, 나경은, 박명신, 박미진(2020). 충청남도 장애인 평생교육 현황조사 및 실태분석 연구. 충남: 충청남도평생교육진흥원.

김기홍 (2001). 평생교육기관 운영 실태 조사. 서울: 한국교육개발원.

김두영 (2013). 장애인 평생교육 프로그램 분류체계 연구. 단국대학교 대학원 박사학위논문.

______ (2015). 장애인 평생교육 관련 선행연구 고찰. 장애인 고등교육 연구, 1(1), 21-41.

______ (2016). 시각장애성인의 생애주기별 인구사회학적 특성 및 교육 · 복지 욕구 분석. 시각장애연구, 32(2), 27-48.

______ (2018). 장애인복지관 문화예술교육 담당자가 인식하는 관리자의 리더십이 직무태도 및 운영성과에 미치는 영향. 재활복지, 22(3), 93-114.

______ (2021). 장애성인의 문화예술교육 프로그램 만족도가 평생학습 행복지수에 미치는 영향. 예술교육연구, 19(2), 35-51.

______ (2022). 한국 장애인 평생교육 정책의 발전과정에 관한 연구. 평생교육학연구, 28(3), 229-260.

김두영 외 (2021). 지역기반 일자리 연계 프로그램. 아산: 국립특수교육원.

김두영, 강명희, 김대규 외 (2021). 지역기반 장애인 평생교육 프로그램 개발 결과보고서. 아산: 국립특수교육원.

김두영, 강명희, 김호연, 박원희, 박애스더, 이경준, 이정미(2017). 경기도 장애인 평생교육 실태분석 및 정책방향 연구. 수원: 경기도평생교육진흥원.

김두영, 강명희, 박애스더, 조창빈 (2018). 장애유형별 문화예술교육 프로그램 운영현황 및 요구조사 연구. 서울: 한국장애인복지관협회.

김두영, 고등영 (2016). 발달장애인 평생교육 프로그램의 영역별 중요도에 대한 부모의 인식. 특수교육연구, 23(2), 241-258.

김두영, 김미아 (2015). 장애인야학 교사 및 학습자의 교육만족도 분석 -전라북도 장애인 야학을 중심으로-. 장애인평생교육 · 복지연구, 1(2), 1-23.

김두영, 김호연 (2017). 평생교육법령 등록기관의 장애성인 평생교육 프로그램 공급 현황 및 패턴 분석 -2011~2015 평생교육통계 자료를 중심으로-. 통합교육연구, 12(1), 189-209.

김두영, 김호연, 박원희 (2014). 장애인복지관 평생교육 프로그램 개설정향성 분석. 특수교육학연구, 48(4), 359-383.

김두영, 김호연, 신민선, 오은경, 이예다나, 조창빈 (2019). 서울시 장애인 평생교육 지원 방안 연구. 서울: 서울특별시평생교육진흥원.

김두영, 류재연, 조창빈 (2020). 장애성인의 사진, 음악, 문학 프로그램 만족도 및 요구.

특수교육학연구, 55(2), 217-236.

김두영, 박미진, 정진숙 (2016). 2016「평생교육법」 개정에 따른 장애인 평생교육의 발전 과제. 장애인 고등교육 연구, 2(2), 175-195.

김두영, 박애스더, 이경준 (2018). 장애인 평생교육 프로그램 공급 현황 및 패턴 분석-경기도를 중심으로-. 특수교육연구, 25(1), 23-48.

김두영, 박원희 (2013). 장애인야학 평생교육 프로그램 개설정향성 분석. 특수교육저널: 이론과 실제, 14(4), 1-25.

김두영, 박원희 (2014). 장애인야학의 운영 현황 및 발전 방안. 특수교육저널: 이론과 실천, 15(2), 311-339.

김두영, 박원희, 김호연 (2013). 일반교육학 분야와 특수교육학 분야의 평생교육 연구 동향 분석. 특수교육학연구, 47(4), 251-274.

김두영, 박인용, 박미진, 윤지현, 조창빈 (2015). 발달장애인 평생교육센터 운영에 관한 부모의 요구 -서울특별시를 중심으로-. 서울: (사)함께가는 서울장애인부모회.

김두영, 이경준 (2018). 장애인 평생교육기관 종사자의 평생교육 인식 및 요구 -경기도내 기관 종사자를 대상으로-. 특수교육학연구, 53(1), 23-47.

김두영, 이상진, 김호연 (2018). 장애인복지관 평생교육 프로그램 공급 패턴 분석. 재활복지, 22(1), 1-26.

김두영, 정은경 (2016). 장애인야학 교사의 교육정향성 분석. 특수교육학연구, 51(2), 221-238.

김두영, 조창빈 (2021). 당진시 장애인 평생교육 지원방안 수립 연구. 충남: 당진시

김두영, 조창빈, 정해동 (2018). 장애인복지관 평생교육 담당자의 평생교육 인식 및 요구. 특수교육연구, 25(2), 207-229.

김미아 (2016). 장애인야학 학습자의 평생교육 프로그램 참여 동기 및 만족도. 한일장신대학교 기독교사회복지대학원 박사학위논문.

김미아, 김두영 (2017). 장애인야학 학습자의 평생교육 프로그램 참여 동기 및 저해 요인. 특수교육학연구, 51(4), 1-20.

김민호 (2000). 시민사회단체 주도 평생교육활동 법제화의 의미. 평생교육학연구, 6(1), 263-288.

김봉옥 (2009). 성인기혼여성학습자의 생활사건 경험과 교육 참여 동기와의 관계에 관한 연구. 고려대학교 교육대학원 석사학위논문.

김석진, 정인숙, 최기상, 구본경, 이경아, 이해영, 한효정, 이대식, 정은영 (2012). 장애성인 문해교육 지원방안 연구. 아산: 국립특수교육원.

김성기 (2011). 학력인정제도 및 관련법제의 국제 비교 연구. 교육법학연구, 23(1), 63-83.

김성희, 변용찬, 손창균, 이연희, 이민경, 이송희, 강동욱, 권선진, 오혜경, 윤상용, 이선우 (2011). 2011년 장애인 실태조사. 서울: 보건복지가족부, 한국보건사회연구원

김성희, 오욱찬, 오다은, 황주희, 오미애, 김지민, 이연희, 강동욱, 권선진, 백은령, 윤상용, 이선우 (2020). 2020년 장애인 실태조사. 서울: 보건복지가족부, 한국보건사회연구원.

김성희, 이연희, 오욱찬, 황주희, 오미애, 이민경, 이난희, 오다은, 강동욱, 권선진, 오혜경, 윤상용, 이선우 (2017). 2017년 장애인 실태조사. 세종: 보건복지가족부.

김성희, 이연희, 황주희, 오미애, 이민경, 이난희, 강동욱, 권선진, 오혜경, 윤상용, 이선우 (2017). 2017년 장애인 실태조사. 서울: 보건복지가족부, 한국보건사회연구원.

김영석 (2012). 성인 학습자의 교육 참여 및 학습 동기 연구 경향 분석. Andragogy today, 15(1), 31-62.

김영일, 강민희, 배영주 (2017). 2017 광주광역시 장애인 평생학습 실태조사. 광주: 광주평생교육진흥원.

김영준, 강경숙 (2019). 발달장애인의 직업특수교육 융합 평생교육과정 구성 모델 개발. 인문사회21, 10(2), 743-754.

김용득 (2000). 생애주기와 장애인복지서비스. 노틀담복지관 개관 13주년 기념세미나 자료집.

김윤태, 김성애, 박찬웅, 김윤덕, 김은주, 박은영, 김정숙, 김병철 (2009). 전북지역 중증장애인을 위한 평생교육원 설립 및 운영에 관한 연구. 전북: 전라북도교육청.

김일명, 김원경, 조홍중, 허승준, 추연구, 윤치연, 박중휘, 이필상, 문장원, 서은정, 유은정, 김자경, 이근민, 김미숙, 김종인, 이신동 (2013). 최신특수교육학. 서울: 학지사.

김정재, 이상로, 송민경, 구미영, 도지영, 서은경, 최복천, 김기룡 (2009). 경상남도 장애인 평생교육 실태 및 지원방안 연구. 경남: 경상남도교육연구정보원.

김종서, 김신일, 한숭희, 강대중 (2009). 평생교육개론. 경기: 교육과학사.

김종윤, 오소영, 최지현, 조대연 (2020). 평생직업교육에 대한 요구분석과 정책제안 연구 -경기도 평생직업교육 현황을 중심으로-. 평생교육학연구, 26(2), 161-184.

김진화 (2001). 평생교육 프로그램개발론. 서울: 교육과학사.

______ (2010). 평생학습 계좌사업을 위한 한국 평생교육 프로그램 분류 지침. 평생교육진흥원 수탁연구 CR 2009-2(수정판).

김진화, 고영화 (2009). 평생교육 프로그램 분류체계 연구. 서울: 평생교육진흥원.

김진화, 고영화 (2009). 평생교육 프로그램 분류체계 연구. 평생교육진흥원 수탁연구 CR 2009-2.

김진화, 이경아, 양병찬, 변종임, 김만희, 박상옥 (2011). 평생교육기관 분류체계 수립 연구. 서울: 평생교육진흥원.

김창환 (2007). 2007 평생교육 프로그램 분류 자료집. 서울: 한국교육개발원.

김태영(2014). 고교 학업중단 병사의 학력보완을 위한 학습참여에 관한 연구. 숭실대학교 교육대학원 석사학위논문.

김학만, 천지은, 이주경, 김종숙(2017). 2017 세종시 장애인 평생학습 실태조사. 세종: 세종특별자치시평생교육진흥원.

김한별 (2014). 평생교육론 2판. 서울: 학지사.

김한별, 박소연 (2007). 대학 평생교육사 양성과정 이수자의 학습경험 탐색. 한국평생교육학회, 13(2), 75-92.

김호연, 김두영, 홍재영, 김해동 (2014). 시각중복장애학생 고등 · 평생교육 기반 구축 방안 연구. 세종: 교육부.

나애노, 김두영 (2017). 발달장애인평생교육센터 운영 현황 및 발전 방안-서울특별시를 중심으로-. 장애인평생교육 · 복지연구, 3(1), 32-64.

나일수 (2002). 르네상스 인문학과 인문교육. 교육철학, 28, 29-51.

류재연 (2017). 통합교육 실천을 위한 발달장애인 부모의 평생교육 참여 저해 요인 분석. 통합교육연구, 12(1), 145-162.

류정무, 이강현 (1990). 스포츠 심리학. 서울: 믿음사.

명소연, 김두영 (2017). 발달장애인 자녀를 둔 부모의 평생교육 인식 및 참여 실태. 특수교육저널: 이론과 실천, 18(3), 1-23.

명소연, 한경근, 장철승 (2018). 지방자치단체 장애인 평생교육 관련 조례 분석 연구. 특수교육저널: 이론과 실천, 19(2), 1-24.

문정수 (2010). 지역평생교육정보센터의 사회 네트워크 특성 분석. 중앙대학교 대학원 박사학위논문.

문화체육관광부 (2020). 2020년 장애인 생활체육 조사 결과보고서. 세종: 문화체육관광부.

박경실, 전기선, 진규동, 한우섭, 최영준, 김대식, 김주섭, 송민열, 신재홍, 최용범 (2013). 평생교육론 3판. 서울: 학지사.

박광옥, 전주혜, 박용민, 정현주, 황주희, 박희찬 (2012). 장애인복지관 직업재활서비스

원가분석 연구. 직업재활연구, 22(2), 139-158.

박상옥, 유성상, 현영섭, 리상섭, 박소연 (2009). 평생교육 정책 사업 성과분석 연구: 2009년도 소외계층 평생교육 프로그램 지원 사업을 중심으로. 평생교육 · HRD 연구, 6(3), 131-159.

박성숙 (2005). 장애인의 평생교육 실태 및 개선 방안에 관한 연구. 서강대학교 교육대학원 석사학위논문.

박승희 (2004). 대학부설 평생교육원의 발달장애인을 위한 성인교육 프로그램의 개관 및 효과. 특수교육학연구, 39(1), 39-75.

박연숙 (2006). 지역 평생교육기관 담당자의 평생교육 인식 및 평생교육네트워크 실태 분석. 계명대학교 교육대학원 석사학위논문.

박영수, 박덕수 (2017). 학력인정 문해교육 프로그램에 대한 학습자와 교사의 인식 분석을 통한 쟁점 고찰. 국가정책연구, 31(1), 211-232.

박원희 (2002). 중도 · 중복 장애인 여가활동 프로그램의 방향: 평생학습차원을 중심으로. 중앙대학교 대학원 박사학위논문.

박은송 (2010). 중도 지체장애학생의 교육과정 개발을 위한 생태학적 목록의 영역과 우선순위. 중도 · 지체부자유아학회, 53(2), 23-41.

박인용 (2007). 한국사회 장애인 부모운동 연구: 장애인교육권연대를 중심으로. 한신대학교 사회복지대학원 석사학위논문.

박재국, 김혜리, 민영성, 이충렬, 박유정, 서보순, 김은라, 정인숙, 김석진 (2013). 장애성인 평생교육 전문 인력 수급을 위한 법령 및 제도 개선 연구. 아산: 국립특수교육원.

박진영, 박분희 (2005). 도서지역 여성의 평생교육참여 저해요인 분석. 평생교육학연구, 11(3). 25-53.

박해룡, 강성구, 김석진, 김선미, 김종무, 김태준, 노선옥, 신동인, 안상권, 안수경, 우이구, 이영숙, 이정현 (2014). 2014 특수교육 실태조사. 아산: 국립특수교육원.

배은영 (2007). 지역사회복지 네트워크 활성화 방안에 관한 연구: 인천광역시 사회복지관을 중심으로. 인하대학교 대학원 박사학위논문.

백령, 권영욱, 김태황, 박숙경, 윤상용 (2005). 장애인 문화예술교육 종합계획 수립을 위한 기초연구. 서울: 한국문화예술교육진흥원.

백은희, 곽승철, 전병운, 김종인 (1999). 성인장애인을 위한 평생교육 정책 및 프로그램 개발 기초 연구. 서울: 교육인적자원부.

백정기, 조창빈, 김두영 (2020). 장애인복지관 종사자의 직무만족도 분석: 평생교육 직무를 중심으로. 재활복지, 24(1), 49-69.

변용찬, 김성희, 윤상용, 권선진, 조홍식, 조성열, 강종건, 최승희(2006). 생애주기별 장애인의 복지 욕구 분석 연구. 서울: 한국보건사회연구원.

변용찬, 김성희, 윤상용, 최미영, 계훈방, 권선진, 이선우 (2006). 2005년도 장애인 실태조사. 서울: 보건복지가족부, 한국보건사회연구원.

보건복지가족부(2008). 「장애인차별금지 및 권리구제 등에 관한 법률」 해설서. 서울: 저자.

서순영 (2005). 성인학습자의 주민자치센터 평생교육 프로그램 만족도 분석. 숭실대학교 대학원 석사학위논문.

성낙돈, 김창엽 (2011). 평생교육 프로그램 개발론. 서울: 청목출판사.

손동현 (2006). 인문교양교육의 의미와 과제. 인문과학, 37, 203-231.

손희권 (1999). "능력에 따라 균등하게 교육을 받을 권리"에 관한 헌법재판소 판례분석. 교육행정학연구, 17(2), 185-207.

송소현, 김영미, 김영표, 나홍주, 박재국, 정해동 (2011). 특수학교 기반 발달장애성인 평생교육지원 모형 개발. 아산: 국립특수교육원.

신보희, 안성우, 신창숙 (2014). 장애성인 문해교육 학습자의 학습동기 특성-학업적 자기효능감과 학업적 실패내성 중심으로-. 지체 · 중복 · 건강장애연구, 57(3), 277-295.

심익섭 (2001). 시민참여와 민주시민교육. 한독사회과학논총, 11(2), 51-79.

안광식, 최완식, 이영민 (2007). 교사가 인식하는 공업계 고등학생들의 직업기초능력에 대한 교육요구도. 한국기술교육학회지, 7(3), pp. 31~47.

양명희 (2013). 문해교육의 개념과 내용 분석 연구. 인문연구, 67, 319-347.

양병찬 (2000). 지역사회 평생교육 공동체 구축을 위한 네트워크 전략. 서울: 한국교육개발원.

양수산, 김완진 (1998). 개정판 법학통론. 서울: 세창출판사.

양은아 (2009). 대중인문학교실 참여 학습자의 학습활동과 경험적 변화에 관한 연구. 평생교육학연구, 15(4), 35-74.

양은아 (2010). 왜 인문학에 끌리는가?: 문화 · 학습 · 실존의 끌개경험으로서 인문학습의 의미. 교육인류학연구, 13(1), 31~68.

양희택, 박종엽 (2012). 경기도 발달장애인 생애주기별 복지욕구 연구. 경기: 경기복지재단.

염철현 (2009). 학력인정의 다양화 방안을 위한 법제화 연구. 서울 : 교육과학기술부.

오혜경 (1999). 장애인과 사회복지 실천. 서울: 아시아미디어리서치.

유네스코 한국위원회 (1973). 평생교육발전세미나보고서.

유승우 (2005). 사회에서의 시민교육 -교육의 과정 되돌아보기. 인문사회과학연구, 12, 87-118.

윤영님 (2005). 카톨릭교회 평생교육 프로그램 참여자의 참여 동기와 만족도 분석. 고려대학교 대학원 석사학위논문.

윤점룡, 양종국, 원성옥, 강병호, 정인숙 (2010). 성인발달장애인의 평생교육 모형 연구. 아산: 국립특수교육원.

윤지현, 김호연, 김두영 (2016). 발달장애 자녀의 평생교육 프로그램 참여 동기와 만족도에 대한 부모 인식 분석. 특수교육학연구, 51(1), 129-151.

이기환 (2003). 평생교육학습자의 참여동기와 만족도: 관공서의 평생교육을 중심으로. 대구대학교 대학원 박사학위논문.

이명준 (2000). 인문교육과 평생교육의 철학적 근거와 의미. Andragogy Today, 3(3), 127~152.

이미숙, 구신실, 노진아, 박겨옥, 서선진 (2016). 예비교사를 위한 특수교육학 개론 2판. 서울: 학지사.

이병인, 김두영, 이경준, 이상진, 조창빈 (2018). 장애인 평생교육기관 간 연계체제 구축 및 활성화 방안 연구. 아산: 국립특수교육원.

이석진 (2005). 한국 특수교육정책 발전과정에 관한 연구. 공주대학교 대학원 박사학위논문.

이석진, 이승진 (2015). 성인 평생학습자의 교육 참여 동기와 교육만족도에 관한 메타분석. 평생학습사회, 11(4), 165-193.

이영대, 임언, 이지연, 최동선, 김나라 (2004). 생애단계별 진로교육의 목표 및 내용 체계 수립. 서울: 교육인적자원부.

이영선, 이현주, 구정아, 정평강 (2018). 인천 장애인 평생교육 실태조사 및 요구조사. 인천: 인천평생교육진흥원.

이윤조, 김정은, 이경화, 김진화 (2016). 경기도 평생교육 프로그램 6대 영역 분석 연구-평생교육법 기준으로-. 수원: 경기도평생교육진흥원.

이은미, 백은령, 오혜경 (2012). 성인초기 장애여성의 발달과업과 욕구. 재활복지, 12(3), 171-202.

이재은 (2016). 학력인정제도를 수용한 민간문해교육기관 운영의 변화양상에 관한 연구. 동의대학교 대학원 석사학위논문.

이정미, 배현숙 (2015). 대구시 장애인 평생학습 실태조사. 대구: 대구평생교육진흥원.

이준상 (2012). 시각장애노인의 생활만족도에 영향을 미치는 요인. 시각장애연구, 28(2), 211-228.

이지연, 한상근, 최동선 (2003). 생애단계별 진로지도 활성화를 위한 기관간 연계체제 구축방안. 서울: 교육인적자원부.

이지혜, 채재은 (2015). 성인문해 학력인정제도의 가능성과 한계: 중학문해과정 학습자의 경험을 중심으로. 평생학습사회, 11(3), 59-84.

이필상 (2010). 장애학생을 위한 문화예술교육의 필요성에 관한 소고. 한국청각 · 언어장애교육연구, 1(1), 125-147.

이해주 (2002). NGO와 사회교육의 연계를 위한 탐색. 평생교육학연구, 8(2), 219-241.

이해주, 윤여각, 전도근 (2004). 평생교육사 현장실습의 이론과 실제. 서울: 지식의 날개.

이헌태 (2002). 학력인정 평생교육시설학교 교육의 문제점 및 개선방안에 관한 연구. 경희대학교 교육대학원 석사학위논문.

이현청 (1993). 학습하는 사회. 신교육 모음 5. 서울: 배영사.

이혜영, 김국현, 이종태, 김성기 (2009). 학력인정제도 개선 방안 연구. 서울 : 한국교육개발원.

이화정, 양병찬, 변종임 (2014). 평생교육 프로그램 개발의 실제. 서울: 학지사.

이희수 (2005). 평생학습 지원 추진기구 혁신 방안 연구. 서울: 한국교육개발원.

이희수, 조순옥 (2007). 「Learning to be」 와 「Recurrent Education」에 대한 비교. 평생교육학연구, 13(4), 203-230.

임경원, 이유리, 곽승철 92010). 장애성인 평생교육기관의 실태 및 개선방안. 정서 · 행동장애연구, 26(4), 207-247.

임영희, 안주영, 권인탁 (2012). 대학 평생교육원 프로그램 참여자의 참여 동기, 프로그램 만족도, 행복감과의 구조관계 분석. 한국HRD연구, 72(1), 45-66.

임은주, 최승숙 (2013). 발달장애학생의 대학기반 중등이후 교육 프로그램 실행에 대한 관계자의 인식 및 현황 분석. 지적장애연구, 15(3), 263-285.

임철 (2005). 학력인정평생교육시설의 발전방안 연구. 한국교원대학교 교육정책대학원 석사학위논문.

장병원 (2010). 평생교육 활성화를 위한 연계협력 운영체제 방안 연구. 한국교원대학교 교육정책전문대학원 석사학위논문.

장철승, 김두영 (2017). 지체장애인의 휠체어농구 동호회 참여 동기 및 저해요인. 재활복지, 21(1), 279-299.

장혜경 (2010). 지역사회 내 평생교육기관 간의 네트워크 활성화 방안 -서울특별시 도봉구를 중심으로-. 덕성여자대학교 교육대학원 석사학위논문.

전국장애인야학협의회 (2008). 제1회 전국장애인야학활동가 워크숍 자료집. 서울: 저자.

전명수 (2013). 노인 평생교육 참여 동기유형이 성공적 노화에 미치는 영향: 교육만족도의 매개효과. 호서대학교 벤처전문대학원 박사학위논문.

정동영 (2004). 장애인 평생교육: 장애성인 교육의 현황 · 과제 및 대책. 장애인교육권 보호 · 향상을 위한 3차 토론회 자료, 43-68. 서울: 국가인권위원회.

정동영, 정동일, 정인숙 (2003). 장애인 평생교육 관계자의 요구분석을 통한 장애인 평생교육 지원방향 탐색. 특수교육, 2(1), 5-35.

정동영, 정동일, 정인숙 (2003). 장애인 평생교육 실태 및 개선 방안 연구. 안산: 국립특수교육원.

정동일 (2006). 장애성인의 학교교육 실태와 개선 방안. 장애인 평생교육 실태 파악 및 개선 방안마련을 위한 토론회 자료집, 8-35. 서울: 전국장애인야학협의회, 안민석 의원실.

정민승 (2008). '출구'로서의 평생교육: 인문학의 위기에 대한 평생교육적 진단. 평생교육학연구, 14(3), 1~19.

정소영, 박경옥, 손지영, 이창준, 홍석의 (2013). 강의자를 위한 장애대학생 교수학습 지원 매뉴얼. 평택: 한국복지대학교.

정인숙 (2007). 미국의 장애인 평생교육 기반과 시사점. 특수교육학연구, 41(4), 174-193.

정인숙, 김현진, 김형일, 정동영, 정희섭 (2005). 장애인 평생교육 실태 및 개선방안 연구. 안산: 국립특수교육원.

정지웅, 김지자 (1986). 사회교육학개론. 서울: 서울대학교 출판부.

정해동, 강명희, 고현재, 권명희, 권성진, 김두영, 김태수, 김한규, 김호정, 민승환, 백정기, 선현석, 송왕돈, 신요한, 윤보성, 윤지현, 원성옥, 이경준, 이상춘, 이윤선, 이정심, 정명기, 장철승, 조창빈, 천춘경, 한성덕(2020). 2020 장애유형별 학력보완 평생교육 프로그램 개발보고서. 아산: 국립특수교육원 국가장애인평생교육진흥센터.

정해동, 박형진, 박영명 (2019). 2019 경기도 장애인 평생교육 프로그램 개발 및 시범운영: 사랑의 하모니. 경기: (재)경기도평생교육진흥원.

제주특별자치도, 제주평생교육장학진흥원 (2018). 제주지역 장애인 평생학습 실태조사. 제

주: 제주평생교육장학진흥원.

제주평생교육장학진흥원 (2019). 2019 제주지역 평생교육기관 실태조사. 제주: 저자.

조진일 (2002). 초등학교에서의 평생교육을 고려한 건축계획에 관한 연구. 건국대학교 대학원 박사학위논문.

조창빈 (2014). 장애인 평생교육 여가활동 프로그램 기획과정 분석. 단국대학교 일반대학원 석사학위논문.

______ (2017). 장애인 평생교육시설 평가지표 개발 연구. 단국대학교 대학원 박사학위논문.

조창빈, 김두영 (2016). 발달장애인 평생교육 프로그램 이용 현황 및 요구 분석. 특수교육저널: 이론과 실천, 17(4), 1-23.

조창빈, 김두영 (2018). 장애성인의 평생교육 참여 실태 및 요구 분석 : 장애인복지관 이용자를 중심으로. 특수교육재활과학연구 57(1), 195-217.

____________ (2020). 장애유형별 평생교육 프로그램 이용 현황 및 요구. 평생학습사회, 16(2), 233-259.

____________ (2020). 전국 장애인복지관 문화예술교육 프로그램 운영현황 및 운영내용 분석. 예술교육연구, 18(4), 1-16.

조창빈, 류재연, 김두영 (2019). 일반 · 장애인 평생교육기관 간 연계체제 구축 현황 및 방해요인 분석. 평생학습사회, 15(1), 79-104.

조창빈, 장철승, 김두영 (2021). 장애인 학력보완교육 프로그램 영역 구축 연구. 교육발전, 41(2), 379-400.

조창빈, 정해동, 김두영 (2018). 성인 장애인의 평생교육 참여 실태 및 요구 분석-경기도를 중심으로-. 특수교육저널: 이론과 실천, 19(2), 99-122.

차갑부 (1994). 인간주의 성인교육에 관한 연구. 교육문제연구, 6, 131~145.

최돈민 (1999). 평생교육 요구 분석. 서울: 한국교육개발원.

최복천, 성명진, 조윤경, 백정연 (2014). 발달장애인 자조집단 사례 분석 연구. 서울: (재)한국장애인개발원.

최복천, 유영준, 임수경, 조윤경 (2013). 장애아동 및 가족 실태조사. 서울: 한국장애인개발원, 중앙장애아동 · 발달장애인지원센터.

최운실 (1986). 한국의 평생교육. 서울: 양서원.

최윤정 (2005). 한국 평생교육연구의 최근동향 분석: 1995년부터 2004년까지. 이화여자

대학교 대학원 석사학위논문.

최은수, 서순영 (2005). 성인학습자의 주민자치센터 평생교육 프로그램 만족도 분석. 평생교육·HRD연구, 1(2), 55-75.

최은희 (2019). 노인학습자의 평생교육 인문학적 교양프로그램 참여동기 및 만족도가 참여지속과 생활만족도에 미치는 영향. 웨스트민스터 신학대학원대학교 사회문화교육학과 박사학위논문.

최현묵 (2008). 평생교육으로서 문화예술교육의 의미(한국문화예술교육진흥원 사업을 중심으로). 모드니 예술, 1(1), 169-184.

충남대학교 장애학생지원센터 (2019). 장애학생 학습지원을 위한 '교직원 역할' 안내서. 충남: 충남대학교 장애학생지원센터.

편경희 (2006). 전통적 직업교육의 대안 탐색: 교육철학적 반성과 연구방향을 중심으로. 교육문제연구, 24, 73-95.

한경근, 강명희, 김두영, 김은하, 김호연, 송왕돈, 정해동 (2017). 발달장애인교육 프로그램 직업능력향상교육 영역. 아산: 국립특수교육원.

한국갤럽조사연구소 (2020). 2021 장애인 평생교육 현황조사 결과보고서. 아산: 국립특수교육원.

한국교육개발원 (2003). 평생교육 기관 실태 분석 연구. 서울: 한국교육개발원.

한국교육개발원 (2005). 평생교육 기관 실태 분석 연구. 서울: 저자.

한국문화예술교육진흥원 (2017). 2016 복지기관 문화예술교육 지원사업 개선 방안 연구. 서울: 저자.

한숭희 (2004). 평생교육론. 서울: 학지사.

______ (2006). 평생교육론-평생학습사회의 교육학. 서울: 학지사.

한숭희, 양은아 (2007). 평생교육 맥락에서의 인문학습의 새 지평-인문학 위기론의 재해석. 평생교육학연구, 13(4), pp. 27~54.

한숭희, 양은아, 이재열 (2011). 한국 평생교육 프로그램 공급패턴 분석: 2008-2010 평생교육통계조사 자료를 중심으로. 평생교육학연구, 17(4), 83-119.

한승진 (2005). 대학평생교육 학습자의 학습참여에 관한 연구. 순천향대학교 대학원 박사학위논문.

한은미 (2011). 성인 학습자의 피아노교육 참여 동기와 저해요인 및 교육 요구 분석. 중앙대학교 교육대학원 석사학위논문.

한정란, 김종남, 김향숙 (2010). 노인 평생교육 참여의 저해요인. Andragogy Today, 13(2), 105-131.

한준상 (2001). 평생학습 사회와 장애인의 평생교육. 장애인 평생교육 협력체제 구축방안. 국립특수교육원 2001년 특수교육 정책포럼 자료집, 1-18.

허재욱 (1998). 교육법신론. 서울: 형설출판사.

허정무(2002). 평생학습 패러다임으로서의 학력에 대한 논의. Andragogy Today, 8(3), 33-55.

허준, 이지혜, 채재은 (2017). 경기도 문해교육 정책 방향 연구. 경기: 경기도평생교육진흥원.

허혜경, 박성열, 구병두 (2007). 평생교육학개론. 서울: 창지사.

황종건 (1992). 사회교육 체계의 재정립. 서울: 21세기정책연구원.

황현주, 정연 (2004). 문화예술교육정책의 분석과 전망. 미술교육논총, 18(3), 1-23.

황홍규 (2000). 교육기본법에서의 학습권 개념의 도입 배경과 그 의의. 교육법학연구, 12, 312-348.

Ashman, A., & Elkins, J. (1995). A life-span approach to education. In A. Ashman & J. Elkins (Eds.). *Educating children with special needs*. Sydney : Prentice Hall, 545-566.

Astin, A. W. (1993). *What matters in college? Four critical tears revisited*. San Francisco: Jossey-Bass Publishers.

Astin, A. W.(2004). Why Spirituality Deserves a Central Place in Liberal Education. *Liberal education, 90*(2), 34-41.

Bailey, T. (1990). *Changing in the nature and structure of work: Implications for skill requirements and skill formation*. National Center for Research in Vocational Education, UC-Berkeley, MDS-007

Boshier, R. (1971). Motivational orientations of adult education participants: A factor analytic exploration of Houle's typology. *Adult education, 21*(2), 3-26.

Boyle, P. G.(1981). *Planning better programs*. McGraw-Hill Book Company.

Buskey, J. H.(1966). *The Development and Testing of Typology of University Residental Adult Education Program*. Chicago University.

Butts J, Mayer S., & Ruth G (2005). *Focusing juvenile juvenile justice on positive youth development(Issue Brief No. 105)*. Chicago: Chapin Hall.

Caffarella, R., & O'donnel, J. M. (1991). Judging the Quality of Work-related. Self-directed Learning. *Adult Education Quarterly, 42*, 14-17.

Caffarella, R. S.(1998). *Planning programs for adult learners: A practical guide for educators. trainers and staff developers*. San Francisco: Jossey-Bass.

Carp, A., Peterson, R., & Roelfs, P. (1974). Adult learning interests and experience. in K. P. Cross, J. R. Valley, & Associates. *Planning non-traditional programs: An analysis of the issues for postsecondary education*. San Francisco: Jossey-Bass.

Crawford, D. W., & Godbey, G. (1987). Reconceptualizing barriers to family leisure. *Leisure Science, 9*(2), 119-127.

Cross, K. P. (1981). *Adults as Learners: Increasing Participation and Facilitating Learning*. San Francisco: Jossey-Bass.

Darkenwald, G. G., & Merriam, S. B. (1982). *Adult education: Foundations of practice*. New York: Harper & Row.

Dave, R. H. (1976). *Foundation of life-long education*. Oxford: Pergamon Press.

Eglinton K. A. (2003). *Art in the early years*. New York: RoutledgeFalmer.

Foreman, P. (1998). Aging and Disability: Double Jeopardy?. *Journal of Intellectual and Developmental Disability, 23*, 1-2.

Griffin, C. (1987). *Adult Education: As Social Policy*. London: Croom Helem.

Havighurst, R. J. (1972). *Developmental Tasks and Education*. New York: Longmans Green.

Houle (1961). *The inquiring mind: A study of the adult who continues to learn*. Madison: University of Wisconsin Press.

Howell, J. (2003). *Preventing and reducing juvenile delinquency*. Thousand Oaks, CA: Sage.

Johnstone, J. W., & Rivera, R. J. (1965). *Volunteers for Learning: A Study of the Educational Pursuits of American Adults*. Chicago: Aldine Publishing Company.

Knox, A. B.(1987). *Puntos de importancia y pautas del plan del proyecto en Español*. Unpublished memorandum, January.

Kuh, G. D., & Gonyea, R. M.(2006). Spirituality, Liberal Learning and College Student

Engagement. *Liberal Education, 92*(1), 40-47.

Lengrand, P. (1970). Introduction to Lifelong Education. Paris: UNESCO.

Levinson, D. (1978). *The season of a man's life*. New York: Konpf.

Long, H. B.(1983). *Adult and continuing education: responding to change*. New York and London: Teachers College Press.

Marshall, R.(1994). *The commission on the future of worker- management relations*. Paper prepared for presentation the Roundtable on the Social Dialogue, European Commission, Brussels, April 24.

Merriam, S. B., & Cafarrella, R. S. (1999). *Learning in adulthood. A comprehensive guide*. San Francisco, CA: Jossey-Bass.

Merriam, S., Caffarella, S., & Baumgartner, L. (2007). *Learning in adulthood: A comprehensive guide*. San Francisco: Jossey-Bass.

Morstain, B., & Smart, J. (1976). Factor Analysis at Large: A Critical Review of the Motivational Orientation Literature. *Adult Education, 27*(1), 83-98.

Newby, M.(1997). Literary Development as Spiritual Development in the Common School. *Journal of Philosophy of Education 31*, 283-294.

Niemi, J. A., & Nagle, J. M. (1977). Learners, agencies, and program development in adult and continuing education. In P. D. Langerman, & D. H. Smith(Eds.), *Managing adult and continuing education programs and staffs*. Washington DC: National Association for Public Continuing and Adult Education.

O'Banion, T. (1997). *The Learning College for the 21st Century*, AACC, pp. 81-103.

Prince, D., & Jenkins, D. (2005). Building pathways to success for low-skill adult students: Lessons for community college policy and practic from a statewide longitudinal tracking study. *Community College Research Center 25*, 1-4.

Project Literacy Victoria (2001). *Outcome Measurement for A Community Literacy Program*. British Columbia, p. 5.

Rabuzzi, D. A.(2001). Business Needs the Humanities. *Liberal Education, 87*(1), 44.

Schroeder, W. L. (1980). *Typology of adult learning systems. Building an effective adult education enterprise*. New York: Jossey-Bass.

Sherron, R. H., & Lumsden, D. B. (1990). *Introduction to Educational Gerontology* (3rd ed). NY: Hemishere Publishing Corp.

Smith, D. H., & Offerman, M. J. (1989). *The Management of Adult and Continuing Education, Handbook of adult and continuing education*. Sna Francisco: Jossey-Bass Publishers.

UNESCO (1997). *The international standard classification of education: ISCED-97*, UNESCO, Paris: UNESCO.

_______ (2009). *Defining an inclusive education agenda*. Geneva, Wsitzerland: UNESCO IBE.

Wlodkowski, R. (1993). *Enhancing Adult Motivation to Learn*. San Francisco: Jossey-Bass Publishers.

Wood, J. M. (1996). The Relatioonship between Deterrents to Participation and Self-Directed Learning Readiness. *Journal of Continuing Higher Education, 44*(2), 34-42.

Wringe, C.(2002). Is There Spirituality? Can It Be Part Of Education? Journal of *Philosophy of Education, 36*, 157-170.

Zajonc, A. (2003). Spirituality in Higher Education. *Liberal Education, 89*(1), 50.

저자소개

김두영

- 단국대학교 사범대학 특수교육과(학사)
- 단국대학교 사범대학 일반대학원 특수교육학과 시각장애아교육 전공(교육학석사)
- 단국대학교 사범대학 일반대학원 특수교육학과 장애인평생교육 복지 전공(교육학박사)

- 현. 단국대학교 특수교육대학원 연구교수
- 현. 한국장애인평생교육연구소 소장
- 현. 한국평생교육총연합회 이사

장애인 평생교육의 이해

초 판 1쇄 인쇄 2022년 10월 17일
초 판 1쇄 발행 2022년 10월 20일

지 은 이 | 김두영
펴 낸 이 | 김기섭
편 집 인 | 오선율
펴 낸 곳 | 창지사 www.changjisa.com
08589 서울시 금천구 가산디지털 1로 83 파트너스타워 1차 9층
전화 (02)719-2211~3
팩스 (02)701-9386
등　 록 | 1977년 4월 28일 · 제1-421호

ISBN 978-89-426-1561-2 (93330)

값 19,000원